今注本二十四史

後漢書

南朝宋 范曄 撰 唐 李賢等 注

卜憲群 周天游 主持校注

中國社會科學出版社

一五 傳 〔一一〕

後漢書　卷六〇下

列傳第五十下

蔡邕

蔡邕字伯喈，陳留圉人也。[1]六世祖勳，[2]好黄老，[3]平帝時爲郿令。[4]王莽初，[5]授以厭戎連率。[6]勳對印綬仰天歎曰：[7]“吾策名漢室，[8]死歸其正。昔曾子不受季孫之賜，況可事二姓哉？”[9]遂攜將家屬，逃入深山，與鮑宣、卓茂等同不仕新室。[10]父棱，亦有清白行，諡曰貞定公。[11]

[1]【李賢注】圉縣，故城在今汴州陳留縣東南。【今注】陳留：郡名。治陳留縣（今河南開封市東南陳留鎮）。　圉（yǔ）：縣名。治所在今河南杞縣圉鎮。

[2]【李賢注】《謝承書》曰：“勳字君嚴。”【今注】案，惠棟《後漢書補注》引《漢書·高惠高后文功臣表》：肥如敬侯蔡寅，“以車騎將軍破龍且及彭城，侯千户”。指出蔡寅即邕之始祖。又引《蔡邕集》中《讓高陽侯表》曰：“臣十四世祖肥如侯佐命高祖，以受爵賞。”

〔3〕【今注】黄老：黄老之學，以崇尚自然、重道尚法爲宗旨，表現出道家向法家轉化與融合的形態。在治國理政方面主張清静無爲，刑德並用，與漢初社會經濟凋敝、需要休養生息的現實相適應，是當時國家治理的指導思想，始終流行於兩漢社會。黄帝之言，包括《漢書·藝文志》所録《黄帝四經》四篇、《黄帝君臣》十篇、《雜黄帝》五十八篇、《黄帝》十六篇等書，託名於黄帝，實爲戰國時人所撰。老子之言，即《老子》五千言。1973 年長沙馬王堆漢墓出土帛書《老子》甲卷、乙卷本，另有《經法》《十六經》《稱》《道原》四篇古佚書放在乙卷本前，或即《黄帝四經》。

〔4〕【今注】平帝：西漢平帝劉衎，公元前 1 年至 5 年在位。紀見《漢書》卷一二。　郿：縣名。治所在今陝西眉縣東。

〔5〕【今注】王莽：傳見《漢書》卷九九。

〔6〕【李賢注】王莽改隴西郡曰厭戎郡，守曰連率。【今注】厭戎：郡名。治狄道縣（今甘肅臨洮縣南）。　連率：王莽置，職如太守。

〔7〕【今注】印綬：印信和繫在印信上的絲帶。

〔8〕【今注】策名：出仕，任官。

〔9〕【李賢注】《禮記》曰："曾子有疾，童子曰：'華而睆，大夫之簀歟?'曾子曰：'然，斯季孫之賜也，我未之能易也。元起易簀。'曾元曰：'幸而至於旦，請敬易之。'曾子曰：'爾之愛我也不如彼也。君子之愛人也以德，細人之愛人也以姑息。吾何求哉? 吾得正而斃焉，斯已矣。'舉扶而易之，反席未安而没。"言雖臨死不失正道也。【今注】季孫：春秋時魯國卿家貴族。三桓之首，凌駕於公室之上，握魯國實權。

〔10〕【今注】鮑宣：字子都，渤海高城（今河北鹽山縣東南）人。西漢名臣。傳見《漢書》卷七二。　卓茂：字子康，南陽宛（今河南南陽市卧龍區）人。傳見本書卷二五。《卓茂傳》："初，茂與同縣孔休、陳留蔡勳、安衆劉宣、楚國龔勝、上黨鮑宣六人同

志，不仕王莽時，並名重當時。休字子泉，哀帝初，守新都令。後王莽秉權，休去官歸家。及莽篡位，遣使齎玄纁、束帛，請爲國師，遂歐血託病，杜門自絕。光武即位，求休、勳子孫，賜穀以旌顯之。"

[11]【李賢注】邕《祖攜碑》云："攜字叔業，有周之胄。昔蔡叔没，成王命其子仲使踐諸侯之位，以國氏姓，君其後也。君曾祖父勳，哀帝時以孝廉爲長安邰長。及君之身，增修厥德，順帝時以司空高第遷新蔡長（第，紹興本、殿本作'弟'），年七十九卒。長子棱，字伯直，處俗孤黨，不協于時，垂翼華髮，人爵不升，年五十三卒。"《諡法》曰："清白守節曰貞，純行不差曰定。"

邕性篤孝，母常滯病三年，邕自非寒暑節變，[1]未嘗解襟帶，[2]不寢寐者七旬。[3]母卒，廬于家側，[4]動静以禮。有菟馴擾其室傍，[5]又木生連理，遠近奇之，多往觀焉。與叔父從弟同居，三世不分財，鄉黨高其義。少博學，師事太傅胡廣。[6]好辭章、數術、天文，[7]妙操音律。[8]

[1]【今注】節變：節令變化。
[2]【今注】案，嘗，大德本誤作"常"。
[3]【今注】寢寐：睡卧。　案，七，殿本作"十"。
[4]【今注】案，家，紹興本、大德本、殿本作"冢"，是。
[5]【今注】案，菟，殿本作"兔"。　馴擾：馴服柔順。案，蔡邕《祖德頌序》："兔擾馴以昭其仁，木連理以象其義。"
[6]【今注】太傅：官名。古三公之一。西漢高后時曾置太傅，後省。哀帝間復置。東漢不置太師、太保，上公唯太傅一人。

秩萬石。本書《百官志一》："太傅，上公一人。本注曰：掌以善導，無常職。世祖以卓茂爲太傅，薨，因省。其後每帝初即位，輒置太傅録尚書事，薨，輒省。" 胡廣：字伯始，南郡華容（今湖北潛江市西南）人。傳見本書卷四四。

[7]【今注】數術：天文、曆法、占卜、陰陽五行等涉及演算的學問。

[8]【今注】操：彈奏。

桓帝時，中常侍徐璜、左悺等五侯擅恣，[1]聞邕善鼓琴，遂白天子，勅陳留太守督促發遣。邕不得已，行到偃師，[2]稱疾而歸。[3]閑居翫古，[4]不交當世。感東方《客難》及楊雄、班固、崔駰之徒設疑以自通，[5]乃斟酌群言，韙其是而矯其非，[6]作《釋誨》以戒厲云爾。[7]

[1]【今注】中常侍：官名。秦置中常侍官，參用士人，銀璫左貂，給事殿省。西漢沿置，出入宮廷，侍從皇帝，是列侯至郎中的加官。東漢時，中常侍成爲有具體職掌的官職，本無員數，明帝永平中定爲四人，明帝以後，員數稍增，改以金璫右貂，兼領卿署之職。自和熹太后以女主稱制，不接公卿，乃以閹人爲常侍、小黃門，通命兩宮，自此以來，悉用閹人。東漢後期，中常侍把持朝政，權勢極盛。秩千石，後增秩比二千石。本書《百官志三》："中常侍，千石。本注曰：宦者，無員。後增秩比二千石。掌侍左右，從入内宮，贊導内衆事，顧問應對給事。" 徐璜：東漢宦官，下邳郡良城縣（今江蘇邳州市東）人。因參與誅殺梁冀封武原侯，爲人專橫，有"徐卧虎"之稱。 左悺：東漢宦官，河南尹平陰縣（今河南孟津縣東北）人。因參與誅殺梁冀封上蔡侯，爲人專橫，有"左回天"之稱。後被司隸校尉韓演彈劾，自殺。 五侯：東漢

桓帝所封的宦官單超新豐侯、徐璜武原侯、左悺上蔡侯、具瑗東武陽侯、唐衡汝陽侯。本書卷七八《宦者傳》："於是更召璜、瑗等五人，遂定其議，帝齧超臂出血爲盟。於是詔收冀及宗親黨與悉誅之。悺、衡遷中常侍，封超新豐侯，二萬户，璜武原侯，瑗東武陽侯，各萬五千户，賜錢各千五百萬；悺上蔡侯，衡汝陽侯，各萬三千户，賜錢各千三百萬。五人同日封，故世謂之'五侯'。又封小黄門劉普、趙忠等八人爲鄉侯。自是權歸宦官，朝廷日亂矣。"

[2]【今注】偃師：縣名。治所在今河南偃師市。

[3]【今注】案，惠棟《後漢書補注》引蔡邕《述行賦序》曰："延熹二年秋，霖雨逾月。是時梁冀新誅，而徐璜、左悺等五侯擅貴于其處。又起顯陽苑于城西，人徒凍餓，不得其命者甚衆。白馬令李雲以直言死，鴻臚陳君曰救雲抵罪。璜以余能鼓琴，白朝廷，敕陳留太守發遣余。到偃師，病不前，得歸。"

[4]【今注】斆古：研習古代經典。

[5]【李賢注】楊雄作《解嘲》，班固作《答賓戲》，崔駰作《達旨》。【今注】東方：東方朔。傳見《漢書》卷六五。大德本、殿本"方"後有"朔"字。　客難：《答客難》，東方朔散文。以主客問答的形式，論才智、功名成就與時世的關係。議論雄辯酣暢，同題材如楊雄《解嘲》、班固《答賓戲》、張衡《應間》等均受其影響。　楊雄：字子雲，蜀郡成都（今四川成都市）人。傳見《漢書》卷八七。　班固：字孟堅，扶風安陵（今陝西咸陽市東北）人。傳見本書卷四〇。　崔駰：字亭伯，涿郡安平（今河北安平縣）人。傳見本書卷五二。

[6]【李賢注】韙亦是也。【今注】韙：音 wěi。

[7]【今注】戒厲：告誡勸勉。

　　有務世公子誨於華顛胡老曰：[1]"蓋聞聖人之大寶曰位，故以仁守位，以財聚人。[2]然則有位斯貴，有財斯富，行義達道，士之司也。故伊摯有負鼎之衒，仲尼設執鞭之言，[3]甯子有清商之歌，百里有豢牛之事。[4]夫如是，則聖哲之通趣，古人之明志也。夫子生清穆之世，稟醇和之靈，[5]覃思典籍，[6]韞櫝六經，[7]安貧樂賤，與世無營，沈精重淵，[8]抗志高冥，包括無外，綜析無形，其已久矣。曾不能拔萃出群，揚芳飛文，[9]登天庭，序彝倫，埽六合之穢慝，清宇宙之埃塵，連光芒於白日，屬炎氣於景雲。[10]時逝歲暮，默而無聞。小子惑焉，是以有云。方今聖上寬明，輔弼賢知，崇英逸偉，不墜於地，德弘者建宰相而裂土，[11]才羨者荷榮祿而蒙賜。[12]盍亦回塗要至，俛仰取容，[13]輯當世之利，定不拔之功，榮家宗於此時，遺不滅之令蹤？[14]天獨未之思邪，[15]何爲守彼而不通此？"[16]

[1]【李賢注】顛，頂也。華顛謂白首也（顛，紹興本作"頂"）。《新序》齊宣王對閭丘卬曰（大德本、殿本無"宣"字）："士亦華髮墮顛而後可用耳。"《左傳》宋司馬子魚曰："雖及胡耇，獲即取之。"杜預注曰："胡耇，元老之稱。"【今注】誨：規勸。

[2]【李賢注】《易》曰"聖人之大寶曰位。何以守位？曰仁。何以聚人？曰財"也。

[3]【李賢注】摯，伊尹名也。《史記》曰，伊尹欲干湯而無由，乃爲有媵媵臣（前"媵"字，紹興本、大德本、殿本作"莘"，是），負鼎俎以滋味說湯，致於王道。衒，自媒衒也。《論

語》孔子曰："行義以達其道。"又曰："富而可求，雖執鞭之士吾亦爲之。"《周禮》條狼氏下士八人，執鞭以辟道也。【今注】伊摯：名阿衡，一說名摯。相傳爲奴隸，有莘氏女嫁商湯，他作爲陪嫁媵臣事湯。後被任以國政，助湯攻滅夏桀，建立商朝。湯卒，立子外丙、中壬，後又佐湯孫太甲即位。太甲淫暴，他放逐太甲，後太甲悔改，接回復位。沃丁時病卒。一說太甲潛歸，殺伊尹。
衒：本指女子不經媒妁自行與男子交往，這裏指不經招攬而自薦。
案，"仲尼設執鞭之言"見今本《論語·述而》。

[4]【李賢注】《淮南子》曰："寗戚欲干齊桓公，窮困無以自達，於是爲商旅，將車以適於齊，暮宿於郭門，飯牛車下，望見桓公，乃擊牛角而商歌。桓公聞之曰：'異哉！歌者非常人也。'命後車載之。"《三齊記》載其歌曰："南山矸，白石爛，生不遭堯與舜禪，短布單衣適至骭，從昏飯牛薄夜半，長夜漫漫何時旦！"公悅之，以爲大夫。矸音岸。骭音户諫反（户，大德本、殿本作"尸"）。百里奚，虞大夫也。《史記》趙良曰："百里奚自鬻於秦，衣褐食牛，朞年而後穆公知之（穆，大德本作'桓'），舉之牛口之下。"《說文》曰："豢，養也。"【今注】清商：古代五音中的商音音調淒清悲切，故稱。 豢：音 huàn。

[5]【今注】案，稟，大德本、殿本作"秉"。

[6]【今注】覃思：深思。

[7]【今注】韞櫝：比喻懷才不用。韞，收藏。櫝，匣子。語出《論語·子罕》："有美玉於斯，韞櫝而藏諸？求善賈而沽諸？"

[8]【今注】沈：同"沉"。

[9]【李賢注】《孟子》曰："若仲尼者，拔乎其萃，出乎其類。"

[10]【李賢注】《瑞應圖》曰"景雲者太平之應也，一曰慶雲"也。

[11]【今注】建：封賜，封立。 宰相：泛指佐天子、統百

官的大官。

　　[12]【李賢注】美音以戰反，本或作"美"。【今注】荷：承受。

　　[13]【李賢注】回，曲也。要音一遙反。言履直道，則不能有所至也。

　　[14]【李賢注】遺猶留也。【今注】令：美好。

　　[15]【今注】案，天，紹興本、大德本、殿本作"夫"，是。

　　[16]【李賢注】彼謂貧賤，此謂榮祿。

　　胡老憱然而笑曰："若公子，所謂覩曖昧之利，[1]而忘昭晢之害；專必成之功，而忽蹉跌之敗者已。"[2]公子謖爾斂袂而興曰："胡爲其然也？"[3]胡老曰："居，吾將釋汝。[4]昔自太極，君臣始基，[5]有羲皇之洪寧，唐虞之至時。[6]三代之隆，亦有緝熙，[7]五伯扶微，勤而撫之。于斯已降，天網縱，人紘弛，[8]王塗壞，太極陁，[9]君臣土崩，上下瓦解。[10]

　　[1]【今注】曖昧：幽暗不明。

　　[2]【今注】蹉跌：失足跌倒。比喻受挫、失勢。

　　[3]【李賢注】謖然，翕斂之皃（皃，大德本、殿本作"貌"），音所六反。【今注】謖（sù）爾：態度斂合、蕭整的樣子。

　　[4]【李賢注】居猶坐也。釋，解也。

　　[5]【李賢注】太極，天地之始也。《易》曰："易有太極，是生兩義（義，紹興本、大德本、殿本作'儀'，是）。"

　　[6]【李賢注】洪，大也。【今注】羲皇：伏羲。　唐虞：

堯舜。

[7]【今注】緝熙：光明。《詩·周頌·敬之》："學有緝熙于光明。"毛傳："光，廣也。"鄭玄箋："緝熙，光明也。且欲學於有光明之光明者。謂賢中之賢也。"馬瑞辰《毛詩傳箋通釋》："《爾雅·釋詁》：'緝熙，光也。'光、廣古通用。《周語》叔向釋《昊天有成命》詩曰：'緝，明；熙，廣也。'廣即光也。此傳又以光爲廣，廣猶大也。'學有緝熙于光明'若釋之曰'學有光明于光明'，則不詞。《説文》：'緝，績也。'績之言積，緝熙當謂積漸廣大以至於光明，即《大戴禮》所云'積厚者其流光'也。《説文》：'熙，廣也。'引申爲凡廣之稱。熙即熙之假借，故訓廣，又訓光。緝熙與光明散文則通，對文則緝熙者積漸之明，而光明者廣大之明也。《箋》言'欲學於有光明之光明者'，失之。"

[8]【今注】紘：繩網。這裏指綱紀。

[9]【李賢注】賈逵注《國語》曰："小崩曰阤。"

[10]【李賢注】《淮南子》曰："武王伐紂，左操黄鉞，右執白旄而麾之（殿本無'而'字），則瓦解而走，遂土崩而下。"

"於是智者騁詐，辯者馳説，武夫奮略，戰士講鋭。[1]電駭風馳，[2]霧散雲披，變詐乖詭，以合時宜。或畫一策而縮萬金，或談崇朝而錫瑞珪。[3]連衡者六印磊落，合從者駢組流離。[4]隆貴翕習，[5]積富無崖，據巧蹈機，以忘其危。夫華離蔕而萎，條去幹而枯，[6]女冶容而淫，[7]士背道而辜。人毁其滿，神疾其邪，利端始萌，害漸亦牙。[8]速速方轂，夭夭是加，[9]欲豐其屋，乃蔀其家。[10]是故天地否閉，聖哲潛形，[11]石門守晨，沮、溺耦耕，[12]顏歜抱璞，蘧瑗保生，[13]齊人歸樂，孔子斯征，雍渠驂乘，逝而遺輕。[14]夫豈懈主而背國乎？道不可以傾也。

［1］【李賢注】講，習也。

［2］【今注】駭：震動。

［3］【李賢注】《戰國策》曰，秦昭王見頓弱，頓弱曰：“韓，天下之喉咽也；魏，天下之匈臆也。王資臣萬金而游之，天下可圖也。”秦王曰：“善。”乃資萬金，使東遊韓、魏，入其將相，北游燕、趙，而殺李牧。齊王入朝，四國畢從，頓子說之也。《史記》曰：“虞卿說趙孝成王，一見賜黃金百鎰（鎰，紹興本、大德本作‘溢’），再見賜白璧一雙。”【今注】綰：攝取。　崇朝：整個早上。

［4］【李賢注】連衡謂張儀，合從謂蘇秦，並佩六國之印。駢，並也。組，綬也。流離，光彩兒也（彩，紹興本誤作“縣”；兒，大德本、殿本作“見”；也，紹興本誤作“卓”）。【今注】連衡：指張儀游說諸侯隨秦國攻打其他諸侯國。又作“連橫”。磊落：眾多雜錯貌。　合從：指戰國時蘇秦游說六國聯合抗秦。又作“合縱”。

［5］【今注】翕習：威盛貌。

［6］【今注】案，去，大德本誤作“其”。

［7］【今注】冶容：打扮妖媚。

［8］【今注】牙：通“芽”。

［9］【李賢注】《詩·小雅》曰：“速速方穀，天天是拋。”毛萇注云：“速速，陋也。”鄭玄注云：“穀，禄也。”言鄙陋小人，將貴而得禄也。天，殺也。拋，破之也。《韓詩》亦同。此作“穀”者，蓋謂小人乘寵，方穀而行。方猶並也（大德本、殿本無“也”字）。【今注】案，今本《詩·小雅·正月》作“佌佌彼有屋，蔌蔌方有穀。民今之無禄，天夭是椓。”馬瑞辰《毛詩傳箋

通釋》："《説文》無薉有遬，薉蓋遬字之省。《説文》又曰：'遬，
籀文速。'故薉薉亦作速速。《爾雅》：'速速、蹙蹙，惟述鞫也。'
速速即薉薉也。《後漢書·蔡邕傳》注引《詩·小雅》曰'速速方
穀'，又曰'《韓詩》亦同'，是《毛》《韓》詩皆無'有'字。
《詩》蓋以'佌佌彼有屋'與'民今之無禄'相對，以'薉薉方
穀'與'夭夭是椓'相對。自或本誤增有字，《正義》遂云'方有
爵禄之貴'，直以有穀與有屋爲對文矣。至蔡邕《釋誨》'速速方
轂'，轂蓋穀字轉寫之譌。章懷注謂'小人乘寵，方轂而行'，非
詩義也。"又，"蔡邕《釋誨》云'夭夭是加'，章懷注引《韓詩》
'夭夭是椓'，蜀石經亦作夭夭，今按作夭夭者是也。夭夭，美盛
貌。《説文》：'夭，從大，象形。'《凱風》傳：'夭夭，盛貌也。'
正與佌佌爲小、薉薉卑陋相反。椓通作諑。《方言》：'諑，愬也。'
《楚辭》'謡諑謂余以善淫'，王逸注：'諑，猶譖也。'《正義》云
'在位又椓譖之'，是正讀椓爲諑也。《説文》：'誣，加言也。'加
之爲誣，與譖諑義亦相近。變'諑'言'加'者，以叶韻也。
《詩》蓋以四句相對成文，言彼佌佌小人富而有屋者，雖薉薉卑陋，
而方以穀禄授之；此民之貧而無禄者，雖夭夭盛美，而不免受譖於
人也。天、夭字形相近，易譌。《毛詩》本譌作天，遂誤以君釋
之耳"。

　[10]【李賢注】《易·豐卦》上六曰："豐其屋，蔀其家
（蔀，紹興本、大德本、殿本作'菩'，是）。"王弼注云："蔀，
覆也。屋厚覆，闇之甚也。"蔀音部。【今注】蔀：用席覆蓋。

　[11]【李賢注】《易·文言》曰："天地閉，賢人隱。"

　[12]【李賢注】《論語》曰："子路宿於石門。晨門曰：'奚
自？'子路曰：'自孔氏。'"鄭玄注云："石門，魯城外門也。晨
門，主晨夜開閉者。"又曰："長沮、桀溺耦而耕。"並隱遁人也
（遁，大德本作"道"）。【今注】案，事分別見於《論語·憲問》
《論語·微子》。

[13]【李賢注】《戰國策》齊宣王謂顏歜曰："願先生與寡人遊。"歜辭曰："玉生於山，制則毀焉，非不寶也，然失璞不完（失，殿本作'大'）。士生鄙野，選而禄焉，非不貴也，而形神不全。歜願得晚食以當肉，安步以當車，無罪以當貴，清静以自娱。知足矣（矣，殿本作'以'）。歸反於樸，則終身不辱。"《論語》孔子曰："蘧伯王邦有道則仕（王，紹興本、大德本、殿本作'玉'，是），邦無道則可卷而懷之。"此爲保其生也。【今注】顏歜（chù）抱璞蘧瑗保生：事分別見於《戰國策·齊策》《論語·衛靈公》。

[14]【李賢注】《論語》曰："齊人饋女樂，季桓子受之，三日不朝。孔子行。"《史記》曰："衛靈公與夫人同車，官者雍渠參乘（官，紹興本、大德本、殿本作'宦'）。孔子曰：'吾未見好德如好色者也。'於是醜之，去衛適曹。"遺輕謂若弃輕細之物而去，言惡之甚也。【今注】案，事分別見於《論語·微子》、《史記》卷四七《孔子世家》。

　　"且我聞之，日南至則黄鍾應，融風動而魚上冰，蕤賓統則微陰萌，蒹葭蒼而白露凝。[1]寒暑相推，陰陽代興，運極則化，理亂相承。今大漢紹陶唐之洪烈，[2]盪四海之殘灾，[3]隆隱天之高，拆緄地之基。[4]皇道惟融，帝猷顯丕，[5]泜泜庶類，含甘吮滋。[6]檢六合之群品，濟之乎雍熙，[7]群僚恭己於職司，聖主垂拱乎兩楹。[8]君臣穆穆，守之以平，濟濟多士，端委縉綎，[9]鴻漸盈階，振鷺充庭。[10]譬猶鍾山之玉，泗濱之石，累珪璧不爲之盈，採浮磬不爲之索。[11]曩者，洪源辟而四隩集，武功定而干戈戢，獫狁攘而吉甫宴，城濮捷而晉凱入。[12]故當其有事也，則襄笠並載，擐甲揚鋒，不給於務；[13]當其無事也，則舒紳緩佩，[14]鳴玉以步，綽有餘裕。

[1]【李賢注】《月令》："仲冬，律中黃鍾。"融風，艮之風也。《月令》："孟春，東風解凍，角上冰（角，紹興本、大德本、殿本作'魚'，是）。"又："仲夏之月，律之蕤賓。"微陰謂一陰爻生也。《詩·秦風》曰："蒹葭蒼蒼，白露爲霜。"《齊雅》曰（齊，紹興本、大德本、殿本作"爾"，是）："蒹，薕也。葭，蘆也。"【今注】黃鍾：樂律十二律中的第一律。《禮記·月令》："其日戊巳，其帝黃帝，其神后土，其蟲裸，其音宮，律中黃鍾之宮。"孔穎達《正義》："黃鍾宮最長，爲聲調之始，十二宮之主。"　蕤（ruí）賓：十二律之一，爲六陽律的第四律。

[2]【今注】案，兩漢經師多認爲劉氏爲堯後，同爲"火德"。《左傳》昭公二十九年稱："有陶唐氏既衰，其後有劉累。"本書卷三六《賈逵傳》載逵奏曰："又五經家皆無以證圖讖明劉氏爲堯後者，而《左氏》獨有明文。五經家皆言顓頊代黃帝，而堯不得爲火德。《左氏》以爲少昊代黃帝，即圖讖所謂帝宣也。如令堯不得爲火，則漢不得爲赤。其所發明，補益實多。"

[3]【今注】盪：同"蕩"。

[4]【李賢注】絙音古鄧反。絙與亘同。　【今注】絚：同"絙"。大繩索。

[5]【今注】帝猷（yóu）：帝王治國之道。

[6]【李賢注】泜泜，齊皃（皃，大德本、殿本作"貌"）。【今注】泜：音zhǐ。　案，合，紹興本作"合"。

[7]【今注】雍熙：和樂貌。

[8]【今注】兩楹：房屋正廳當中的兩根柱子。《禮記·明堂位》："反坫出尊。"鄭玄注："禮，君尊于兩楹之間。"

　　[9]【李賢注】端委，禮衣也。《左傳》曰：“太伯端委以持周禮。”《説文》曰：“緇，赤白色也。”緁（緁，紹興本、殿本作“綖”，是），系綬也，音它丁反。

　　[10]【李賢注】《易》曰：“鴻漸于陸。”鴻，水鳥也。漸出於陸，喻君子仕進於朝。《詩》曰：“振振鷺，鷺于下。”注云：“鷺，白鳥也。喻絜白之士，群集君之朝也。”

　　[11]【李賢注】《山海經》曰：“黄帝取密山之玉策，投之鍾山之陽。”《尚書》曰：“泗濱浮磬。”注云：“水中見石，可以爲磬。”言鍾山多玉，泗水多石，喻漢多賢人。索，盡也，音所格反（格，殿本作“洛”）。【今注】泗：水名。經今山東泗水縣、曲阜市，在江蘇匯入淮河。　案，採，紹興本作“探”。

　　[12]【李賢注】辟，開也，音頻亦反。謂禹理洪水而開道之。《尚書》曰：“四隩既宅。”隩，居也（也，大德本作“宅”），音於六反。武功定謂武王伐紂。《詩·周頌》曰：“載戢干戈。”《詩·小雅》曰：“薄伐玁狁，至于太原，吉甫燕喜，既多受祉。”鄭玄注曰：“吉甫既伐玁狁而歸，天子以燕禮樂之也。”《左傳》，晉與楚戰於城濮，楚師敗績，故晉凱樂而歸也。【今注】四隩：四方土地。　戢：停止。　玁（xiǎn）狁（yǔn）：古代北方少數民族名。亦作“獫狁”。爲匈奴之先祖。　吉甫：即尹吉甫，名甲。周宣王時率軍將入侵的玁狁逐至太原，又奉命發兵南征，向南淮夷徵收貢物。傳世《兮甲盤銘》詳録其事。　城濮：春秋時衞地。在今山東鄄城縣西南。

　　[13]【李賢注】蓑音素和反。《詩·小雅》曰：“荷蓑荷笠。”毛萇注云：“荷，揭也。蓑所以備雨。笠所以禦暑。”摚，貫也。

　　[14]【今注】紳：士大夫束腰的大帶。

　　　“夫世臣、門子，[1] 鷙御之族，[2] 天隆其祐，[3] 主豐其禄。抱膺從容，爵位自從，攝須理髯，餘官委貴。[4]其取進也，[5]順傾轉圓，不足以喻其便；逡巡放屣，不足以況其易。夫夫有逸群之才，人人有優贍之智。[6]童子不問疑於老成，瞳矇不稽謀於先生。[7]心恬澹於守高，意無爲於持盈。[8]粲乎煌煌，莫非華榮。明哲泊焉，不失所寧。[9]狂淫振蕩，乃亂其情。貪夫殉財，夸者死權。[10]瞻仰此事，體躁心煩。闇謙盈之効，迷損益之數。[11]騁駑駘於脩路，[12]慕騏驥而增驅，卑俯乎外戚之門，乞助乎近貴之譽。榮顯未副，從而顛踣，[13]下獲熏胥之辜，高受滅家之誅。[14]前車已覆，襲軌而騖，[15]曾不鑒禍，以知畏懼。予惟悼哉，害其若是！[16]天高地厚，蹞而蹐之。[17]怨豈在明，患生不思。戰戰兢兢，必慎厥尤。

[1]【今注】門子：卿大夫之子。

[2]【李賢注】《詩·小雅》曰："曾我暬御。"毛萇注云："暬御，侍御也。"【今注】暬（xiè）御：指左右親近之臣。

[3]【今注】祐：福。

[4]【今注】委：任，派。

[5]【今注】案，取進，大德本、殿本作"進取"。

[6]【今注】優贍：淵博豐富。

[7]【今注】瞳矇：蒙昧無知。

[8]【李賢注】《老子》曰："持而盈之，不如其已。"河上公注云："持滿必傾，不如止也。"

[9]【李賢注】泊猶靜也。

[10]【李賢注】賈誼《服鳥賦》之文也（服，殿本作"鵩"）。言夸華者必死於權埶也。

[11]【李賢注】《易》曰：“天道虧盈而益謙。”又曰：“損益盈虛，與時偕行。”王弼注云：“自然之質，各定其分，短者不爲不足，長者不爲有餘，損益將何加焉？”

[12]【今注】駑駘：皆資質低劣的馬。比喻才能低下庸劣。

[13]【李賢注】踣音步北反，協韻音赴（協，大德本、殿本作“叶”）。【今注】顛踣：跌倒，比喻敗亡。

[14]【李賢注】《詩·小雅》曰：“若此無罪，勦胥以痛。”勦，帥也。胥，相也。痛，病也。言此無罪之人，而使有罪者相帥而病之，是其大甚。見《韓詩》。《前書》曰：“史遷薰胥以刑。”《音義》云：“謂相薰蒸得罪也。”誅，協韻音丁注反。【今注】薰胥：互相牽連坐罪。

[15]【今注】鶩：奔馳。

[16]【李賢注】害，何也，音曷。

[17]【李賢注】《詩·小雅》曰：“謂天蓋高，不敢不跼。謂地蓋厚，不敢不蹐。”【今注】跼：音 jú。　蹐：後腳緊跟着前腳走路。

　　“且用之則行，聖訓也；舍之則藏，至順也。[1]夫九河盈溢，非一凵所防；[2]帶甲百萬，非一勇所抗。[3]今子責匹夫以清宇宙，庸可以水旱而累堯、湯乎？[4]懼煙炎之毀燔，何光芒之敢揚哉！[5]且夫地將震而樞星直，井無景則日陰食，[6]元首寬則望舒朓，侯王肅則月側匿。[7]

　　[1]【李賢注】《論語》孔子曰：“用則行，捨則藏（捨，大德本、殿本作‘舍’）。”故言聖訓也。【今注】案，語見《論語·述而》。

[2]【李賢注】九河謂河水分爲九道。《爾雅》曰，徒駭、太史、馬頰、覆鬴、胡蘇、簡、絜、鉤般、鬲津，是謂九河也。【今注】案，殿本無“夫”字。　九河：禹時黃河的九條支流。或以爲是古代黃河下游諸多支流的總稱。郝懿行《爾雅義疏》：“《禹貢·兗州》已云‘九河既道，至于大陸’。又云‘播爲九河’者，《詩·般》正義引《鄭志·答趙商問》曰：‘河流分兗州界，文自明矣。然九河從兗州而分大陸以北，明是再分，故特言播，鄭義似未了也。’《禹貢》正義引《漢書·溝洫志》：‘成帝時，河隄都尉許商上書曰：“古記九河之名，有徒駭、胡蘇、鬲津，今見在成平、東光、鬲縣界中，自鬲津以北至徒駭，其間相去二百餘里。”’是知九河所在，徒駭最北，鬲津最南，蓋徒駭是河之本道，東出分爲八枝也。許商上言三河，下言三縣，則徒駭在成平，胡蘇在東光，鬲津在鬲縣，其餘不復知也。《爾雅》九河之次，從北而南，既知三河之處，則其餘六者，太史、馬頰、覆釜在東光之北，成平之南；簡、絜、鉤盤在東光之南，鬲縣之北也。其河填塞，時有故道，鄭《禹貢》注云：‘周時齊桓公塞之，同爲一河。今河間弓高以東至平原鬲津，往往有其遺處。《春秋寶乾圖》云：“移河爲界，在齊呂填閼八流以自廣。”’鄭蓋據此文爲說也。言閼八流拓境，則塞其東流八枝，并使歸於徒駭也。按《詩》正義大意亦與此同，而此爲賅備。《爾雅》釋文引郭音義亦本鄭注而義稍略，故舍彼引此也。然則八流雖塞，遺處猶存，今驗青滄景德之間，古隄沙阜舊迹宛然，故《溝洫志》載韓牧以爲‘可略於《禹貢》九河處穿之，縱不能爲九，但爲四五，亦有益’，而王橫言‘河入勃海，勃海地高於韓牧所欲穿處’，又言‘九河之地已爲海所漸’，此妄說也。古河隄處今猶可見，安得爲海所漸？但自周定五年河徙以來，歷漢至今，轉徙而南，土淺沙浮，潰決難制，禹河故道，日就沈湮，更數百年，殆將不可復識矣。”　凷：當作“坥”，同“塊”。紹興本、大德本、殿本作“坥”，是。

　　〔3〕【李賢注】協韻音苦郎反。

　　〔4〕【今注】庸：疑問代詞。

　　〔5〕【李賢注】煙炎，煙火之微細者。言常懼微細以致毀滅。杜預注《左傳》曰："吳楚之間謂火滅爲熸。"音子廉反。炎音焰。

　　〔6〕【李賢注】晏子見伯常騫，問曰："昔吾見維星絶，樞星散，地其動乎?"見《晏子春秋》。陰食謂不顯食也。凡日陰食則井無影也。【今注】樞星：北斗七星第一星。代指北斗星。

　　〔7〕【李賢注】望舒，月也。《尚書大傳》曰："晦而月見西方，謂久胱。朔而月見東方，謂之側匿。側匿則侯王肅，胱則侯王舒。"注："肅，急也。舒，緩也。"【今注】胱：農曆月底月亮出現在西方。　側匿：古代天文學上指朔日而初月見於東方。亦可形容畏縮猶豫，遲疑不進。

　　　　"是以君子推微達著，尋端見緒，履霜知冰，踐露知暑。時行則行，時止則止，消息盈沖，取諸天紀。[1]利用遭泰，[2]可與處否，[3]樂天知命，持神任己。群車方奔乎險路，安能與之齊軌？思危難而自豫，[4]故在賤而不恥。方將騁馳乎典籍之崇塗，休息乎仁義之淵藪，[5]槃旋乎周、孔之庭宇，揖儒、墨而與爲友。舒之足以光四表，[6]收之則莫能知其所有。

　　〔1〕【李賢注】《易·坤·文言》曰："履霜堅冰至。"《艮卦》曰："時行則行，時止則止。"《豐卦》曰："天地盈虛，與時消息。"【今注】消息：消長。　天紀：指天道規則。

　　〔2〕【今注】利用：物盡其用。

　　〔3〕【今注】否：困窮，不順。

[4]【今注】豫：準備。

[5]【李賢注】《前書》司馬相如曰：“游于六藝之囿，馳騖乎仁義之塗（乎，大德本作‘于’）。”班固曰“肴覆仁義之林藪”也。

[6]【今注】光：通“橫”。《尚書·堯典》：“光被四表。”皮錫瑞《今文尚書考證》：“光、橫古同聲，亦通用。漢人引用，或作‘橫’，或作‘廣’，或作‘光’，皆歐陽、夏侯三家今文異字，然字異而義同，光被即廣被，亦即橫被，皆是充塞之義。” 四表：指四方極遠之地，亦泛指天下。

　　“若乃丁千載之運，[1]應神靈之符，闓閶閣，[2]乘天衢，擁華蓋而奉皇樞，[3]納玄策於聖德，宣太平於中區。[4]計合謀從，己之圖也；勳績不立，予之辜也。龜鳳山翳，霧露不除，踊躍草萊，秖見其愚。不我知者，將謂之迂。[5]脩業思真，弃此焉如？靜以俟命，不犺不渝。[6]‘百歲之後，歸乎其居。’[7]幸其獲稱，天所誘也。[8]罕漫而已，非己咎也。[9]

[1]【今注】丁：遭逢。

[2]【今注】闓：開。 閶閣：天門。

[3]【李賢注】《古今注》曰：“華蓋，黃帝所作也。與蚩尤戰于涿鹿之野，常有五色雲氣，金枝玉葉，因而作華蓋。”

[4]【今注】中區：人世。

[5]【李賢注】龜鳳喻賢人（賢，大德本、殿本作“聖”），露霧諭昏闇也（露霧，紹興本、大德本、殿本作“霧露”；諭，大德本、殿本作“喻”）。迂，曲也。【今注】翳：遮蔽。 秖：

同"祇"，僅僅。紹興本作"祇"，殿本作"祇"。

[6]【李賢注】戟，厭也。渝，變也。

[7]【李賢注】《詩·晉風》也。毛萇注云："居，墳墓也。"

[8]【李賢注】謂小人妄得稱舉者，天之所誘，後必遇害也。

[9]【李賢注】罕漫猶無所知聞也，非君子之咎也。

　　"昔伯翳綜聲於鳥語，葛盧辯音於鳴牛，董父
受氏於豢龍，奚仲供德於衡軸，[1]倕氏興政於巧
工，造父登御於驊騮，非子享土於善圉，狼瞫取
右於禽囚，[2]弓父畢精於筋角，佽非明勇於赴流，
壽王創基於格五，東方要幸於談優，[3]上官効力於
執蓋，弘羊據相於運籌。僕不能參跡於若人，故
抱璞而優遊。"[4]

　　[1]【李賢注】伯翳即秦之先伯益也，能與鳥語。見《史
記》。葛盧，東夷介國之君也。介葛盧聘於魯，聞牛鳴（聞，紹興
本、大德本、殿本作"聞"，是），曰："是生三犧，皆用之矣。"
問之，如其言。晉太史蔡墨曰："昔有董父，實甚好龍，能求嗜欲
以飲食之，以服事帝舜。帝賜姓曰董，氏曰豢龍。"並見《左
傳》。奚仲，薛之祖也。世本曰："奚仲作車。"衡，軛也。軸，轅
也。【今注】伯翳：或作"伯益""柏翳"。舜時人，掌管草木鳥
獸。又佐禹治水，有功，賜姓嬴，爲嬴姓之祖。禹選伯益爲繼承
人，伯益讓於禹子啓而避居箕山之陽。一說，因爭奪君位而爲啓所
殺。　葛盧：春秋時夷狄國君。魯僖公二十九年（前 631）朝於
魯，能通牛語。　奚仲：或作"任奚"。夏代人。任姓，爲黃帝後
裔，禹臣。擅長造車，始創配馬拉車。爲車正。封於薛，爲薛國始
祖。後遷於邳。　軸：音 zhōu。

　　[2]【李賢注】倕，舜時巧人也。見《尚書》。造父者，秦之先也，爲周穆王御驊騮、騄耳之乘。非子亦秦之先，善養馬。周孝王使主馬於汧、渭之間，馬大蕃息，分土爲附庸（爲，大德本作"於"），邑之於秦。並見《史記》。圉，養馬人也。見《周禮》。《左傳》曰："戰於殽，晉襄公縛秦囚，使萊駒以戈斬之。囚呼，萊駒失戈，狼瞫取戈斬之，遂以爲車右。"瞫音舒餁反。【今注】倕氏：堯時工匠。一說是帝嚳的臣子，又一說是舜的兒子商均。《山海經·海內經》："帝俊生三身，三身生義均，義均是始爲巧倕，是始作下民百巧。"《呂氏春秋·古樂》："有倕作爲鼙鼓鐘磬吹苓管壎篪鞀椎鍾。"《荀子·解蔽》："倕作弓。"　　造父：西周穆王時人。衡父之子。善於御馬。曾得驊騮、騄耳等名馬，獻於王。爲王御，至昆侖，見西王母，王樂而忘歸。徐偃王反，造父爲穆王御八駿，日馳千里，攻破之。以功封於趙，爲趙氏先祖。　　非子：西周孝王時人。伯益後裔，大駱子。居於犬丘，善養馬。在汧、渭二水之間主管養馬，馬大繁殖。孝王分土於非子，命爲附庸，邑於秦地，使續嬴氏祀，號曰秦嬴，爲秦國始封之祖。　　狼瞫：當作"狼瞫"。紹興本、大德本、殿本作"狼瞫"。春秋晉國人。晉襄公時以勇升爲車右。箕之役，爲先軫廢黜。及至彭衙，率其部下馳沖秦師，戰死，晉軍隨進，大敗秦師。　　案，右於，紹興本作"右以"。　　禽：通"擒"。

　　[3]【李賢注】弓父，弓工也。闞子曰："宋景公使弓工爲弓，九年，來見公。公曰：'爲弓亦遲矣。'對曰：'臣精盡於弓矣。'獻弓而歸，三日而死。公張弓東向而射，矢踰西霜之山，集彭城之東，其餘力逸勁，飲羽於石梁。"《呂氏春秋》曰，荆人飲飛入江斬蛟（飲，紹興本、大德本、殿本作"伙"，是）。《前書》，武帝時，吾丘壽王字子贛，以善格五待制。格五，今之簺也。東方朔以善談笑俳優得幸。班固曰："朔應諧似優。"杜預注《左傳》曰："優，調戲也。"【今注】伙非：或作"次飛""兹非"。春秋時

楚國勇士。嘗得寶劍，涉江至中流，兩蛟繞其舟。舟將覆，非拔劍赴江，刺殺兩蛟，舟中衆人賴以得活。楚王聞之，任以爲執圭。孔子知之，以其能不顧生死而除害，贊其壯。非，殿本作“飛”。壽王：吾丘壽王。傳見《漢書》卷六四上。

[4]【李賢注】《前書》，上官桀，武帝時爲期門郎，從上甘泉，大風，車不得行，解蓋授桀，雖風（風，紹興本作“底”），蓋常屬車。桑弘羊，洛陽賈人也，以能心計爲侍中。【今注】上官：上官桀。隴西上邽（今甘肅天水市麥積區）人。西漢武帝時，初爲羽林期門郎，後任未央厩令、侍中、騎都尉。以搜粟都尉隨李廣利征大宛，因其敢於深入，在班師後被封爲少府，後遷太僕。武帝病篤，任爲左將軍，與霍光同受遺詔輔少主，封安陽侯。昭帝即位，其孫女被立爲皇后。後聯合御史大夫桑弘羊、帝姊鄂邑長公主及燕王劉旦與大將軍霍光争權，最終以謀反罪被族誅。事見《漢書》卷六一《李廣利傳》、卷九七上《外戚傳上》。　弘羊：桑弘羊，洛陽（今河南洛陽市）人。出身商人家庭。年十三被武帝召爲侍中，後任治粟都尉。領大農令。積極參與制定、推行鹽鐵酒官營專賣政策，並建議設立均輸、平準機構，由政府直接經營運輸和貿易，平抑物價。昭帝即位，他被任爲御史大夫，與霍光、金日磾共同輔政。後以罪被殺。事見《漢書》卷二四《食貨志》、卷六三《武五子傳》、卷六六《田千秋傳》、卷六八《霍光傳》、卷九六下《西域傳下》。　抱璞：指保持本色，不爲爵禄所惑。《戰國策·齊策》載戰國齊宣王欲用顏斶，斶辭曰：“夫玉生於山，制則破焉，非弗寶貴矣，然大璞不完；士生乎鄙野，推選則禄焉，非不得尊遂也，然而形神不全。斶願得歸。”

　　於是公子仰首降階，忸怩而避。[1]胡老乃揚衡含笑，援琴而歌。[2]歌曰：“練余心兮浸太清，滌穢濁兮存正靈。和液暢兮神氣寧，情志泊兮心亭亭，嗜欲息兮無由生。踔宇宙而遺俗兮，眇翩翩
而獨征。"[3]

[1]【李賢注】忸怩，心慙也。忸音女六反。怩音尼。

[2]【李賢注】衡，眉目之間也。

[3]【李賢注】太清謂天也。和液謂和氣靈液也。亭亭，孤
峻之皃。踔猶越也，音丑教反。【今注】練：洗滌。　眇：高遠
貌。　翩翩：輕捷貌。

　　建寧三年，[1]辟司徒橋玄府，[2]玄甚敬待之。出補
河平長。[3]召拜郎中，[4]校書東觀。[5]遷議郎。[6]邕以經
籍去聖久遠，文字多謬，俗儒穿鑿，疑誤後學，熹平
四年，[7]乃與五官中郎將堂谿典、光禄大夫楊賜、諫議
大夫馬日磾、議郎張馴、韓説、太史令單颺等，[8]奏求
正定六經文字。靈帝許之，邕乃自書丹於碑，[9]使工鐫
刻立於太學門外。[10]於是後儒晚學，咸取正焉。及碑
始立，其觀視及摹寫者，車乘日千餘兩，填塞街陌。

[1]【今注】建寧：東漢靈帝劉宏年號（168—172）。

[2]【今注】司徒：官名。西周置，西漢哀帝罷丞相置大司
徒。東漢光武建武二十七年（51），去"大"，稱司徒。掌民政，
凡教民孝悌、遜順、謙儉、養生送死之事，則議其制，建其度，與
太尉、司空並列"三公"。本書《百官志一》："司徒，公一人。本
注：掌人民事。"　橋玄：字公祖，梁國睢陽（今河南商丘市南）
人。傳見本書卷五一。案，錢大昭《後漢書辨疑》："案本紀橋公爲
司徒在四年三月，非三年也。"王先謙《後漢書集解》引洪頤煊
曰："'司徒'當作'司空'。《靈帝紀》建寧三年八月大鴻臚橋玄

爲司空，四年三月司徒許訓免，司空橋玄爲司徒。”

[3]【今注】長：縣長。漢代萬户以上縣的長官稱縣令，不足萬户稱長。案，錢大昕《廿二史考異》卷一二《後漢書三》指出，“《郡國志》無河平縣”。

[4]【今注】郎中：官名。漢承秦置。西漢有車、户、騎三將，内充侍衛，外從作戰。東漢罷郎中三將，遂分隸五官、左、右中郎將三署，備宿衛，充車騎。屬光禄勳，比三百石。

[5]【今注】東觀：東漢藏書、校書、撰修國史的重要機構，興建於光武帝末或明帝初年，在洛陽南宫（參見朱桂昌《後漢洛陽東觀考》，《洛陽大學學報》1996年第1期）。

[6]【今注】議郎：官名。秦置漢承。掌顧問應對，參與議政。不入直宿衛。漢九卿之一光禄勳（郎中令）屬官，秩比六百石。

[7]【今注】熹平：東漢靈帝劉宏年號（172—178）。

[8]【李賢注】堂谿，姓也。《先賢行狀》曰：“典字子度，潁川人，爲西鄂長。”【今注】五官中郎將：官名。秦置漢承。主五官署郎，掌宫禁宿衛。東漢時，或參與征戰，或共典選舉，或將副監喪，或承制問難，或持節奉策。章帝建初元年（76），復以五官中郎將行長樂衛尉事。但事實上，東漢中後期，虎賁、羽林郎更多承擔宫禁宿衛職能，五官中郎將的宿衛作用較弱。屬光禄勳，秩比二千石。　堂谿典：複姓堂谿，潁川郡人。　光禄大夫：官名。西漢武帝時改中大夫置，掌論議。屬光禄勳，秩比二千石。西漢晚期，多作爲貴戚重臣的加官。無員限。東漢時，因權臣不復冠此號，漸成閑散之職，雖仍掌顧問應對，但多用以拜假賵贈之使，及監護諸國嗣喪事。本書《百官志二》載：“光禄大夫，比二千石。本注曰：無員。凡大夫、議郎皆掌顧問應對，無常事，唯詔令所使。凡諸國嗣之喪，則光禄大夫掌弔。”　楊賜：字伯獻，弘農華陰（今陝西華陰市東）人。傳見本書卷五四。曹金華《後漢書稽

疑》："余疑'光禄大夫楊賜'爲'議郎楊彪'之訛。《盧植傳》載植'與諫議大夫馬日磾、議郎蔡邕、楊彪、韓説等並在東觀，校中書《五經》記傳，補續《漢記》'。《楊彪傳》載'熹平中，以博習舊聞，公車征拜議郎'，注引《華嶠書》：'與馬日磾、盧植、蔡邕等著作東觀。'《孔融傳》與《魏志·袁術傳》注引《三輔決録注》：日磾'與楊彪、盧植、蔡邕等典校中書'。《後漢紀》卷二五載：盧植'征拜議郎，與蔡邕、楊彪等並在東觀，補續《漢記》'。而《楊賜傳》載賜熹平中爲司空，復拜光禄大夫，再爲司徒，不及著書東觀事也。"（中華書局2014年版，第787頁）　諫議大夫：官名。秦始置，西漢武帝復置，稱"諫大夫"。掌諫争、顧問應對，議論朝政。屬光禄勳，無定員，秩比八百石。本書《百官志二》："諫議大夫，六百石。本注曰：無員。"惠棟《後漢書補注》引《齊職儀》曰："秦置諫大夫，屬郎中令，無常員，多至數十人，掌論議，漢初不置，至武帝始因秦置之，無常員，皆名儒宿德爲之。光武增'議'字爲諫議大夫，置三十人。"　馬日磾：字翁叔，右扶風茂陵（今陝西興平市東北）人。東漢經學大師馬融的族孫（或説是族子），以才學入仕，歷任諫議大夫、射聲校尉、太常、太尉、太傅等職，爲袁術脅迫而死。　張馴：字子儁，濟陰定陶（今山東菏澤市定陶區）人。傳見本書卷七九上。　韓説：字叔儒，會稽山陰（今浙江紹興市）人。傳見本書卷八二下。　太史令：官名。秦置漢承。掌天時、星曆及時節禁忌，有修史之職。屬太常，秩六百石。本書《百官志二》："太史令一人，六百石。本注曰：掌天時、星曆。凡歲將終，奏新年曆。凡國祭祀、喪、娶之事，掌奏良日及時節禁忌。凡國有瑞應、災異，掌記之。丞一人。明堂及靈臺丞一人，二百石。本注曰：二丞，掌守明堂、靈臺。靈臺掌候日月星氣，皆屬太史。"　單颺：字武宣，山陽湖陸（今山東魚臺縣東南）人。傳見本書卷八二下。

［9］【今注】書丹：用硃筆在碑石上書寫，以便鐫刻。案，沈欽韓《後漢書疏證》引《北堂書鈔》載《三輔決録》云，"韋誕奏

蔡邕自矜能兼斯籀之法，非紈素不妄下筆"。指出："按《隸釋》，《公羊》殘碑末有堂谿典、諫議大夫臣馬日磾、臣趙陜、議郎臣□□、臣劉宏、郎中臣張文、臣蘇陵、臣傅楨。《論語》殘碑末詔書與博士臣左立、郎中臣孫表。則他經定碑亦必有同事校勘者，文字之繁固非邕一人所能遍寫也。洪氏亦云此數人中必有同時揮毫者。"

[10]【李賢注】《洛陽記》曰："太學在洛城南開陽門外，講堂長十丈，廣二丈。堂前石經四部。大碑凡四十六枚（大，紹興本、大德本、殿本作'本'），西行，《尚書》《周易》《公羊傳》十六碑存，十二碑毀。南行，《禮記》十五碑悉崩壞。東行，《論語》三碑（三，殿本作'二'），二碑毀。《禮記》碑上有諫議大夫馬日磾、議郎蔡邕名。"【今注】太學：古代大學。西漢武帝始置。東漢規模愈盛，生員眾多。（參見史錫平《漢代的太學制度》，《史學月刊》1988 年第 3 期）

　　初，朝議以州郡相黨，人情比周，[1]乃制婚姻之家及兩州人士不得對相監臨。[2]至是復有三互法，[3]禁忌轉密，選用艱難。幽冀二州，久缺不補。邕上疏曰："伏見幽、冀舊壤，鎧馬所出，[4]比年兵飢，漸至空耗。今者百姓虛縣，萬里蕭條，[5]闕職經時，吏人延屬，[6]而三府選舉，踰月不定。臣經怪其事，而論者云'避三互'。十一州有禁，當取二州而已。又二州之士，或復限以歲月，狐疑遲淹，以失事會。[7]愚以為三互之禁，禁之薄者，今但申以威靈，明其憲令，在任之人豈不戒懼，而當坐設三互，自生留閡邪？[8]昔韓安國起自徒中，朱買臣出於幽賤，並以才宜，還守本邦。[9]又張敞亡命，擢授劇州。豈復顧循三互，繼以末制乎？[10]三公明知二州之要，所宜速定，當越禁取能，以救時敝；而不顧爭臣之義，[11]苟避輕微之科，[12]選用稽滯，以失其人。臣願陛下上則先帝，蠲除近禁，其諸州刺史器用可換者，[13]無拘日月三互，以差厥中。"[14]書奏不省。

[1]【今注】比周：阿黨營私。

[2]【今注】制：命令。

[3]【李賢注】三互謂婚姻之家及兩州人不得交互爲官也。《謝承書》曰"史弼遷山陽太守，其妻鉅野薛氏女，以三互自上，轉拜平原相"是也。【今注】三互法：任用地方官吏的限制規定。諸州郡行政長官不僅不能任用本籍人士，而且三州人士及婚姻之家也不能交互任官。如甲州人士有在乙州做官者，同時乙州人士又在丙州做官，則丙州人士不但不能到乙州做官，也不能到甲州做官。此法目的是防止地方官吏互相勾結庇護，以加强中央對地方的控制。延緩了東漢後期地方割據勢力的出現。（參見籍曉蕊《東漢"三互法"及"幽、冀尤甚"探析》，碩士學位論文，鄭州大學，2012年）但因禁忌轉密，造成選用困難。

[4]【李賢注】鎧，甲也。《周禮·考工記》曰："燕無函。"函亦甲也，言幽、燕之地，家家皆能爲函，故無函匠也。《左傳》曰："冀之北土，馬之所生。"

[5]【李賢注】縣音玄。【今注】虛縣：無著落。

[6]【今注】延屬：延頸矚目。比喻急切盼望的樣子。

[7]【今注】事會：時機。指辦事的時機。

[8]【今注】留閡：滯礙不通。

[9]【李賢注】《前書》，安國字長孺，梁人。坐法抵罪。居無幾，天子使使者拜安國爲梁内史，起徒中爲二千石。買臣字翁子，吳人。家貧，負薪賣以給食，歌謳道中，後拜會稽太守（太，

大德本作"大")。【今注】韓安國：字長孺，梁國成安（今河南汝州市）人。傳見《史記》卷一○八、《漢書》卷五二。　徒：刑徒。　朱買臣：傳見《漢書》卷六四上。

[10]【李賢注】《前書》，敞字子高，河東人也。爲京兆尹，坐與楊惲厚善，制免爲庶人，從闕下亡命。數月，冀州部有大賊，天子思敞功，使使者召拜爲冀州刺史。【今注】張敞：字子高，西漢茂陵（今陝西興平市東北）人。傳見《漢書》卷七六。　劇州：複雜難以治理的州。

[11]【今注】爭臣：能直言規諫國君過錯的臣子。

[12]【今注】科：律令，法規。

[13]【今注】刺史：西漢武帝時分全國爲十三部州，州置刺史一人。奉詔巡行諸郡，以六條問事，省察治政，黜陟能否，斷理冤獄。無治所，秩六百石。漢成帝時改刺史爲州牧，秩二千石。漢哀帝中復爲刺史，旋復爲牧。東漢光武帝建武十八年（42），罷州牧，復置刺史。東漢刺史，秩亦六百石。漢靈帝中平元年（184），黃巾起義爆發，復改刺史爲州牧，成爲郡以上的一級行政組織。

[14]【今注】差：選擇。　厥：其。　中：得當。

初，帝好學，自造《皇羲篇》五十章，因引諸生能爲文賦者。本頗以經學相招，後諸爲尺牘及工書鳥篆者，皆加引召，遂至數十人。[1]侍中祭酒樂松、賈護，[2]多引無行趣執之徒，[3]並待制鴻都門下，[4]憙陳方俗閭里小事，[5]帝甚悦之，待以不次之位。[6]又市賈小民，爲宣陵孝子者，[7]復數十人，悉除爲郎中、太子舍人。[8]時頻有雷霆疾風，傷樹拔木，地震、隕雹、蝗蟲之害。又鮮卑犯境，[9]役賦及民。六年七月，制書引咎，詔群臣各陳政要所當施行。[10]邕上封事曰：

　　[1]【李賢注】《説文》曰：“牘，書板也，長一尺。”《藝文志》曰：“六體者，古文、奇字、篆書、隸書、繆篆、蟲書。”《音義》曰：“古文謂孔子壁中書也。奇字即古文而異者也。篆書謂小篆，蓋秦始皇使程邈所作也。隸書亦程邈所獻，主於徒隸，從簡易也。繆篆謂其文屈曲纏繞，所以摹印章也（大德本、殿本無‘也’字）。蟲書謂爲蟲鳥之形，所以書旛信也。”

　　[2]【今注】侍中祭酒：官名。西漢置侍中僕射，東漢改置祭酒，爲侍中之長，不常置。本書《百官志三》：“侍中，比二千石。本注曰：無員。掌侍左右，贊導衆事，顧問應對。法駕出，則多識者一人參乘，餘皆騎在乘輿車後。本有僕射一人，中興轉爲祭酒，或置或否。”　樂松：東漢靈帝時宦官，嘗任奉車都尉、侍中、侍中祭酒、中常侍等職。

　　[3]【今注】趣執：同“趣勢”。趨炎附勢。

　　[4]【今注】待制：等待詔命。指應皇帝徵召隨時待命，以備諮詢顧問。漢朝皇帝徵召才術之士至京，以其處所性質不同，有待詔公車、待詔金馬門、待詔博士、待詔射聲士等名目。後遂演變爲官名，凡具一技之長而備諮詢顧問者，如太史、治曆、音律、本草、相工等皆置。　鴻都門：東漢洛陽南宮宮門，東漢靈帝光和元年（178）在此門建立學官，稱鴻都門學。招收學生不同於太學，多爲無名望的豪强子弟，以經學兼辭賦、小説、尺牘、字畫爲教學內容。畢業以後提拔他們擔任重要的官職，以便與士族對抗。參見王永平《漢靈帝之置“鴻都門學”及其原因考論》（《揚州大學學報》1999年第5期）、趙國華《漢鴻都門學考辨》（《華中師範大學學報》2000年第3期）、孫明君《第三種勢力：政治視角中的鴻都門學》（《學習與探索》2002年第5期）、錢志熙《“鴻都門學”事件考論：從文學與儒學關係、選舉及漢末政治等方面着眼》（《北京大學學報》2008年第1期）、曾維華與孫剛華《東漢“鴻都門學”設置原由探析》（《東嶽論叢》2010年第1期）、楊繼剛《漢

靈帝鴻都門學研究》（博士學位論文，華中師範大學，2012 年）。

〔5〕【今注】憙：同“喜”。

〔6〕【今注】不次：不按次第，指越級提拔。

〔7〕【今注】宣陵：東漢桓帝陵。在今河南洛陽市東北漢魏故城南。本書卷八《靈帝紀》：建寧元年，“二月辛酉，葬孝桓皇帝于宣陵，廟曰威宗”。李賢注：“在洛陽東南三十里，高十二丈，周三百步。”本書《禮儀志》注引《古今注》：“桓帝宣陵，《帝王世紀》曰：‘山方三百步，高十二丈。在雒陽東，去雒陽三十里。’”

〔8〕【今注】太子舍人：官名。秦置漢承，掌東宮宿衛，似郎中，秩二百石，無員額。

〔9〕【今注】鮮卑：古族名。東胡的一支，因別依鮮卑山，故稱。漢初，爲冒頓所敗，入遼東塞外，與烏桓相接。東漢初，與匈奴攻遼東。東漢和帝永元中，北匈奴西遷後，徙據其地。因兼併其衆，逐漸強盛，多次攻漢邊郡。桓帝時，首領檀石槐建庭立制，分爲東、中、西三部，各置大人率領。其後聯合體瓦解，步度根、軻比能等首領各擁其衆，附屬曹魏。

〔10〕【今注】案，誥，大德本作“制”。

　　臣伏讀聖旨，雖周成遇風，訊諸執事，宣王遭旱，密勿祗畏，無以或加。[1]臣聞天降災異，緣象而至。辟歷數發，[2]殆刑誅繁多之所生也。風者天之號令，所以教人也。[3]夫昭事上帝，則自懷多福；[4]宗廟致敬，則鬼神以著。國之大事，實先祀典，[5]天子聖躬所當恭事。臣自在宰府，及備朱衣，[6]迎氣五郊，[7]而車駕稀出，四時至敬，屢委有司，雖有解除，猶爲疏廢。[8]故皇天不悦，顯此諸異。《鴻範傳》曰：[9]“政悖德隱，厥風發屋折

木。”坤爲地道，《易》稱安貞。[10]陰氣憤盛，則
當靜反動，法爲下叛。夫權不在上，則雹傷物；
政有苛暴，則虎狼食人；貪利傷民，則蝗蟲損稼。
去六月二十八日，太白與月相迫，[11]兵事惡之。
鮮卑犯塞，所從來遠，今之出師，未見其利。上
違天文，下逆人事。誠當博覽眾議，從其安者。
臣不勝憤滿，[12]謹條宜所施行七事表左：[13]

[1]【李賢注】《尚書·金縢》曰：“火大孰未穫（火，紹興
本、大德本、殿本作‘秋’，是；孰，大德本、殿本作‘熟’），
天大雷電以風，王乃問諸史百執事。”《詩·大雅·雲漢篇》序
曰：“宣王遇旱，側身脩行，欲消去之，故大夫仍叔作《雲漢》之
詩以美之。”密勿祗畏言勤勞戒懼也。【今注】密勿：猶“黽勉”，
勤奮。

[2]【李賢注】辟音普歷反。《史記》曰“霹靂，陽氣之
動”也。

[3]【李賢注】《翼氏風角》曰：“風者天之號令，所以譴告
人君者。”

[4]【李賢注】《詩·大雅》曰：“昭事上帝，聿懷多福。”
聿，遂也。懷，來也。【今注】昭事：勤勉地服事。昭，通“劭”。

[5]【李賢注】《左傳》曰：“國之大事，在祀與戎。”

[6]【李賢注】宰府謂司徒橋玄府也。朱衣謂祭官也。《漢官
儀》曰：“漢家赤行，齊者絳絝韝。”韝音文伐反。

[7]【今注】迎氣：於立春日祭青帝，立夏日祭赤帝，立秋日
祭白帝，立冬日祭黑帝；於立秋前十八日祭黃帝。用以迎接四季，
祈求豐年。　五郊：東郊、南郊、西郊、北郊、中郊。本書卷二
《明帝紀》載永平二年（59），“是歲，始迎氣於五郊”。李賢注引

《續漢書》曰："迎氣五郊之兆。四方之兆各依其位。中央之兆在未，壇皆三尺。立春之日，迎春於東郊，祭青帝句芒，車服皆青，歌《青陽》，八佾舞《雲翹》之舞。立夏之日，迎夏於南郊，祭赤帝祝融，車服皆赤，歌《朱明》，八佾舞《雲翹》之舞。先立秋十八日，迎黃靈於中兆，祭黃帝后土，車服皆黃，歌《朱明》，八佾舞《雲翹》《育命》之舞。立秋之日，迎秋於西郊，祭白帝蓐收，車服皆白，歌《白藏》，八佾舞《育命》之舞。立冬之日，迎冬於北郊，祭黑帝玄冥，車服皆黑，歌《玄冥》，八佾舞《育命》之舞。"

〔8〕【李賢注】解除謂謝過也。

〔9〕【今注】鴻範傳：《洪範五行傳》。屬伏生《尚書大傳》。（參見馬楠《〈洪範五行傳〉作者補證》，《中國史研究》2013年第1期）《漢書》卷七五《夏侯勝傳》："從始昌受《尚書》及《洪範五行傳》。"楊樹達《漢書窺管》曰："此云《洪範五行傳》，在劉向《五行傳記》之前。據沈約云：'伏生創記《大傳》，五行之體始詳；劉向廣演《洪範》，休咎之文益備。'又《隋志》云：'伏生之傳，惟劉向父子所著是其本法。'則此《洪範五行傳》乃伏生所記，今見《尚書大傳》中者是也。趙翼以爲始昌所爲，非也。"

〔10〕【李賢注】《易·坤·文言》曰："地道也，妻道也。"其象曰："安貞之吉，應地無疆。"

〔11〕【今注】太白：即金星。又名啓明、長庚。

〔12〕【今注】案，滿，殿本作"㵕"。

〔13〕【李賢注】表左謂陳之於表左也，猶今云"如左""如右"。

　　一事：明堂月令，天子以四立及季夏之節，迎五帝於郊，[1]所以導致神氣，祈福豐年。清廟祭祀，[2]追往孝敬，養老辟雍，[3]示人禮化，皆帝者之大業，祖宗所祇奉也。[4]而有司數以蕃國疎喪，宮內產生，[5]及吏卒小汙，屢生忌故。[6]竊見南郊齋戒，未嘗有廢，至於它祀，輒興異議。豈南郊卑而它祀尊哉？孝元皇帝策書曰：“禮之至敬，莫重於祭，所以竭心親奉，以致肅祇者也。”又元和故事，復申先典。[7]前後制書，推心懇惻。而近者以來，更任太史。忘禮敬之大，任禁忌之書，拘信小故，以虧大典。禮，妻妾產者，齋則不入側室之門，無廢祭之文也。[8]所謂宮中有卒，三月不祭者，謂士庶人數堵之室，共處其中耳，[9]豈謂皇居之曠，臣妾之衆哉？自今齋制宜如故典，庶答風霆災妖之異。[10]

[1]【李賢注】天子居明堂，各依其月布政，故云“明堂月令”。四立謂立春、立夏、立秋、立冬。各以其日，天子親迎氣於其方，并祭其方之帝。季夏之末，祭中央帝也。【今注】明堂：古代帝王上通天象、下統萬物、宣明政教的地方。凡朝會、祭祀、慶賞、選士、養老、教學等大典，都在此舉行。參見楊鴻勛《明堂泛論——明堂的考古學研究》（日本京都大學人文科學研究所《東方學報》，1998 年 3 月）。

[2]【今注】清廟：太廟。泛指帝王宗廟。

[3]【今注】辟雍：本爲西周天子所設大學，又是養老、鄉飲、鄉射之處，兼爲獻俘之所。

[4]【今注】祇：敬。

[5]【今注】產生：生孩子。

[6]【李賢注】小汙謂病及死也。

[7]【李賢注】章帝元和二年制曰：“山川百神應典禮者，尚

未咸秩，其議脩群祀，以祈豐年。"又宗祀五帝于汶上明堂。三年，望祀華、霍，東柴岱宗，爲人祈福。【今注】元和：東漢章帝劉炟年號（84—87）。

[8]【李賢注】《禮記》曰"妻將生子，及月辰，居側室，夫使人日再問之。夫齋，則不入側室之門"也。

[9]【李賢注】《儀禮》曰："有死於宮中者，則爲之三月不舉祭。"【今注】堵：墙。

[10]【今注】庶：幸。

　　二事：臣聞國之將興，至言數聞，[1]内知己政，外見民情。是故先帝雖有聖明之姿，而猶廣求得失。又因灾異，援引幽隱，重賢良、方正、敦朴、有道之選，[2]危言極諫，[3]不絶於朝。陛下親政已來，[4]頻年灾異，而未聞特舉博選之旨。[5]誠當思省述脩舊事，使抱忠之臣展具狂直，[6]以解《易傳》"政悖德隱"之言。

[1]【今注】至言：直言。

[2]【今注】賢良：選舉官吏科目之一。始於西漢文帝，常與方正、文學、能直言極諫者連稱，也稱賢良文學、賢良方正。　方正：漢代選舉官吏的科目之一。始於漢文帝。　敦朴：漢代選舉官吏科目之一。敦厚樸實之人。　有道：漢代選舉官吏科目之一。意爲選拔有道德、有才能的人。

[3]【今注】危言：正直急切之言。

[4]【今注】案，已，紹興本、大德本、殿本作"以"。

[5]【今注】案，博選，大德本作"選博"。

[6]【今注】案，具，紹興本、大德本、殿本作"其"，是。

　　三事：夫求賢之道，未必一塗，或以德顯，或以言揚。頃者，立朝之士，曾不以忠信見賞，恒被謗訕之誅，遂使群下結口，莫圖正辭。郎中張文，前獨盡狂言，聖聽納受，以責三司。臣子曠然，衆庶解悦。[1]臣愚以爲宜擢文右職，以勸忠謇，[2]宣聲海內，博開政路。

[1]【李賢注】《漢名臣奏》張文上疏，其略曰：“《春秋義》曰：‘蝗者貪擾之氣所生。天意若曰：貪狼之人，蠶食百姓，若蝗食禾稼而擾萬民。歐齧人者，象暴政若歐而齧人。’《京房易傳》曰：‘小人不義而反尊榮，則虎食人，辟歷殺人，亦象暴政，妄有喜怒。’政以賄成，刑放於寵，推類叙意，探指求原（原，大德本、殿本作‘源’），皆象群下貪狼，威教妄施，或苦蝗蟲。宜勑正衆邪，清審選舉，退屏貪暴。魯僖公小國諸侯，勑政脩己，斥退邪臣，尚獲其報，六月甚雨之應。豈況萬乘之主，脩善求賢？宜舉敦朴，以輔善政。陛下體堯舜之聖（体，大德本、殿本作‘參’），秉獨見之明，恢太平之業，敦經好學，流布遠近，可留須史神慮，則可致太平，招休徵矣。”制曰：“下太尉、司徒、司空。夫瑞不虛至，灾必有緣。朕以不德，秉統未明，以招袄僞，將何以昭顯憲法哉？三司任政者也，所當夙夜，而各拱默，訖未有聞，將何以奉答天意，救寧我人？其各悉心思所崇改，務消復之術，稱朕意焉。”【今注】張文：惠棟《後漢書補注》指出，“石經《公羊》末有郎中臣張文即是人也”。　案，聖，大德本作“上”。　三司：太尉、司空、司徒。本書卷六《順帝紀》：“今刺史、二千石之選，歸任三司。”李賢注：“三司，三公也，即太尉、司空、司徒也。”

[2]【李賢注】右，用事之便，謂樞要之官。【今注】忠謇：

忠誠正直。

　　四事：夫司隸校尉、諸州刺史，[1]所以督察姦枉，分別白黑者也。伏見幽州刺史楊憙、益州刺史龐芝、涼州刺史劉虔，[2]各有奉公疾姦之心，憙等所糾，其効尤多。餘皆枉橈，[3]不能稱職。或有抱罪懷瑕，與下同疾，綱網弛縱，[4]莫相舉察，公府臺閣亦復默然。[5]五年制書，議遣八使，[6]又令三公謠言奏事。[7]是時奉公者欣然得志，邪枉者憂悸失色。未詳斯議，所因寝息。昔劉向奏曰：“夫執狐疑之計者，開群枉之門；養不斷之慮者，來讒邪之口。”[8]今始聞善政，旋復變易，足令海內測度朝政。宜追定八使，糾舉非法，更選忠清，平章賞罰。[9]三公歲盡，差其殿最，[10]使吏知奉公之福，營私之禍，則衆災之原庶可塞矣。

[1]【今注】司隸校尉：官名。西漢武帝時置。持節，從中都官徒千二百人，捕巫蠱，督大姦猾。後罷其兵。察三輔、三河、弘農。元帝時去節，成帝時省。哀帝中復置，但稱司隸，冠進賢冠，屬大司空，比司直。東漢復爲司隸校尉，所部河南尹、河內、右扶風、左馮翊、京兆尹、河東、弘農凡七郡，治河南洛陽。無所不糾，唯不察三公。廷議處九卿上，朝賀處公卿下。東漢光武帝特詔朝會時與御史中丞、尚書令並專席而坐，時號“三獨坐”。秩比二千石。

[2]【今注】幽州：西漢武帝時所置十三刺史部之一。治薊縣（今北京市區西南）。下轄渤海、燕國、涿、上谷、漁陽、右北平、遼西、遼東、樂浪、真番、玄菟、臨屯等郡國。　益州：西漢武帝

時所置十三刺史部之一。治雒縣（今四川廣漢市北）。下轄漢中、巴郡、廣漢、蜀郡、犍爲、牂牁、越巂、益州、永昌等郡。　涼州：西漢武帝時所置十三刺史部之一。治隴縣（今甘肅張家川回族自治縣）。下轄安定、隴西、天水、酒泉、張掖、敦煌等郡。

[3]【今注】枉橈：彎曲。這裏指邪曲不正。

[4]【今注】綱網：綱維，法度。

[5]【今注】臺閣：尚書臺。

[6]【今注】案，本書卷六一《周舉傳》：“時詔遣八使巡行風俗，皆選素有威名者，乃拜舉爲侍中，與侍中杜喬、守光禄大夫周栩、前青州刺史馮羨、尚書欒巴、侍御史張綱、兗州刺史郭遵、太尉長史劉班並守光禄大夫，分行天下。其刺史、二千石有臧罪顯明者，驛馬上之；墨綬以下，便輒收舉。其有清忠惠利，爲百姓所安，宜表異者，皆以狀上。”

[7]【李賢注】《漢官儀》曰：“三公聽採長吏臧否，人所疾苦，條奏之。”是爲舉謠言者也。【今注】謠言：民間流傳的歌謠、言論。

[8]【李賢注】語見《前書》。【今注】劉向：字子政，本名更生，沛（今江蘇沛縣）人。傳見《漢書》卷三六。

[9]【李賢注】平，和也。章，明也。

[10]【今注】殿最：古代的考核，以下等爲“殿”，上等爲“最”。

　　五事：臣聞古者取士，必使諸侯歲貢。[1]孝武之世，郡舉孝廉，[2]又有賢良、文學之選，[3]於是名臣輩出，文武並興。漢之得人，數路而已。[4]夫書畫辭賦，才之小者，匡國理政，未有其能。陛下即位之初，先涉經術，聽政餘日，觀省篇章，聊以游意，[5]當代博弈，非以教化取士之本。而諸生競利，作者鼎沸。[6]其高者頗引經訓風喻之言；[7]下則連偶俗語，[8]有類俳優；[9]或竊成文，虚冒名氏。臣每受詔於盛化門，差次録第，其未及者，亦復隨輩皆見拜擢。既加之恩，難復收改，但守奉禄，於義已弘，不可復使理人及任州郡。[10]昔孝宣會諸儒於石渠，[11]章帝集學士於白虎，[12]通經釋義，其事優大，文武之道，所宜從之。若乃小能小善，雖有可觀，孔子以爲"致遠則泥"，君子故當志其大者。[13]

[1]【李賢注】《尚書大傳》曰："古者諸侯之於天子，三年一貢士。一適謂之攸好德，再適謂之賢賢，三適謂之有功。"注云："適猶得也。"【今注】歲貢：諸侯或屬國每年向朝廷遣使進貢的財物。

[2]【今注】孝廉：漢代選官科目之一。由郡、國舉孝、廉各一人。孝指善事父母，廉指廉節正直。

[3]【今注】文學：漢朝察舉科目名，爲常見特科之一。通常多與"賢良"連稱爲"賢良文學"。昭宣時始獨立以"文學"之名出現，稱作"文學高第"。

[4]【李賢注】數路謂孝廉、賢良、文學之類也。

[5]【今注】游意：游心，游神。

[6]【今注】作者：隱逸之士。《論語·憲問》："子曰：'賢者辟世，其次辟地，其次辟色，其次辟言。'子曰：'作者七人矣！'"

[7]【今注】風喻：同"諷喻"。

[8]【今注】連偶：這裏指連綴。

[9]【今注】俳優：滑稽雜戲。

[10]【今注】案，任，紹興本、大德本、殿本作"仕"。

[11]【今注】石渠：閣名。在今陝西西安市西北漢長安城内未央宫前殿西北，爲漢代儒者校書之所，並藏秘書。《漢書》卷三六《劉向傳》："講論五經於石渠。"陳直《漢書新證》："石渠閣遺址今在西安未央鄉、劉家寨未央宫大殿遺址西北（天禄閣遺址則在直北），現存有漢代石渠兩具，一完一殘，在天禄閣小學内。清代光緒初年曾出'石渠千秋'瓦一片，爲王蓮生所藏，各書皆未著録，據云原物現藏天津博物館。又按：石渠閣遺址曾由余採集大泉五十錢背範三十餘方，知王莽時石渠閣已改爲刻錢範場所，詳見拙著《石渠閣王莽大泉五十錢背範的發現》文中。"（中華書局 2008 年版，第 245、246 頁）西漢宣帝甘露三年（前 51），漢廷召開石渠閣會議，韋玄成與太子太傅蕭望之及五經諸儒雜論同異於石渠閣，條奏其對。漢宣帝親稱制臨決。立梁丘《易》、大小夏侯《尚書》、穀梁《春秋》博士。（參見徐興無《石渠閣會議與漢代經學的變局》，《古典文獻研究》第 6 輯，鳳凰出版社 2003 年版）

[12]【今注】白虎：宫觀名。在東漢洛陽宫殿北宫。東漢章帝建初四年（79）十一月在白虎觀召集官吏、經師數十人，集會數月，"講議五經異同"。參與者有魏應、淳于恭、賈逵、丁鴻、李育、樓望、成封、桓鬱等人，由楊終、班固記録。會上群臣論經由班固整理撰寫成《白虎通義》。

[13]【李賢注】《論語》子夏曰："雖小道必有可觀者焉，致遠恐泥。"鄭玄注云："小道，如今諸子書也。泥謂滯陷不通。"此邑以爲孔子之言，當別有所據也。

　　六事：墨綬長吏，職典理人，[1]皆當以惠利爲績，日月爲勞。褒責之科，所宜分明。而今在任無復能省，[2]及其還者，多召拜議郎、郎中。若器用優美，不宜處之冗散。如有釁故，[3]自當極其刑誅。豈有伏罪懼考，反求遷轉，更相倣効，[4]臧否無章？先帝舊典，未嘗有此。可皆斷絶，以覈真僞。[5]

[1]【李賢注】 《漢官儀》曰"袟六百石（官，殿本作'書'；袟，紹興本、大德本、殿本作'秩'），銅章墨綬"也。【今注】理人：治民。

[2]【今注】省：檢查。

[3]【今注】釁（xìn）：罪。

[4]【今注】案，倣，紹興本、大德本、殿本作"放"，通。

[5]【今注】覈：核實。

七事：伏見前一切以宣陵孝子者爲太子舍人。[1]臣聞孝文皇帝制喪服三十六日，[2]雖繼體之君，父子至親，公卿列臣，受恩之重，皆屈情從制，不敢踰越。今虛僞小人，本非骨肉，既無幸私之恩，又無禄仕之實，惻隱思慕，情何緣生？而群聚山陵，假名稱孝，行不隱心，義無所依，至有姦軌之人，通容其中。桓思皇后祖載之時，[3]東郡有盜人妻者亡在孝中，[4]本縣追捕，乃伏其辜。虛僞雜穢，難得勝言。又前至得拜，後輩被遺；或經年陵次，以暫歸見漏；或以人自代，亦蒙寵榮。爭訟怨恨，凶凶道路。[5]太子官屬，宜搜選令德，豈有但取丘墓凶醜之人？其爲不祥，莫與大焉。宜遣歸田里，以明詐僞。

[1]【今注】一切：權宜，臨時。

[2]【今注】案,《漢書》卷四《文帝紀》載漢文帝遺詔:"其令天下吏民,令到出臨三日,皆釋服。無禁取婦嫁女祠祀飲酒食肉。自當給喪事服臨者,皆無踐。絰帶無過三寸。無布車及兵器。無發民哭臨宮殿中。殿中當臨者,皆以旦夕各十五舉音,禮畢罷。非旦夕臨時,禁無得擅哭。以下,服大紅十五日,小紅十四日,纖七日,釋服。"顏師古注引應劭曰:"紅者,中祥、大祥以紅爲領緣。纖者,禫也。凡三十六日而釋服矣。此以日易月也。"

[3]【李賢注】《周禮》曰:"喪祝掌大喪,及祖飾棺及載,遂御之。"鄭玄云(大德本、殿本"玄"後有"注"字):"祖謂將葬祖祭於庭,載謂升柩於車也(大德本無'謂'字)。"【今注】桓思皇后:竇妙。紀見本書卷一〇下。

[4]【今注】東郡:治濮陽縣(今河南濮陽市華龍區西南)。

[5]【今注】凶凶:騷動不安。

　　書奏,帝乃親迎氣北郊,及行辟雍之禮。又詔宣陵孝子爲舍人者,悉改爲丞尉焉。[1]光和元年,[2]遂置鴻都門學,畫孔子及七十二弟子像。其諸生皆勑州郡三公舉用辟召,或出爲刺史、太守,入爲尚書、侍中,[3]乃有封侯賜爵者,士君子皆恥與爲列焉。

[1]【今注】丞尉:縣丞、縣尉。

[2]【今注】光和:東漢靈帝劉宏年號(178—184)。

[3]【今注】尚書:官名。東漢尚書臺六曹,每曹設尚書一人,分別負責己曹事務。秩六百石。本書《百官志三》:"尚書六人,六百石。本注曰:成帝初置尚書四人,分爲四曹:常侍曹尚書主公卿事;二千石曹尚書主郡國二千石事;民曹尚書主凡吏上書事;客曹尚書主外國夷狄事。世祖承遵,後分二千石曹,又分客曹爲南主客曹、北主客曹,凡六曹。" 侍中:官名。秦始置。西漢

時爲加官，無員，凡官員加此頭銜即可入禁中，親近皇帝。初掌雜務，後漸與聞朝政、贊導衆事、顧問應對，與公卿大臣論辯，平議尚書奏事，爲中朝要職。本書《百官志三》："侍中，比二千石。本注曰：無員。掌侍左右，贊導衆事，顧問應對。法駕出，則多識者一人參乘，餘皆騎在乘輿車後。本有僕射一人，中興轉爲祭酒，或置或否。"

時妖異數見，人相驚擾。其年七月，詔召邕與光禄大夫楊賜、諫議大夫馬日磾、議郎張華、太史令單颺詣金商門，引入崇德殿，[1]使中常侍曹節、王甫就問灾異及消改變故所宜施行。[2]邕悉心以對，事在《五行》《天文志》。[3]又特詔問曰："比災變互生，未知厥咎，朝廷焦心，載懷恐懼。[4]每訪群公卿士，庶聞忠言，[5]而各存括囊，莫肯盡心。[6]以邕經學深奥，故密特稽問，宜披露失得，指陳政要，勿有依違，[7]自生疑諱。具對經術，以皁囊封上。"[8]邕對曰：

[1]【李賢注】《洛陽記》曰"南宮有崇德殿、太極殿，西有金商門"也。

[2]【今注】曹節：字漢豐，南陽新野（今河南新野縣）人。傳見本書卷七八。　王甫：事迹見本書卷七八《宦者傳》。

[3]【李賢注】其志今亡。《續漢志》曰，光和元年，詔問曰："連年蝗蟲，其咎焉在？"邕對曰："《易傳》云：'大作不時天降災，厥咎蝗蟲來。'《河圖秘徵篇》曰：'帝貪則政暴，吏酷則誅慘。生蝗蟲，貪苛之所致也。'"又南宮侍中寺，雌雞欲化爲雄，一身毛皆似雄，但頭冠尚未變。詔以問邕。對曰："貌之不恭，則有雞禍。宣帝黃龍元年，未央宮雌雞化爲雄，不鳴無距。

是歲元帝初即位，將立王皇后。至初元元年，丞相史家雌鷄化爲雄，距而鳴將。是后父禁爲平陽侯，女立爲后。至哀帝晏駕，后攝政，王莽以后兄子爲大司馬，由是爲亂。臣竊推之，頭爲元首，人君之象。令鷄一身已變（令，紹興本、大德本、殿本作‘今’），未至於頭而止，是將有其事而不遂成之象也。若應之不精，政無所改（改，大德本、殿本作‘及’），頭冠或成，爲患滋大也。”

[4]【今注】載：滿。

[5]【今注】庶聞：希冀。

[6]【李賢注】括囊喻閉口而不言。《易》曰：“括囊无咎。”王弼注云：“括，結也（大德本無‘也’字）。”

[7]【今注】依違：順從或違背，不能作決斷。這裏指有所諱言。

[8]【李賢注】《漢官儀》曰“凡章表皆啓封，具言密事得皁囊”也（具，紹興本、大德本、殿本作“其”）。【今注】案，惠棟《後漢書補注》引袁夢麒《漢制叢録》曰：“東方朔言文帝集書囊爲殿幃，翟酺又言文帝飾帳於皁囊者指此。其後靈帝詔蔡邕指陳政要，具對經術，以皁囊封上，遵前制也。”

臣伏惟陛下聖德允明，深悼災咎，褒臣末學，特垂訪及，非臣螻蟻所能堪副。斯誠輸寫肝膽出命之秋，[1]豈可以顧患避害，使陛下不聞至戒哉！臣伏思諸異，皆亡國之怪也。天於大漢，殷勤不已，[2]故屢出祆變，[3]以當譴責，欲令人君感悟，改危即安。今災眚之發，不於它所，遠則門垣，近在寺署，[4]其爲監戒，[5]可謂至切。

[1]【今注】輸寫：表達情意。　出命：獻出生命。

[2]【今注】殷勤：懇切。

[3]【今注】祅：同"妖"。

[4]【今注】寺署：官署。

[5]【今注】監戒：鑒察往事，警戒將來。

　　蜺蝀鷄化，[1]皆婦人干政之所致也。前者乳母趙嬈，貴重天下，[2]生則貨藏侔於天府，[3]死則丘墓踰於園陵，兩子受封，兄弟典郡；續以永樂門史霍玉，依阻城社，[4]又爲姦邪。今者道路紛紛，復云有程大人者，[5]察其風聲，將爲國患。宜高爲隄防，明設禁令，深惟趙、霍，以爲至戒。[6]今聖意勤勤，思明邪正。[7]而聞太尉張顥，[8]爲玉所進；光禄勳姓璋，[9]有名貪濁；又長水校尉趙玹、[10]屯騎校尉蓋升，[11]並叨時幸，[12]榮富優足。宜念小人在位之咎，退思引身避賢之福。[13]

　　[1]【今注】蜺蝀：案，本書《五行志五》："靈帝光和元年六月丁丑，有黑氣墮北宮溫明殿東庭中，黑如車蓋，起奮訊，身五色，有頭，體長十餘丈，形貌似龍。上問蔡邕，對曰：'所謂天投蜺者也。不見足尾，不得稱龍。《易傳》曰："蜺之比無德，以色親也。"《潛潭巴》曰："虹出，后妃陰脅王者。"又曰："五色迭至，照于宮殿，有兵革之事。"《演孔圖》曰："天子外苦兵，威內奪，臣無忠，則天投蜺。"變不空生，占不空言。'"　鷄化：案，本書《五行志一》："靈帝光和元年，南宮侍中寺雌鷄欲化雄，一身毛皆似雄，但頭冠尚未變。詔以問議郎蔡邕。邕對曰：'貌之不恭，則有鷄禍。宣帝黃龍元年，未央宮雌鷄化爲雄，不鳴無距。是歲元

帝初即位，立王皇后。至初元元年，丞相史家雌雞化爲雄，冠距鳴將。是歲后父禁爲陽平侯，女立爲皇后。至哀帝晏駕，后攝政，王莽以后兄子爲大司馬，由是爲亂。臣竊推之，頭，元首，人君之象；今雞一身已變，未至於頭，而上知之，是將有其事而不遂成之象也。若應之不精，政無所改，頭冠或成，爲患茲大。’”

　　[2]【李賢注】嬈音奴鳥反（奴，大德本、殿本作“女”）。
【今注】趙嬈：東漢桓帝的乳母，與宦官曹節、王甫等相互勾結，諂事竇太后。

　　[3]【今注】侔：相等。　天府：《周禮》職官名，掌管祖守藏與禁令。後因稱朝廷藏物的府庫。

　　[4]【今注】依阻：憑借，仗恃。

　　[5]【今注】程大人：中常侍程璜之女，用事宮中，又稱“程夫人”。

　　[6]【李賢注】趙嬈及霍玉也。

　　[7]【今注】案，邪，大德本作“雅”。

　　[8]【今注】太尉：官名。東漢光武帝建武二十七年（51）改大司馬置，秩萬石，爲三公之首。本書《百官志一》：“太尉，公一人。本注曰：掌四方兵事功課，歲盡即奏其殿最而行賞罰。凡郊祀之事，掌亞獻；大喪則告諡南郊。凡國有大造大疑，則與司徒、司空通而論之。國有過事，則與二公通諫爭之。”　張顥：字智明，常山人。曾任太常、太尉。

　　[9]【李賢注】姓（姓，大德本、殿本作“偉”），姓也；璋，名也。漢有姓偉。【今注】光禄勳：官名。秦稱郎中令，漢因之，武帝時更名光禄勳，掌宮掖門户。秩中二千石，位列九卿。本書《百官志二》：“光禄勳，卿一人，中二千石。本注曰：掌宿衞宮殿門户，典謁署郎更直執戟，宿衞門户，考其德行而進退之。郊祀之事，掌三獻。”　案，姓，大德本、殿本作“偉”。

　　[10]【李賢注】音玄。《蔡邕集》“琁”作“玄”。【今注】

長水校尉：官名。西漢武帝初置。領長水宣曲胡騎，屯戍京師，兼任征伐。爲北軍八校尉之一，秩二千石，位次列卿，屬官有丞、司馬等。東漢光武帝建武七年省、十五年復置，爲北軍五校尉之一，秩比二千石，隸北軍中候。掌宿衞禁兵，下設司馬、胡騎司馬各一員。本書《百官志三》："長水校尉一人，比二千石。本注曰：掌宿衞兵。"

[11]【今注】屯騎校尉：官名。西漢武帝始置，爲北軍八校尉之一。領本營騎士，掌戍衞京師，兼任征伐。秩二千石。東漢初改名"驍騎校尉"。光武帝建武十五年復舊，隸北軍中候，爲北軍五校尉之一，掌宿衞禁兵。秩比二千石。本書《百官志三》載："屯騎校尉一人，比二千石。本注曰：掌宿衞兵。"　蓋升：曾任南陽太守、太中大夫，與東漢靈帝有舊恩。

[12]【今注】叨：承受。

[13]【李賢注】《尚書》曰："君子在野，小人在位。"

伏見廷尉郭禧，[1]純厚老成；光禄大夫橋玄，聰達方直；故太尉劉寵，[2]忠實守正：並宜爲謀主，數見訪問。夫宰相大臣，君之四體，[3]委任責成，優劣已分，不宜聽納小吏，雕琢大臣也。[4]又尚方工技之作，[5]鴻都篇賦之文，可具消息，[6]以示惟憂。[7]《詩》云："畏天之怒，不敢戲豫。"[8]天戒誠不可戲也。宰府孝廉，士之高選。近者以辟召不慎，切責三公，而今並以小文超取選舉，開請託之門，違明王之典，衆心不厭，莫之敢言。[9]臣願陛下忍而絶之，思惟萬機，以答天望。聖朝既自約厲，左右近臣亦宜從化。人自抑損，以塞咎戒，則天道虧滿，鬼神福謙矣。臣以愚贛，^[10]感激忘身，敢觸忌諱，手書具對。夫君臣不密，上有漏言之戒，下有失身之禍。^[11]願寢臣表，無使盡忠之吏，受怨姦仇。

[1]【今注】廷尉：官名。秦置漢承，西漢景帝時更名爲大理，武帝時復爲廷尉，哀帝復更名爲大理，王莽時更名爲作士。掌管刑獄，九卿之一，秩中二千石。本書《百官志二》："廷尉，卿一人，中二千石。本注曰：掌平獄，奏當所應。凡郡國讞疑罪，皆處當以報。" 郭禧：字公房，扶溝縣人。又曾任太僕、太尉。

[2]【今注】劉寵：字祖榮，東萊牟平（今山東烟臺市西北）人。傳見本書卷七六。

[3]【李賢注】謂肱股也（肱股，大德本、殿本作"股肱"）。

[4]【李賢注】雕琢猶鐫削以成其罪也。

[5]【今注】尚方：官署名。亦作上方。秦、漢皆置，隸少府。掌使役工徒，製造手工藝品及宮廷器用、刀劍等兵器，專供御用。有令、丞各一人。本書《百官志三》："尚方令一人，六百石。本注曰：掌上手工作御刀劍諸好器物。丞一人。"

[6]【今注】案，具，紹興本、大德本、殿本作"且"。 消息：停止，平息。

[7]【今注】惟憂：這裏指憂心政事。《詩·小雅·小弁》："維憂用老。"

[8]【今注】案，今本《詩·大雅·板》作"敬天之怒，無敢戲豫"。

[9]【李賢注】厭，伏也，音一葉反。

[10]【今注】愚贛：痴騃，魯直。

[11]【李賢注】《易》曰："君不密則失臣，臣不密則失身。"

　　章奏，帝覽而歎息，因起更衣，曹節於後竊視之，悉宣語左右，事遂漏露。其爲邕所裁黜者，皆側目思報。初，邕與司徒劉郃素不相平，[1]叔父衛尉質[2]又與將作大匠楊球有隙。[3]球即中常侍程璜女夫也，璜遂使人飛章言邕、質數以私事請託於郃，[4]郃不聽，邕含隱切，志欲相中。[5]於是詔下尚書，召邕詰狀。邕上書自陳曰：

　　[1]【今注】劉郃：字季承。東漢宗室。嘗任濟陰太守、大鴻臚。東漢靈帝光和二年（179）遷司徒。與永樂少府陳球等謀誅宦官張讓、曹節等，事泄，下獄死。

　　[2]【李賢注】質字子文，著《漢職儀》。【今注】衛尉：官名。戰國秦置，西漢沿置，掌宮門屯衛兵，秩中二千石，列位九卿。本書《百官志二》：“衛尉，卿一人，中二千石。本注曰：掌宮門衛士，宮中徼循事。”

　　[3]【今注】將作大匠：官名。秦稱將作少府，掌治宮室。西漢景帝中元六年（前144）改稱將作大匠。東漢沿置，秩二千石，掌修作宗廟、路寢、宮室、陵園土木工程等。本書《百官志四》：“將作大匠一人，二千石。本注曰：承秦，曰將作少府，景帝改爲將作大匠。掌修作宗廟、路寢、宮室、陵園木土之功，並樹桐梓之類列於道側。”　楊球：大德本作“陽球”。傳見本書卷七七。

　　[4]【今注】飛章：報告急變的奏章。

　　[5]【李賢注】中傷也。

　　臣被召，問以大鴻臚劉郃前爲濟陰太守，[1]臣屬吏張宛長休百日，[2]郃爲司隸，[3]又託河內郡吏李奇爲州書佐，[4]及營護故河南尹羊陟、侍御史胡母班，部不爲用致怨之狀。^[5]臣征營怖悸，^[6]肝膽塗地，不知死命所在。竊自尋案，實屬宛、奇，不及陟、班。凡休假小吏，非結恨之本。與陟姻家，豈敢申助私黨？如臣父子欲相傷陷，當明言臺閣，具陳恨狀所緣。內無寸事，而謗書外發，宜以臣對與部參驗。

[1]【今注】大鴻臚：官名。秦置典客，掌諸歸義蠻夷。西漢景帝中更名大行令，武帝太初元年（前104）更名大鴻臚。成帝河平元年（前28）罷典屬國併大鴻臚。王莽時改稱典樂。東漢復稱大鴻臚。九卿之一，秩中二千石。本書《百官志二》：“大鴻臚，卿一人，中二千石。本注曰：掌諸侯及四方歸義蠻夷。其郊廟行禮，贊導，請行事，既可，以命群司。諸王入朝，當郊迎，典其禮儀。及郡國上計，匡四方來，亦屬焉。皇子拜王，贊授印綬。及拜諸侯、諸侯嗣子及四方夷狄封者，臺下鴻臚召拜之。王薨則使弔之，及拜王嗣。”　濟陰：郡名。治定陶縣（今山東菏澤市定陶區西北）。

[2]【李賢注】休，假也。《前書音義》曰“吏病滿百日當免”也。

[3]【今注】司隸：司隸校尉。官名。西漢武帝時置，掌察舉京師及京師近郡犯法者，並領京師所在之州。秩二千石。東漢時，主掌監察皇親國戚、京城百官，兼有領兵、檢敕、捕殺罪犯之權。同時爲司隸州行政長官，轄有京兆、左馮翊、右扶風、河東、河內、河南及弘農七郡，治所在今河南洛陽市。秩比二千石。本書《百官志四》：“司隸校尉一人，比二千石。本注曰：孝武帝初置，持節，掌察舉百官以下，及京師近郡犯法者。元帝去節，成帝省，建武中復置，并領一州。從事史十二人。本注曰：都官從事，主察舉百官犯法者。功曹從事，主州選署及衆事。別駕從事，校尉行部

則奉引，録衆事。簿曹從事，主財穀簿書。其有軍事，則置兵曹從事，主兵事。其餘部郡國從事，每郡國各一人，主督促文書，察舉非法，皆州自辟除，故通爲百石云。假佐二十五人。本注曰：主簿録閣下事，省文書。門亭長主州正。門功曹書佐主選用。孝經師主監試經。月令師主時節祠祀。律令師主平法律。簿曹書佐主簿書。其餘都官書佐及每郡國，各有典郡書佐一人，各主一郡文書，以郡吏補，歲滿一更。司隸所部郡七。"

[4]【李賢注】《續漢志》曰："書佐，主幹文書。"【今注】河内：郡名。治懷縣（今河南武陟縣西南）。

[5]【李賢注】《邕集》其奏曰："邕屬張宛長休百日，郃假宛五日；復屬河南李奇爲書佐，郃不爲召；太山黨魁羊陟與邕季父衛尉質對門九族（太，紹興本、大德本作'大'；紹興本、大德本、殿本無'對'字），質爲尚書，營護阿擁，令文書不覺，郃被詔書考胡母班等，辭與陟爲黨，質及邕頻詣郃問班所及，郃不應，遂懷怨恨，欲必中傷郃。"制曰："下司隸校尉正處上。"《邕集》作"綦母班"也。【今注】營護：救護。 河南尹：東漢光武帝建武十五年（39）置。爲京都雒陽所在河南郡長官。主掌京都事務，春行屬縣，勸農桑，振乏絶；秋冬案訊囚徒，平其罪法；歲終遣吏上計；並舉孝廉，典禁兵。秩二千石。 羊陟：字嗣祖，太山梁父（今山東新泰市西）人。傳見本書卷六七。 侍御史：官名。漢置。掌察舉非法，受公卿群吏奏事，有違失舉劾之。御史中丞屬官。有十五人，秩六百石。本書《百官志三》："侍御史十五人，六百石。本注曰：掌察舉非法，受公卿群吏奏事，有違失舉劾之。凡郊廟之祠及大朝會、大封拜，則二人監威儀，有違失則劾奏。" 胡母班：字季皮，太山（今山東泰安市）人。少與度尚、張邈等八人輕財重義，世稱"八廚"。董卓擅政時官至執金吾。奉卓命招撫袁紹，至河内，被太守王匡所殺。

[6]【今注】征營：惶恐不安貌。

臣得以學問特蒙褒異，執事秘館，操管御前，姓名貌狀，微簡聖心。[1]今年七月，召詣金商門，問以災異，齎詔申旨，誘臣使言。[2]臣實愚贛，唯識忠盡，出命忘軀，不顧後害，遂譏刺公卿，內及寵臣。實欲以上對聖問，救消災異，規爲陛下建康寧之計。陛下不念忠臣直言，宜加掩蔽，誹謗卒至，便用疑怪。盡心之吏，豈得容哉？詔書每下，百官各上封事，欲以改政思譴，除凶致吉，而言者不蒙延納之福，旋被陷破之禍。今皆杜口結舌，以臣爲戒，誰敢爲陛下盡忠孝乎？臣季父質，連見拔擢，位在上列。臣被蒙恩渥，[3]數見訪逮。言事者因此欲陷臣父子，破臣門戶，非復發糾姦伏，補益國家者也。臣年四十有六，孤特一身，得託名忠臣，死有餘榮，恐陛下於此不復聞至言矣。臣之愚冗，職當咎患，但前者所對，質不及聞，[4]而衰老白首，橫見引逮，[5]隨臣摧沒，并入阬埳，誠冤誠痛。臣一入牢獄，當爲楚毒所迫，趣以飲章，辭情何緣復聞？[6]死期垂至，冒昧自陳。願身當辜戮，勾質不并坐，[7]則身死之日，更生之年也。惟陛下加餐，爲萬姓自愛。

[1]【今注】簡：察閱。這裏指記得。

[2]【李賢注】齎猶持也，與賫通。【今注】齎（jī）：交付。

[3]【今注】恩渥：帝王給予的恩澤。

[4]【李賢注】前在金商門對事之時，質爲下邳相，故不聞也。

［5］【今注】引逮：株連被捕。

［6】【李賢注】趣音促。飲猶隱卻告人姓名，無可對問。章者，今之表也。《邕集》曰：“光和元年，都官從事張恕，以辛卯詔書，收邕送雒陽詔獄。考吏張靜謂邕曰：‘省君章云欲仇怨未有所施，法令無此，以詔書又刊章家姓名，不得對相指斥考事，君學多所見，古今如此，豈一事乎？’答曰：‘曉是。’吏遂飲章爲文書。”臣賢案：俗本有不解“飲”字，或改爲“報”，或改爲“款”，並非也。【今注】飲章：匿名的文書、奏章。

［7】【李賢注】匄，乞也。【今注】匄（gài）：同“丐”。

　　於是下邕、質於洛陽獄，劾以仇怨奉公，議害大臣，大不敬，弃市。[1]事奏，中常侍吕强愍邕無罪，[2]請之，帝亦更思其章，有詔減死一等，與家屬髡鉗徙朔方，[3]不得以赦令除。[4]楊球使客追路刺邕，客感其義，皆莫爲用。球又賂其部主使加毒害，所賂者反以其情戒邕，故每得免焉。居五原安陽縣。[5]

　　［1］【今注】弃市：刑罰名。在鬧市執行死刑，尸暴街頭，言與衆人共棄之。

　　［2］【今注】吕强：字漢盛，河南成皋（今河南滎陽市西）人。傳見本書卷七八。

　　［3］【今注】髡鉗：刑罰名。謂剃去頭髮，用鐵圈束頸。　朔方：郡名。治臨戎縣（今内蒙古磴口縣北）。

　　［4］【今注】除：減免。

　　［5］【李賢注】即西安陽縣也，故城在今勝州銀城縣。【今注】五原：郡名。治九原縣（今内蒙古包頭市西）。　安陽縣：治所在今内蒙古烏拉特前旗東南。

邕前在東觀，與盧植、韓説等撰補《後漢記》，[1]會遭事流離，不及得成，因上書自陳，奏其所著十意，[2]分別首目，連置章左。[3]帝嘉其才高，會明年大赦，及宥邕還本郡。邕自徙及歸，凡九月焉。將就還路，五原太守王智餞之。酒酣，智起舞屬邕，邕不爲報。[4]智者，中常侍王甫弟也，素貴驕，慙於賓客，詬邕曰："徒敢輕我！"邕拂衣而去。智銜之，密告邕怨於囚放，謗訕朝廷。內寵惡之。邕慮卒不免，乃亡命江海，遠跡吳會。[5]往來依太山羊氏，[6]積十二年。[7]

[1]【今注】盧植：字子幹，涿郡涿（今河北涿州市）人。傳見本書卷六四。

[2]【李賢注】猶《前書》十《志》也。《邕別傳》曰："邕昔作《漢記》十《意》，未及奏上，遭事流離，因上書自陳曰：'臣既到徙所，乘塞守烽，職在候望，憂怖焦灼，無心能復操筆成草，致章闕廷。誠知聖朝不責臣謝，但懷愚心有所不竟。臣自在布衣，常以爲《漢書》十《志》下盡王莽而止，光武已來唯記紀傳，無續志者。臣所事師故太傅胡廣，知臣頗識其門户，略以所有舊事與臣。雖未備悉，粗見首尾，積累思惟，二十餘年。不在其位，非外史庶人所得擅述。天誘其衷，得備著作即（即，大德本、殿本作"郎"，是），建言十志皆當撰録。會臣被罪，逐放邊野，恐所懷隨軀朽腐，抱恨黄泉，遂不設施，謹先顛踣，科條諸志，臣欲刪定者一，所當接續者四，前《志》所無臣欲著者五，及經典群書宜捃摭（殿本"宜"前有"所"字），本奏詔書所當依據，分別首目，并書章左，惟陛下留神省察。臣謹因臨戎長霍圉封上。'有《律曆意》第一（意，大德本作'志'，本注下同），《禮意》第二，《樂意》第三，《郊祀意》第四，《天文意》第五，

《車服意》第六。"

　　[3]【今注】章左：奏章末的空白處。

　　[4]【李賢注】屬猶勸也，音燭。【今注】報：酬答。

　　[5]【李賢注】張騭《文士》傳曰："邕告吳人曰：'吾昔嘗經會稽高遷亭，見屋椽竹東間第十六可以爲笛。'取用，果有異聲。"伏滔《長笛賦序》云"柯亭之觀，以竹爲椽，邕取爲笛，奇聲獨絕"也。【今注】吳會：吳郡與會稽郡。

　　[6]【今注】太山：泰山郡，治奉高縣（今山東泰安市東）。

　　[7]【今注】案，曹金華《後漢書稽疑》以爲"十二年"疑衍"二"字。其文曰："本傳載邕光和元年七月被詔特問，旋徙朔方，'明年大赦'，'自徙及歸，凡九月焉'，據此亡命於吳當在光和二年。又據下文'中平六年，靈帝崩，董卓爲司空，聞邕名高，辟之'，則在吳整整十年。又《三國志·魏書·董卓傳》注引張璠《漢紀》云：'初，蔡邕以言事見徙，名聞天下，義動志士。及還，內寵惡之。邕恐，乃亡命海濱，往來依太山羊氏，積十年。'"
（第794頁）

　　在吳，吳人有燒桐以爨者，[1]邕聞火烈之聲，知其良木，因請而裁爲琴，果有美音，而其尾猶焦，故時人名曰"焦尾琴"焉。[2]初，邕在陳留也，其鄰人有以酒食召邕者，比往而主以酯焉。[3]客有彈琴於屏，邕至門試潛聽之，曰："憘！[4]以樂召我而有殺心，何也？"遂反。將命者告主人曰："蔡君向來，至門而去。"邕素爲邦鄉所宗，主人遽自追而問其故，[5]邕具以告，莫不憮然。[6]彈琴者曰："我向鼓弦，見螳蜋方向鳴蟬，蟬將去而未飛，螳蜋爲之一前一卻。吾心聳然，惟恐螳蜋之失之也，[7]此豈爲殺心而形於聲者乎？”邕莞然而笑曰：[8] “此足以當之矣。”

[1]【今注】爨（cuàn）：燒火做飯。

[2]【李賢注】傅玄《琴賦序》曰：“齊桓公有鳴琴曰‘號鍾’，楚莊有鳴琴曰‘繞梁’，司馬相如‘綠綺’，蔡邕有‘焦尾’，皆名器也。”

[3]【今注】案，主，紹興本作“酒”。

[4]【李賢注】歎聲也，音偆（偆，大德本作“憘”）。

[5]【今注】遽：急。

[6]【李賢注】撫猶怪也（撫，紹興本、大德本、殿本作“憮”），音武。

[7]【今注】案，大德本“失”後無“之”字。

[8]【李賢注】莞，笑皃也（皃，大德本、殿本作“貌”），音胡板反。

中平六年，[1]靈帝崩，董卓爲司空，[2]聞邕名高，辟之。稱疾不就。卓大怒，詈曰：“我力能族人，蔡邕遂偃蹇者，[3]不旋踵矣。”[4]又切勑州郡舉邕詣府，邕不得已，到，署祭酒，[5]甚見敬重。舉高第，補侍御史，又轉持書御史，[6]遷尚書。三日之間，周歷三臺。[7]遷巴郡太守，[8]復留爲侍中。初平元年，[9]拜左中郎將，[10]從獻帝遷都長安，封高陽鄉侯。[11]

[1]【今注】中平：東漢靈帝劉宏年號（184—189）。

[2]【今注】董卓：字仲穎，隴西臨洮（今甘肅岷縣）人。傳見本書卷七二。　司空：官名。西周置，西漢成帝更名御史大夫爲大司空。東漢光武建武二十七年（51），去“大”字，稱“司空”。

掌水土事。與太尉、司徒合稱三公。本書《百官志一》："司空，公一人。本注曰：掌水土事。凡營城起邑、浚溝洫、修墳防之事，則議其利，建其功。凡四方水土功課，歲盡則奏其殿最而行賞罰。凡郊祀之事，掌掃除樂器，大喪則掌將校復土。凡國有大造大疑，諫爭，與太尉同。"

[3]【今注】偃蹇：傲慢。

[4]【今注】旋踵：一轉腳。形容極短的時間。

[5]【今注】祭酒：指司空府祭酒。

[6]【今注】持書御史：官名。治書侍御史。負責解釋法律，爲御史中丞屬官。本書《百官志三》載："治書侍御史二人，六百石。本注曰：掌選明法律者爲之。凡天下諸讞疑事，掌以法律當其是非。"周壽昌《後漢書注補正》："《百官志》有侍御史，無侍書御史，而有治書御史。蓋唐人避諱改'治'作'持'。觀《曹褒傳》治慶氏《禮》作'持'可證。'侍'則又因'持'而誤者也。"

[7]【今注】三臺：尚書爲中臺，御史爲憲臺，謁者爲外臺。

[8]【今注】巴郡：治江州縣（今重慶市北）。

[9]【今注】初平：東漢獻帝劉協年號（190—193）。

[10]【今注】左中郎將：官名。漢置。掌宮殿的宿衛侍從。屬光祿勳，秩比二千石。本書《百官志二》載："左中郎將，比二千石。本注曰：主左署郎。"

[11]【今注】高陽鄉：故地在今河南杞縣西南。

董卓賓客部曲議欲尊卓比太公，[1]稱尚父。卓謀之於邕，邕曰："太公輔周，受命翦商，故特爲其號。今明公威德，誠爲巍巍，[2]然比之尚父，愚意以爲未可。宜須關東平定，[3]車駕還反舊京，然後議之。"卓從其言。初平二年六月，[4]地震，卓以問邕。邕對曰："地動者，陰盛侵陽，臣下踰制之所致也。前春郊天，公奉引車駕，乘金華青蓋，爪畫兩轓，遠近以爲非宜。"[5]卓於是改乘皁蓋車。[6]

　　[1]【今注】部曲：古代軍隊編制單位。大將軍營五部，校尉一人；部有曲，曲有軍候一人。這裏指部下。　太公：姜太公呂尚。

　　[2]【今注】巍巍：崇高偉大。

　　[3]【今注】關東：秦漢時指崤山、函谷關以東地區。

　　[4]【今注】案，初，大德本作"永"。

　　[5]【李賢注】《續漢志》曰："乘輿大駕，公卿奉引，皇太子、皇子皆安車，朱輪，青蓋，金華爪，畫轓。"《廣雅》："轓，箱也。"

　　[6]【李賢注】《續漢志》曰："中二千石、二千石皆皁蓋，朱兩轓。"【今注】案，蓋車，大德本作"車蓋"。

　　卓重董邕才學，厚相遇待，每集讌，[1]輒令邕鼓琴贊事，邕亦每存匡益。然卓多自佷用，[2]邕恨其言少從，謂從弟谷曰："董公性剛而遂非，[3]終難濟也。吾欲東奔兗州，[4]若道遠難達，且遯逃山東以待之，[5]何如？"谷曰："君狀異恒人，每行觀者盈集。以此自匿，不亦難乎？"邕乃止。

　　[1]【今注】集讌：宴會。

　　[2]【今注】佷用：剛愎自用。

　　[3]【今注】遂非：堅持、掩飾錯誤。

　　[4]【今注】兗州：西漢武帝時所置十三刺史部之一。下轄陳

留、東郡、東平、任城、泰山、濟北、山陽、濟陰八郡。治所在昌邑縣（今山東巨野縣東南昌邑故城）。

［5］【今注】山東：崤山、函谷關以東地區，與"關東"意思相近。

及卓被誅，邕在司徒王允坐，[1]殊不意言之而歎，有動於色。允勃然叱之曰："董卓國之大賊，幾傾漢室。君爲王臣，所宜同忿，而懷其私遇，以忘大節！今天誅有罪，而反相傷痛，豈不共爲逆哉？"即收付廷尉治罪。邕陳辭謝，乞黥首刖足，[2]繼成漢史。士大夫多矜救之，不能得。太尉馬日磾馳往謂允曰："伯喈曠世逸才，多識漢事，當續成後史，爲一代大典。且忠孝素著，而所坐無名，誅之無乃失人望乎？"允曰："昔武帝不殺司馬遷，使作謗書，流於後世。[3]方今國祚中衰，神器不固，不可令佞臣執筆在幼主左右。既無益聖德，[4]復使吾黨蒙其訕議。"日磾退而告人曰："王公其不長世乎？善人，國之紀也；制作，國之典也。滅紀廢典，其能久乎！"邕遂死獄中。允悔，欲止而不及。時年六十一。[5]搢紳諸儒莫不流涕。[6]北海鄭玄聞而歎曰：[7]"漢世之事，誰與正之！"兗州、陳留聞皆畫像而頌焉。其撰集漢事，未見錄以繼後史。適作《靈紀》及十《意》，又補諸列傳四十二篇，因李傕之亂，[8]湮没多不存。所著詩、賦、碑、誄、銘、讚、連珠、箴、弔、論議、《獨斷》、《勸學》、《釋誨》、《叙樂》、《女訓》、《篆執》、祝文、章表、書記，[9]凡百四篇，傳於世。

[1]【今注】王允：字子師，太原祁（今山西祁縣）人。傳見本書卷六六。案，惠棟《後漢書補注》引《殷芸小説》："允數與邕會議，允詞常屈，由是銜邕。及允誅卓，并收邕，衆人爭之不能得。"又引何焯曰："裴松之以爲伯喈不應發嘆於子師坐，此謝承妄記。"惠氏以爲《殷芸小説》所載爲得其實。

[2]【今注】黥首刖足：皆刑罰。黥首，在額頭上刺字、塗墨。刖足，砍掉腳。

[3]【李賢注】凡史官記事，善惡必書。謂遷所著《史記》，但是漢家不善之事，皆爲謗也。非獨指武帝之身，即高祖善家令之言，武帝筭緡、榷酤之類是也。《班固集》云："司馬遷著書，成一家之言。至以身陷刑，故微文刺譏，貶損當世，非誼士也。"

[4]【今注】案，大德本無"益"字。

[5]【今注】案，錢大昭《後漢書辨疑》："案邕徙朔方時，自言臣年四十有六，至董卓伏誅，邕年六十歲也。此云六十一誤。"

[6]【今注】搢紳：古時官吏插笏於紳帶間，故指仕宦之人。

[7]【今注】北海：郡國名。治劇縣（今山東昌樂市西）。鄭玄：字康成，北海高密（今山東高密市西南）人。傳見本書卷三五。

[8]【今注】李傕：北地（今寧夏吳忠市）人。董卓部將。歷官校尉、車騎將軍等。漢末董卓擅政時，駐軍陳留、潁川一帶。卓被殺，他與郭汜等人率部攻陷長安，挾制獻帝，專擅朝政，大殺百官和百姓，焚毀長安宮殿。後與郭汜之間或攻殺或聯合，獻帝乘機脱逃。後爲曹操軍隊所殺。

[9]【今注】誄（lěi）：文體名。叙述亡者生前德行功業，以表哀祭。《文心雕龍·誄碑》："周世盛德，有銘誄之文。大夫之材，臨喪能誄。誄者，累也；累其德行，旌之不朽也。夏商已前，其詳靡聞。周雖有誄，未被于士。又賤不誄貴，幼不誄長，在萬乘則稱天以誄之，讀誄定謚，其節文大矣。" 銘：文體名。始於三代金

石銘刻，後逐漸演變爲頌揚、鑒戒的文體。　讚：又作"贊"，文體名。東漢前爲發明書旨，如班固《漢書》之"贊"，後漸成頌揚人物的文體（參見劉師培《左庵文論·文心雕龍頌贊篇》）。　連珠：文體名。多排偶用韻，藉串連事例或比喻以傳達微旨。嚴可均輯《全後漢文》卷七四："道爲知者設，馬爲御者良，賢爲聖者用，辨爲知者通。""臣聞目瞤耳鳴，近夫小戒也。狐鳴犬噑，家人小祅也。猶忌慎動作，封鎮書符，曰防其禍。是故天地示異，災變橫起，則人主恒恐懼而修政。"　箴：文體名。用以規勸他人或勉勵自己的箴言。　獨斷：記述漢代名號、服飾等典章制度的著作，今本二卷。　勸學：已佚，嚴可均輯《全後漢文》卷八〇有輯本。　叙樂：嚴可均輯《全後漢文》卷七四："世祖追修前業，采讖緯之文，曰大子樂府，曰黄門鼓吹。"嚴氏指出："《北堂書鈔》九十六讖篇引蔡邕《叙樂》。案，此即成邊上章之樂意，唯多首二語耳。本傳稱邕所著百四篇，有《叙樂》一篇，即此篇也。"　女訓：見《太平御覽》卷五七七。女，大德本作"大"。蔡邕又有《女誡》，散見於《北堂書鈔》《太平御覽》等書。　篆執：書法理論著作。祝文：文體名。祭祀告神求福的文辭。

論曰：意氣之感，士所不能忘也。流極之運，有生所共深悲也。[1]當伯喈抱鉗扭，[2]徙幽裔，[3]仰日月而不見照燭，臨風塵而不得經過，[4]其意豈及語平日倖全人哉！及解刑衣，竄歐越，[5]潛舟江壑，不知其遠，捷步深林，尚苦不密，但願北首舊丘，歸骸先壟，又可得乎？董卓一旦入朝，辟書先下，分明枉結，[6]信宿三遷。[7]匡導既申，狂僭屢革，資同人之先號，得北叟之後福。[8]屬其慶者，夫豈無懷？[9]君子斷刑，尚或爲之不舉，[10]況國憲倉卒，慮不先圖，矜情變容，而罰同邪黨？執政乃追怨子長謗書流後，^[11]放此爲戮，^[12]未或聞之典刑。

[1]【李賢注】流，極，皆放也。極音紀力反。

[2]【今注】鉗扭：指束頸縛手的刑具。

[3]【今注】幽裔：遠僻之地。

[4]【李賢注】謂迫促之，令不得避風塵也下（紹興本、大德本、殿本無“下”字）。

[5]【今注】歐越：指吳地。案，歐，大德本、殿本作“甌”。

[6]【今注】枉結：冤屈，冤結。

[7]【李賢注】謂三日之間，位歷三臺也。

[8]【李賢注】《易·同人卦》曰：“先號咷而後笑。”北叟，塞上叟也。其馬亡入胡中，人皆弔之。叟曰：“何知非福？”居數月，其馬引胡駿馬而歸，人皆賀之。叟曰：“何知非禍？”及家富馬良，其子好騎，墮而折髀，人皆弔之。叟曰：“何知非福？”居一年，胡夷大入，丁壯皆戰死者十九，其子獨以跛之故，子父相保。見《淮南子》也。【今注】資同人之先號：《周易·同人》：“九五：同人先號咷而後笑，大師克，相遇。”高亨《周易大傳今注》：“同人，聚衆。號咷，大哭。克，勝也。此疑是古代故事。蓋有軍隊被敵人圍攻，將就敗亡。乃聚衆大哭，而又轉爲喜笑。因別有大軍戰勝敵人，彼此會師，轉禍爲福。爻辭借此故事，以示筮遇此爻，先危後安，先悲後喜。”（齊魯書社 2009 年版，第 135 頁）

[9]【李賢注】慶謂恩遇也。懷，思也。荷恩遇者，豈不思之乎？

[10]【李賢注】《左傳》鄭伯見虢叔曰：“夫司寇行戮，君爲之不舉。”杜注云：“不舉盛饌也（盛，紹興本、大德本作‘成’）。”

[11]【李賢注】執政謂王允也。

［12］【李賢注】放音甫往反。【今注】放：通"仿"。

　　贊曰：季長戚氏，[1]才通情侈。苑囿典文，流悦音伎。[2]邕實慕靜，心精辭綺。斥言金商，南徂北徙。[3]籍梁懷董，名澆身毀。[4]

　　［1］【今注】戚氏：指馬融先後聽命於外戚鄧氏、梁氏。

　　［2］【李賢注】侈謂紗帳、女樂之類。音技謂鼓琴吹笛之屬也。【今注】流悦：耽樂。

　　［3］【李賢注】謂對事於金商門，指斥而言，無隱諱也。【今注】徂：往。

　　［4］【李賢注】籍梁謂融因籍梁冀貴幸，爲作《西第頌》。懷董謂邕懷董卓之恩也（懷，紹興本作"讀"）。澆，薄也。

後漢書　卷六一

列傳第五十一

左雄　周舉 子嗣　黃瓊 孫琬

　　左雄字伯豪，南郡涅陽人也。[1]安帝時，[2]舉孝廉，[3]稍遷冀州刺史。[4]州部多豪族，[5]好請託，雄常閉門不與交通。奏案貪猾二千石，[6]無所回忌。

　　[1]【今注】案，王先謙《後漢書集解》引洪亮吉説，“郡”應作“陽”，刊寫之誤。南陽，郡名。治宛縣（今河南南陽市臥龍區）。　涅陽：縣名。治所在今河南鄧州市東北穰東鎮。
　　[2]【今注】安帝：東漢安帝劉祜，公元 106 年至 125 年在位。紀見本書卷五。
　　[3]【今注】孝廉：漢代推舉人才的一種科目。孝，指孝順。廉，指廉潔。每年由郡推舉孝廉各一人，東漢時舉孝廉爲求仕進的必由之路。
　　[4]【今注】冀州：西漢武帝時所置十三刺史部之一。東漢時刺史治高邑縣（今河北柏鄉縣北），後移治鄴縣（今河北臨漳縣西南）。　刺史：官名。西漢武帝元封五年（前 106）分全國爲十三

部，各部置刺史一人，秩六百石。無治所，奉詔巡行諸郡，省察治政。成帝綏和元年（前8）更名州牧，秩二千石。哀帝建平二年（前5）復舊制，元壽二年（前1）又改名州牧。東漢建武十一年（35）省。十八年仍置，秩六百石。有固定治所，成爲比郡高一級的地方行政長官。除監察外，又有選舉、劾奏等，有權干預地方行政，還擁有領兵之權。

[5]【今注】豪族：是漢代社會結構中一個重要的社會階層，其形成、發展可參見崔向東《漢代豪族研究》（崇文書局2004年版）。

[6]【今注】二千石：因漢代所得俸祿以米穀爲計算標準，故官秩等級以度量衡單位"石"爲名。漢朝二千石爲中央政府機構的列卿，及地方州牧郡守、諸侯王國相等。又可細分爲中二千石、二千石、比二千石三等。據《漢書·百官公卿表》顏師古注，中二千石者月各百八十斛，二千石者百二十斛，比二千石者百斛。本書《百官志五》所載與此略同。

永建初，[1]公車徵拜議郎。[2]時順帝新立，[3]大臣懈怠，朝多闕政，雄數言事，其辭深切。[4]尚書僕射虞詡以雄有忠公節，[5]上疏薦之曰："臣見方今公卿以下，類多拱默，以樹恩爲賢，盡節爲愚，至相戒曰：'白璧不可爲，容容多後福。'[6]伏見議郎左雄，數上封事，至引陛下身遭難厄，以爲警戒，實有王臣蹇蹇之節，[7]周公謨成王之風。[8]宜擢在喉舌之官，必有匡弼之益。"由是拜雄尚書，[9]再遷尚書令。[10]上疏陳事曰：[11]

[1]【今注】永建：東漢順帝劉保年號（126—132）。

[2]【今注】公車：本爲漢代官署名，設公車令，掌管宮殿中車馬警衛等事。漢代常用公家車馬接送應舉的人。 議郎：官名。西漢置，隸光禄勳。爲高級郎官，不入直宿衛，職掌顧問應對，參與議政，指陳得失，爲皇帝近臣，秩比六百石。東漢更爲顯要，常選任耆儒名士、高級官吏，除議政外，亦或給事宮中近署。

[3]【今注】順帝：東漢順帝劉保，公元 125 年至 144 年在位。紀見本書卷六。

[4]【今注】深切：指切中時弊。

[5]【今注】尚書僕射：官名。秦置，屬少府。西漢因之，爲尚書令副職，主文書啓封。秩六百石。 虞詡：字升卿，陳國武平（今河南鹿邑縣西北）人。傳見本書卷五八。

[6]【李賢注】容容猶和同也。言不可獨爲日玉之清絜（日，紹興本、大德本、殿本作“白”，可從），當與衆人和同（大德本、殿本“同”後有“也”字）。

[7]【今注】蹇蹇：正直、剛正不阿。

[8]【李賢注】謨，謀也。即《尚書·立政》《無逸篇》之類也。【今注】周公謨成王之風：指周公爲周成王盡心謀劃的風範。

[9]【今注】尚書：官名。始於戰國，秦時爲少府屬官，掌殿内文書。漢承秦制。西漢武帝時逐漸成爲重要宮廷政治機構，參與國家機密、議政決策，宣示詔命。百官奏事先呈尚書，皆爲正、副二封，由領尚書者拆閲副封，加以裁決，可屏抑不奏。百官選舉任用考察詰責彈劾之責亦歸之。漢成帝時設尚書五人，開始分曹辦事，群臣章奏都經尚書。

[10]【今注】尚書令：官名。秦、西漢爲尚書署長官，掌收發文書，隸少府，初秩六百石。西漢武帝之後，職權稍重，爲宮廷機要官員，升秩千石。東漢爲尚書臺長官，兼具宮官、朝官職能。秩位雖低，但總領政務。如以公任其職，增秩至二千石。

[11]【今注】案，大德本脱“事”字。

　　臣聞柔遠和邇，[1]莫大寧人，寧人之務，莫重用賢，用賢之道，必存考黜。是以皋陶對禹，貴在知人。[2]“安人則惠，黎民懷之。”[3]分伯建侯，代位親民，[4]民用和穆，禮讓以興。故《詩》云：“有渰淒淒，興雨祁祁。雨我公田，遂及我私。”[5]及幽、厲昏亂，不自爲政，[6]褒、豔用權，七子黨進，賢愚錯緒，深谷爲陵。故其詩云：“四國無政，不用其良。”又曰：“哀今之人，胡爲虺蜴？”言人畏吏如虺蜴也。[7]宗周既滅，六國并秦，阬儒泯典，剗革五等，更立郡縣，[8]縣設令長，郡置守尉，什伍相司，封豕其民。[9]大漢受命，雖未復古，然克慎庶官，蠲苛救敝，悦以濟難，撫而循之。至於文、景，[10]天下康乂。誠由玄靖寬柔，克慎官人故也。降及宣帝，[11]興於仄陋，[12]綜覈名實，知時所病，刺史守相，輒親引見，考察言行，信賞必罰。帝乃歎曰：“民所以安而無怨者，政平吏良也。與我共此者，其唯良二千石乎！”以爲吏數變易，則下不安業；久於其事，則民服教化。其有政理者，輒以璽書勉勵，增秩賜金，或爵至關内侯，[13]公卿缺則以次用之。是以吏稱其職，人安其業。漢世良吏，於兹爲盛，故能降來儀之瑞，建中興之功。[14]

[1]【今注】案，大德本“聞”後衍“之”字。

[2]【今注】案，貴，大德本作“曰”。

[3]【李賢注】《尚書·皋陶謨》之詞也（大德本無“也”

字）。惠，愛也。黎，衆也。

[4]【今注】代位親民：指讓諸侯直接管理百姓。

[5]【李賢注】《詩·小雅》也（殿本“詩”後有“云”字）。浡，陰雲也。淒淒，雲興貌。祁，徐也。言陰陽和，風雨時，先雨公田，乃及私田。【今注】案，王先謙《後漢書集解》謂“興雨”當作“興雲”，此用三家《詩》，而後人據《毛詩》改之。

[6]【李賢注】《詩·小雅》刺幽王曰：“不自爲政，卒勞百姓。”

[7]【李賢注】褒豔謂褒姒也。豔，色美也。七子皆褒姒之親黨，謂皇甫爲卿士，仲允爲膳夫，家伯爲宰，番爲司徒，蹶爲趣馬，棸子爲內史，楀爲師氏也。屬王淫於色（屬，殿本作“幽”。中華本校勘記云：“用毛説當作‘幽’，依鄭説應作‘屬’也”），七子皆用，言妻黨盛也。四國，四方之國也。虺蜴之性，見人則走，哀今之人皆如是，傷時政事。見《詩·小雅》。番音方元反。棸音側流反。楀音記禹反。【今注】案，王先謙《後漢書集解》引錢大昕説，章懷太子李賢注用毛氏説，鄭康成則以豔妻爲屬王后，謂《正月》惡褒姒滅周，《十月之交》疾豔妻煽方處，則“褒豔”非一人。此疏上言“幽屬昏亂”，下言“褒、豔用權”，則亦與鄭説同。《魯詩》“豔”作“閻”，《尚書中候》作“剡”。閻、剡、豔文異實同，蓋其女族姓，非訓美色也。

[8]【李賢注】剗，削也。五等謂諸侯。【今注】剗革五等：指廢除分封制。

[9]【李賢注】《史記》，商鞅爲秦定變法之令，令人什伍而相牧司，犯禁相連坐，不告姦者腰斬。楊雄《長楊賦》曰“秦窶竄其士，封豕其人”也。

[10]【今注】文景：指西漢文帝與景帝。漢文帝劉恒，公元前180年至前157年在位。紀見《史記》卷一〇、《漢書》卷四。漢景帝劉啓，公元前157年至前141年在位。紀見《史記》卷一

一、《漢書》卷五。

[11]【今注】宣帝：西漢宣帝劉詢，公元前74年至前49年在位。紀見《漢書》卷八。

[12]【今注】興於仄陋：指宣帝生長於困苦受難之家。

[13]【今注】關內侯：二十等爵制的第十九級，地位僅次於列侯。列侯有封邑，能食其邑之租税。而關內侯僅有封號而無封邑，寄食於關內三輔地區。

[14]【李賢注】宣帝時鳳皇五至，因以紀年。【今注】案，西漢宣帝時有五鳳（前57—前54）紀年。又史稱昭宣中興。

漢初至今，三百餘載，俗浸彫敝，巧偽滋萌，下飾其詐，上肆其殘。典城百里，[1]轉動無常，各懷一切，莫慮長久。謂殺害不辜爲威風，聚斂整辨爲賢能，以理己安民爲劣弱，以奉法循理爲不化。髡鉗之戮，[2]生於睚眦；覆尸之禍，成於喜怒。視民如寇讎，稅之如豺虎。[3]監司項背相望，[4]與同疾疢，[5]見非不舉，聞惡不察，觀政於亭傳，[6]責成於朞月，[7]言善不稱德，論功不據實，虛誕者獲譽，拘檢者離毀。[8]或因罪而引高，或色斯以求名。[9]州宰不覆，競共辟召，踊躍升騰，超等踰匹。或考奏捕案，而亡不受罪，會赦行賂，復見洗滌。朱紫同色，清濁不分。故使姦猾枉濫，輕忽去就，拜除如流，缺動百數。鄉官部吏，職斯禄薄，[10]車馬衣服，一出於民，廉者取足，貪者充家，特選橫調，[11]紛紛不絶，送迎煩費，損政傷民。和氣未洽，灾眚不消，咎皆在此。今之墨綬，猶古之諸侯，[12]拜爵王庭，輿服有庸，[13]而齊於匹豎，叛命避負，[14]非所以崇憲明理，惠育元元也。臣愚以爲守相長吏，惠和有顯効者，可就增秩，勿使移徙，非父母喪不得去官。其不從法禁，不式王命，錮之終身，[15]雖會赦令，不得齒列。[16]若被劾奏，亡不就法者，徙家邊郡，以懲其後。鄉部親民之吏，皆用儒生清白任從政者，[17]寬其負筭，[18]增其秩禄，吏職滿歲，宰府州郡乃得辟舉。如此，威福之路塞，虛僞之端絶，送迎之役損，賦斂之源息。循理之吏，得成其化；率土之民，各寧其所。追配文、宣中興之軌，[19]流光垂祚，永世不刊。

[1]【今注】典城百里：指主管一個小小郡縣。

[2]【今注】髡鉗：指剔去頭髮，並用鐵圈束頸。

[3]【李賢注】《國語》曰："鬬丹廷見令尹子常，與之語，問畜貨聚焉。歸以語其弟曰：'楚其亡乎？吾見令尹如餓豺狴虎焉，殆必亡者也。'"

[4]【李賢注】項背相望謂前後相顧也。背音輩。

[5]【今注】疢：指熱病。泛指疾病。

[6]【今注】亭傳：指古代供旅客和傳遞文書的人途中歇宿的處所。

[7]【李賢注】朞，匝也。謂一歲。【今注】責成於朞月：以限期爲中心的效率規定在秦漢政治中具有普遍性。（參見劉曉滿、卜憲群《秦漢行政中的效率規定與問責》，《安徽史學》2012 年第 2 期）

[8]【李賢注】離，遭也。【今注】拘檢：指守分報實。

[9]【李賢注】因罪潛遁,以求高尚之名也。《論語》曰:"色斯舉矣。"言觀前人之顏色也。

[10]【李賢注】斯,賤也。

[11]【李賢注】調,徵也。

[12]【李賢注】墨綬謂令長,即古子男之國也。

[13]【李賢注】庸,常也。【今注】拜爵王庭興服有庸:指他們受命於朝廷,其職守待遇國家有明確規定。

[14]【今注】齊於匹豎叛命避負:指他們却等同於尋常百姓,不執行朝廷命令,逃避國家義務和職責。

[15]【李賢注】式,用也。

[16]【今注】不得齒列:指不得任職。

[17]【李賢注】任,堪也(堪,大德本作"甚"),音人林反。

[18]【李賢注】負,欠也。筭,口錢也。儒生未有品秩,故寬之。

[19]【李賢注】文帝、宣帝也。文帝遭吕氏難,故亦云中興(亦,大德本誤作"去";大德本、殿本"興"後有"也"字)。

　　帝感其言,申下有司,考其真偽,詳所施行。雄之所言,皆明達政體,而宦豎擅權,終不能用。自是選代交互,令長月易,迎新送舊,勞擾無已,或官寺空曠,無人案事,每選部劇,乃至逃亡。永建三年,京師、漢陽地皆震裂,[1]水泉涌出。四年,司、冀復有大水。雄推較灾異,以爲下人有逆上之徵,[2]又上疏言:"宜密爲備,以俟不虞。"[3]尋而青、冀、楊州盜賊連發,[4]數年之間,海内擾亂。其後天下大赦,賊雖頗解,而官猶無備,流叛之餘,數月復起。雄與僕射郭虔共上疏，以爲"寇賊連年，死亡太半，一人犯法，舉宗群亡。宜及其尚微，開令改悔。若告黨與者，聽除其罪；能誅斬者，明加其賞"。書奏，並不省。

[1]【今注】漢陽：東漢明帝永平十七年（74）改天水郡置，治所在冀縣（今甘肅甘谷縣東）。

[2]【李賢注】《天鏡經》曰："大水自平地出，破山殺人，其國有兵。"

[3]【今注】宜密爲備以俟不虞：指應從内部秘密加以防範，以防不測。

[4]【今注】青：青州。西漢武帝時所置十三刺史部之一。東漢時刺史治臨菑縣（今山東淄博市臨淄區北）。 楊州：西漢武帝時所置十三刺史部之一。東漢時刺史治歷陽縣（今安徽和縣）。

又上言："宜崇經術，繕脩太學。"[1]帝從之。陽嘉元年，[2]太學新成，詔試明經者補弟子，[3]增甲乙之科，員各十人。除京師及郡國耆儒年六十以上爲郎、舍人、諸王國郎者百三十八人。

[1]【今注】太學：漢武帝時置，爲國家最高學府，設學官，立五經博士，教授弟子。東漢更加興盛。

[2]【今注】陽嘉：東漢順帝劉保年號（132—135）。

[3]【今注】案，本書卷六《順帝紀》"明經"下有"下第"二字。

雄又上言："郡國孝廉，古之貢士，出則宰民，宣協風教。若其面牆，[1]則無所施用。孔子曰'四十不惑’，[2]《禮》稱‘强仕’。請自今孝廉年不滿四十，不得察舉，皆先詣公府，[3]諸生試家法，[4]文吏課牋奏，[5]副之端門，[6]練其虛實，以觀異能，以美風俗。有不承科令者，正其罪法。若有茂才異行，自可不拘年齒。”帝從之，於是班下郡國。明年，有廣陵孝廉徐淑，[7]年未及舉，臺郎疑而詰之。對曰：“詔書曰‘有如顏回、子奇，不拘年齒’，[8]是故本郡以臣充選。”郎不能屈。雄詰之曰：“昔顏回聞一知十，孝廉聞一知幾邪？”淑無以對，乃譴却郡。於是濟陰太守胡廣等十餘人皆坐謬舉免黜，[9]唯汝南陳蕃、潁川李膺、下邳陳球等三十餘人得拜郎中。[10]自是牧守畏慄，莫敢輕舉。迄于永嘉，[11]察選清平，多得其人。

[1]【今注】面牆：指不學無術。《尚書·周官》：“不學牆面，莅事惟煩。”孔安國傳：“人而不學，其猶正牆面而立，臨政事必煩。”孔穎達疏：“人而不學，如面向牆無所睹見，以此臨事，則惟煩亂不能治理。”後因以“面牆”比喻不學而識見淺薄。

[2]【今注】案，大德本、殿本“不”前有“而”字，是。

[3]【今注】案，大德本“皆”後有“請”字。

[4]【李賢注】儒有一家之學（有，大德本誤作“用”），故稱家。

[5]【今注】文吏課牋奏：如果是文吏就測試其應用文書的寫作。

[6]【今注】副之端門：指送往政府機構去實習。

[7]【李賢注】《謝承書》曰“淑字伯進（進，殿本作‘達’），廣陵海西人也。寬裕博雅，好學樂道。隨父慎在京師，鑽《孟氏易》《春秋》《公羊》《禮記》《周官》（鑽，大德本、殿本作

'贊')。善誦《太公六韜》，交接英雄，常有壯志。舉茂才，除勃
海脩令，遷琅邪都尉"也。【今注】廣陵：郡名。東漢建武十八年
(42)改廣陵國置，治廣陵縣（今江蘇揚州市西北蜀岡上）。東漢
末移治射陽縣（今江蘇寶應縣東北射陽鎮）。

[8]【李賢注】解見《順帝紀》。【今注】案，本書卷六《順
帝紀》李賢注："《史記》曰：'顏回，魯人，好學，年二十九髮盡
白，早死。'《新序》曰：'子奇年十八，齊君使之化阿。至阿，鑄
其庫兵以爲耕器，出倉廩以賑貧窮，阿縣大化。'"

[9]【今注】濟陰：郡名。治定陶縣（今山東菏澤市定陶區西
北）。 胡廣：字伯始，南郡華容（今湖北潛江市西南）人。歷事
六帝，先後任司徒、太尉、司空等職。所辟多爲天下名士。傳見本
書卷四四。

[10]【今注】汝南：西漢高祖四年（前203）置，治上蔡縣
（今河南上蔡縣西南）。東漢徙治平輿縣（今河南平輿縣北）。 陳
蕃：字仲舉，汝南平輿（今河南平輿縣北）人。初仕郡，後舉孝
廉。歷任豫章太守、太尉等職。後與太尉李固等反對宦官專權，謀
誅宦官而事泄被殺。傳見本書卷六六。 潁川：郡名。治陽翟縣
（今河南禹州市）。 李膺：字元禮，潁川襄城（今河南襄城縣）
人。初舉孝廉，後歷漁陽太守、度遼將軍，東漢桓帝時任司隸校
尉。反對宦官專權，受到太學生擁戴，被稱爲"天下楷模"。爲名
士"八俊"之一。黨錮事起，被捕下獄，釋放後禁錮終身。靈帝初
竇武執政，又起用爲長樂少府，與陳蕃謀誅宦官失敗，再遭禁錮。
不久死於獄中。傳見本書卷六七。 下邳：侯國名。東漢明帝永平
十五年（72）改臨淮郡置，屬徐州。治下邳縣（今江蘇邳州市
南）。 陳球：字伯真，下邳淮浦（今江蘇漣水縣）人。少受儒
學，善律令。東漢順帝時舉孝廉，後歷任零陵太守、將作大匠、南
陽太守等職。桓帝時官至司空、太尉。後與司徒劉郃等謀誅宦官，
事泄被殺。傳見本書卷五六。 郎中：官名。東漢尚書臺置三十六

郎，亦稱郎中。秩四百石。協助諸曹尚書處理政務。秩位雖輕，但權力較重。

[11]【今注】永嘉：大德本、殿本“永熹”。案，錢大昭《漢書辨疑》謂“熹”乃“憙”之譌。王先謙《後漢書集解》引錢大昕説及惠棟説改。中華本校勘記引史繩祖《學齋佔畢》記邛州蒲江縣發地得石刻，有“永憙元年”字樣，認爲“永嘉”爲“永憙”之誤。

雄又奏徵海内名儒爲博士，[1]使公卿子弟爲諸生。有志操者，加其俸禄。及汝南謝廉、河南趙建，[2]年始十二，各能通經，雄並奏拜童子郎。[3]於是負書來學，雲集京師。

[1]【今注】博士：官名。秦置，漢因之，隸屬九卿之一奉常（太常）。西漢武帝罷黜百家之前，博士治各家之學，其後乃專立儒學一家。掌議政、制禮、藏書、顧問及教授經學、考核人材、奉命出使等。初秩比四百石，後升比六百石。東漢以降，議政職能逐漸削弱。這裏指五經博士。

[2]【今注】河南：郡名。治河南縣（今河南洛陽市東北）。

[3]【今注】童子郎：郎官名。漢代授未成年而通經者爲童子郎。

初，帝廢爲濟陰王，乳母宋娥與黃門孫程等共議立帝，[1]帝後以娥前有謀，遂封爲山陽君，邑五千户。又封大將軍梁商子冀襄邑侯。[2]雄上封事曰：“夫裂土封侯，王制所重。高皇帝約，非劉氏不王，非有功不侯。[3]孝安皇帝封江京、王聖等，[4]遂致地震之異。永建二年，封陰謀之功，又有日食之變。數術之士，咸歸咎於封爵。今青州飢虛，盜賊未息，民有乏絕，上求稟貸。陛下乾乾勞思，以濟民爲務。宜循古法，寧靜無爲，以求天意，以消災異。誠不宜追錄小恩，虧失大典。”帝不聽。雄復諫曰：“臣聞人君莫不好忠正而惡讒諛，然而歷世之患，莫不以忠正得罪，讒諛蒙倖者，蓋聽忠難，從諛易也。夫刑罪，人情之所甚惡；貴寵，人情之所甚欲。是以時俗爲忠者少，而習諛者多。故令人主數聞其美，稀知其過，迷而不悟，至於危亡。臣伏見詔書顧念阿母舊德宿恩，欲特加顯賞。案尚書故事，無乳母爵邑之制，唯先帝時阿母王聖爲野王君。聖造生讒賊廢立之禍，生爲天下所咀嚼，死爲海内所歡快。[5]桀、紂貴爲天子，而庸僕羞與爲比者，以其無義也。夷、齊賤爲匹夫，[6]而王侯爭與爲伍者，以其有德也。今阿母躬蹈約儉，以身率下，群僚蒸庶，莫不向風，而與王聖並同爵號，懼違本操，失其常願。臣愚以爲凡人之心，理不相遠，其所不安，古今一也。百姓深懲王聖傾覆之禍，民萌之命，危於累卵，常懼時世復有此類。怵惕之念，[7]未離於心；恐懼之言，未絕乎口。[8]乞如前議，歲以千萬給奉阿母，内足以盡恩愛之歡，外可不爲吏民所怪。梁冀之封，事非機急，宜過災尼之運，然後平議可否。”會復有地震、緱氏山崩之異，[9]雄復上疏諫曰：“先帝封野王君，漢陽地震，今封山陽君而京城復震，專政在陰，其災尤大。臣前後瞽言封爵至重，王者可私人以財，不可以官，宜還阿母之封，以塞灾異。今冀已高讓，山陽君亦宜崇其本節。"雄言數切至，娥亦畏懼辭讓，而帝戀戀不能已，卒封之。後阿母遂以交遘失爵。

[1]【今注】黃門：指宦官。　孫程：字稚卿，涿郡新城（今河北保定市徐水區西）人。東漢安帝時爲中黃門。安帝卒，他與中黃門王康等十八人首謀擁立濟陰王稱帝，即順帝，誅殺外戚閻顯。傳見本書卷七八。

[2]【今注】大將軍：官名。戰國時設，兩漢因之。地位因人而異，與三公相上下，與丞相相當。自西漢武帝時起領錄尚書事，外主征戰，內秉國政，權勢超過丞相。東漢多以貴戚擔任，位在三公之上。　梁商：字伯夏，安定烏氏（今寧夏固原市東南）人。東漢外戚、大臣，女爲順帝皇后。傳見本書卷三四。　冀：梁冀，字伯卓，安定烏氏人。梁商之子。亦任大將軍等職，威權傾朝。傳見本書卷三四。

[3]【今注】高皇帝約非劉氏不王非有功不侯：對這一"白馬之盟"，學界主流觀點積極闡釋其政治意義，如張森年《"白馬之盟"盟詞辨説》（《廣西大學學報》1988 年第 2 期）、趙沛《試論"白馬之盟"與漢初政治模式的建立》（《河南師範大學學報》2003年第 6 期）、朱志昊《"白馬之盟"與漢初政制——以政治正當性爲綫索》（《政治學研究》2014 年第 2 期）。但也有學者質疑或認爲這一盟約非歷史事實，如劉鳴《"白馬之盟"真僞辨》（《秦漢研究》第 6 輯，陝西人民出版社 2012 年版）、尹鵬與王文英《"白馬之盟"真僞探》（《新鄉學院學報》2020 年第 1 期）。

[4]【今注】孝安皇帝：即漢安帝劉祜。　江京：曾與安帝乳母王聖等陷害順帝（時爲皇太子），廢爲濟陰王。後中黃門孫程等人斬殺江京等，迎濟陰王即皇帝位。安帝乳母被流放到雁門。事見本書卷六《順帝紀》。　王聖：安帝乳母。封野王君。恃帝寵，勾

結宦官，競爲侈虐，與其女伯榮用事。安帝死後，王聖母女被徙往雁門。

[5]【今注】案，海内，殿本作"天下"。

[6]【今注】夷齊：指伯夷、叔齊。

[7]【今注】怵惕：警惕。惕，大德本作"陽"。

[8]【今注】案，乎，大德本、殿本作"於"，可從。

[9]【今注】緱氏山：在今河南偃師市南。

是時大司農劉據以職事被譴，[1]召詣尚書，傳呼促步，又加以捶撲。[2]雄上言："九卿位亞三事，班在大臣，行有佩玉之節，動有庠序之儀。[3]孝明皇帝始有撲罰，[4]皆非古典。"帝從而改之，其後九卿無復捶撲者。自雄掌納言，[5]多所匡肅，每有章表奏議，臺閣以爲故事。遷司隸校尉。[6]

[1]【今注】大司農：官名。西漢武帝太初元年（前104）改大農令置。秩中二千石，位列九卿。掌管全國租賦收入和國家財政開支。新莽先後改名羲和、納言。東漢復故，機構減省，置丞、部丞各一員。屬官有太倉、平準、導官三令丞，餘皆罷省。

[2]【今注】捶撲：鞭打，杖擊。

[3]【李賢注】《禮記》曰："公侯佩山玄玉而朱組綬，大夫佩水蒼玉而緇組綬。"【今注】案，惠棟《後漢書補注》言《東觀記》"三事"作"三公"。

[4]【今注】孝明皇帝：東漢明帝劉莊，公元57年至75年在位。紀見本書卷二。

[5]【今注】納言：尚書官員的別稱。

[6]【今注】司隸校尉：官名。西漢武帝征和四年（前89）始

置，秩二千石。初掌管理在中央諸官府服役的徒隸，後職掌京都百官及三輔等地區的犯法者，職權威重。成帝元延四年（前9）省，哀帝即位後復置，隸大司空，位比司直。

　　初，雄薦周舉爲尚書，舉既稱職，議者咸稱焉。及在司隸，又舉故冀州刺史馮直以爲將帥，而直嘗坐臧受罪，舉以此劾奏雄。雄悅曰：“吾嘗事馮直之父而又與直善，今宣光以此奏吾，乃是韓厥之舉也。”由是天下服焉。[1]明年坐法免。後復爲尚書。永和三年卒。[2]

　　[1]【李賢注】韓厥，韓獻子也。《國語》曰：“趙宣子舉獻子於靈公，以爲司馬。河曲之役，宣子使人以其乘車干行，獻子執而戮之。宣子皆告諸大夫曰：‘可賀我矣。吾舉厥也而中吾，乃今知免於罪矣。’”
　　[2]【今注】永和：東漢順帝劉保年號（136—141）。

　　周舉字宣光，汝南汝陽人，[1]陳留太守防之子。[2]防在《儒林傳》。舉姿貌短陋，而博學洽聞，爲儒者所宗，故京師爲之語曰：“五經從橫周宣光。”

　　[1]【今注】汝陽：縣名。治所在今河南商水縣西北。案，《北堂書鈔》卷七二引《續漢書》作“字真先”。然《藝文類聚》卷五〇、《太平御覽》卷二五六引無“字真先”三字。
　　[2]【今注】陳留：郡名。治陳留（今河南開封市東南陳留鎮）。　防：周防，字偉公，汝南汝陽（今河南商水縣西北）人。尤能誦讀經書，撰《尚書雜記》。在太尉張禹舉薦下補任博士，後

又任陳留太守。不久，獲罪而免職。傳見本書卷七九上。

　　延熹四年，[1]辟司徒李郃府。[2]時宦者孫程等既立順帝，[3]誅滅諸閻，議郎陳禪以爲閻太后與帝無母子恩，宜徙別館，絕朝見。群臣議者咸以爲宜。舉謂郃曰：“昔鄭武姜謀殺嚴公，嚴公誓之黃泉；[4]秦始皇怨母失行，久而隔絕，後感穎考叔、茅焦之言，[5]循復子道。書傳美之。[6]今諸閻新誅，太后幽在離宮，若悲愁生疾，一旦不虞，主上將何以令於天下？如從禪議，後世歸咎明公。宜密表朝廷，令奉太后，率屬群臣，朝覲如舊，以厭天心，以答人望。”郃即上疏陳之。明年正月，帝乃朝于東宮，太后由此以安。

　　[1]【今注】延熹：王先謙《後漢書集解》引錢大昕說延熹爲“延光”之誤。延光，東漢安帝劉祜年號（122—125）。

　　[2]【今注】司徒：官名。西漢哀帝元壽二年（前1）改丞相爲大司徒，東漢光武帝建武二十七年（51）改名司徒，與太尉、司空並爲三公，分掌宰相職能，秩萬石。　李郃：字孟節，漢中南鄭（今陝西漢中市）人。李固之父。通曉《五經》，懂得占術。歷任尚書令、太常、司空、司徒等職。東漢安帝崩後，他曾與步兵校尉趙直等密謀立順帝。傳見本書卷八二上。

　　[3]【今注】案，者，殿本誤作“豎”。

　　[4]【今注】案，前“嚴公”，大德本、殿本作“莊公”，後“嚴公”，大德本作“莊公”，殿本無此二字。

　　[5]【今注】案，穎，大德本、殿本作“潁”。

　　[6]【李賢注】鄭武姜生莊公及共叔段，愛叔段，謀殺莊公。公誓之曰：“不及黃泉，無相見也。”既而悔之。潁考叔爲潁谷封

人（潁，大德本、殿本作"穎"），曰："若掘地及泉，隧而相見，其誰曰不然！"公從之，遂爲母子如初。事見《左傳》。茅焦事，解見《蘇竟傳》也。

後長樂少府朱伥[1]代郃爲司徒，舉猶爲吏。時孫程等坐懷表上殿爭功，帝怒，悉徙封遠縣，勑洛陽令促期發遣。舉說朱伥曰："朝廷在西鍾下時，非孫程等豈立？[2]雖韓、彭、吳、賈之功，何以加諸！[3]今忘其大德，録其小過，如道路夭折，帝有殺功臣之譏。及今未去，宜急表之。"伥曰："今詔怒，二尚書已奏其事，[4]吾獨表此，必致罪譴。"舉曰："明公年過八十，位爲台輔，[5]不於今時竭忠報國，惜身安寵，欲以何求？[6]禄位雖全，必陷佞邪之譏；諫而獲罪，猶有忠貞之名。若舉言不足採，請從此辭。"伥乃表諫，帝果從之。

[1]【李賢注】音丑良反。

[2]【李賢注】朝廷謂順帝也。孫程與王康等十八人謀於西鍾下，共立濟陰王爲順帝也。【今注】西鍾：屬於德陽殿。

[3]【李賢注】韓信、彭越、吳漢、賈復也。【今注】韓：韓信。秦末漢初淮陰（今江蘇淮陰市）人。漢初重要將臣與功臣。後被吕后所殺。傳見《史記》卷九二、《漢書》卷三四。　彭：彭越，秦末漢初昌邑（今山東金鄉縣西北）人。楚漢戰爭中，幫助劉邦擊敗項羽，封爲梁王。後因"謀反"而被殺。傳見《史記》卷九〇、《漢書》卷三四。　吳：吳漢，字子顔，南陽宛（今河南南陽市卧龍區）人。東漢名將。傳見本書卷一八。　賈：賈復，字君文，南陽冠軍（今河南鄧州市）人。跟隨劉秀南征北戰，封爲膠東

侯。知光武帝偃武修文，乃敦儒學，與公卿參議國家大事。傳見本書卷一七。

[4]【今注】二尚書：指郭鎮與劉光。郭鎮，字桓鍾。東漢安帝延光中爲尚書。及中黃門孫程誅中常侍江京等而立濟陰王，鎮率羽林士擊殺衛尉閻景，以成大功。傳見本書卷四六。劉光事見本書卷六《順帝紀》、卷七八《宦者傳》。

[5]【今注】案，爲，大德本、殿本作"至"。　台輔：指宰相、三公等最高級官員的尊稱。

[6]【今注】案，以何，大德本作"何以"。

舉後舉茂才，[1]爲平丘令。[2]上書言當世得失，辭甚切正。尚書郭虔、應賀等見之歎息，[3]共上疏稱舉忠直，欲帝置章御坐，以爲規誡。[4]

[1]【今注】茂才：即秀才。東漢時避光武帝劉秀諱而稱茂才。漢代選拔人才的科目之一。每年由郡國推舉一人。

[2]【李賢注】平丘，縣，屬陳留郡。【今注】平丘：縣名。治所在今河南封丘縣東南。

[3]【今注】郭虔：《太平御覽》卷五九四引張璠《漢記》云"尚書張度見之歎息，上疏願退位避舉"。"虔"作"度"，未知孰是。

[4]【李賢注】章謂所上之書。

舉稍遷并州刺史。[1]太原一郡，舊俗以介子推焚骸，有龍忌之禁。[2]至其亡月，咸言神靈不樂舉火，由是士民每冬中輒一月寒食，[3]莫敢烟爨，老小不堪，歲多死者。舉既到州，乃作弔書以置子推之廟，言盛冬去火，殘損民命，非賢者之意，以宣示愚民，使還溫食。^[4]於是衆惑稍解，風俗頗革。

[1]【今注】并州：西漢武帝時所置十三刺史部之一。東漢時刺史治太原縣（今山西太原市西南）。

[2]【李賢注】《新序》曰："晉文公反國，介子推無爵，遂去而之介山之上。文公求之不得，乃焚其山，推遂不出而焚死。"事具《耿恭傳》（具，大德本作"見"，可從）。龍，星，木之位也，春見東方。心爲大火，懼火之盛，故爲之禁火。俗傳云子推以此日被焚而禁火。

[3]【今注】寒食：吃冷的食物。

[4]【李賢注】其事見桓譚《新論》及《汝南先賢傳》也。

轉冀州刺史。陽嘉三年，司隸校尉左雄薦舉，徵拜尚書。舉與僕射黃瓊同心輔政，名重朝廷，左右憚之。是歲河南、三輔大旱，^[1]五穀災傷，天子親自露坐德陽殿東廂請雨，^[2]又下司隸、河南禱祀河神、名山、大澤。^[3]詔書以舉才學優深，特下策問曰："朕以不德，仰承三統，^[4]夙興夜寐，思協大中。^[5]頃年以來，旱災屢應，稼穡焦枯，民食困乏。五品不訓，王澤未流，^[6]群司素餐，據非其位。審所貶黜，變復之徵，^[7]厥効何由？分別具對，勿有所諱。"舉對曰："臣聞《易》稱'天尊地卑，乾坤以定'。^[8]二儀交構，^[9]乃生萬物，萬物之中，以人爲貴。故聖人養之以君，成之以化，順四節之宜，^[10]適陰陽之和，使男女婚娶不過其時。包之以仁恩，導之以德教，示之以災異，訓之以嘉祥。

4036

此先聖承乾養物之始也。夫陰陽閉隔，則二氣否塞；
二氣否塞，則人物不昌；人物不昌，則風雨不時；風
雨不時，則水旱成災。陛下處唐虞之位，未行堯舜之
政，近廢文帝、光武之法，[11]而循亡秦奢侈之欲，內
積怨女，外有曠夫。今皇嗣不興，東宮未立，傷和逆
理，斷絕人倫之所致也。非但陛下行此而已，豎宦之
人，亦復虛以形執，威侮良家，取女閉之，至有白首
歿無配偶，逆於天心。[12]昔武王入殷，出傾宮之
女；[13]成湯遭災，以六事剋己；[14]魯僖遇旱，而自責
祈雨；[15]皆以精誠轉禍爲福。自枯旱以來，彌歷年歲，
未聞陛下改過之効，徒勞至尊暴露風塵，誠無益也。
又下州郡祈神致請。昔齊有大旱，景公欲祀河伯，晏
子諫曰：‘不可。夫河伯以水爲城國，魚鼈爲民庶。水
盡魚枯，豈不欲雨？自是不能致也。’[16]陛下所行，但
務其華，不尋其實，猶緣木希魚，却行求前。[17]誠宜
推信革政，崇道變惑，出後宮不御之女，理天下冤枉
之獄，除太官重膳之費。[18]夫五品不訓，責在司徒，
有非其位，宜急黜斥。臣自藩外擢典納言，學薄智淺，
不足以對。《易傳》曰：‘陽感天，不旋日。’[19]惟陛
下留神裁察。”因召見舉及尚書令成翊世、僕射黃瓊，
問以得失。舉等並對以爲宜慎官人，去斥貪汙，離遠
佞邪，循文帝之儉，尊孝明之教，則時雨必應。帝曰：
“百官貪汙佞邪者爲誰乎？”舉獨對曰：“臣從下州，超
備機密，不足以別群臣。[20]然公卿大臣數有直言者，
忠貞也；阿諛苟容者，佞邪也。司徒視事六年，未聞

有忠言異謀，愚心在此。"其後以事免司徒劉崎，遷舉司隸校尉。

[1]【今注】三輔：地區名。京畿地區的合稱。西漢景帝二年（前155）分內史爲左右內史，與主爵中尉（尋改主爵都尉）同治京城長安城中，所轄皆爲京畿之地，故合稱"三輔"。武帝時，左右內史、主爵都尉分別改名爲左馮翊、京兆尹、右扶風。轄境相當於今陝西關中地區。

[2]【今注】德陽殿：東漢雒陽北宮的正殿。在今河南洛陽市東北漢魏故城內。張衡《東京賦》曰："逮至顯宗（漢明帝），六合殷昌，乃新崇德，遂作德陽。"本書卷六《順帝紀》載，延光四年（125），"迎濟陰王于德陽殿西鐘下，即皇帝位"，李賢注引《漢官儀》曰："崇賢門內德陽殿也。"又本書卷八《靈帝紀》載，中平六年（189）八月，"張讓、段珪等劫少帝及陳留王幸北宮德陽殿"。

[3]【今注】河南：即河南尹。官名。東漢光武帝建武十五年（39）置，爲京都雒陽所在河南郡長官，設一員，二千石；有丞一員，爲其副貳。主掌京都事務。

[4]【李賢注】天統、地統、人統謂之三統。事見《白武通》（武，殿本作"虎"）。

[5]【李賢注】《尚書·洪範》曰："建用皇極。"孔安國注云："皇，大也。極，中也。言立大中之道而行之也。"

[6]【李賢注】五品，五常之教也。《書》曰："五品不遜，汝作司徒，敬敷五教在寬。"訓亦遜之義。

[7]【今注】變復：古時主張"天人感應"的儒生提倡以祭祀祈禱來消除災禍，恢復正常，謂之"變復"。

[8]【今注】案，大德本"易稱"二字在"乾坤"之前。以定，殿本作"定矣"。

[9]【今注】二儀：指日月。

［10］【今注】案，節，大德本、殿本作"時"。

［11］【今注】光武：東漢光武帝劉秀，公元25年至57年在位。紀見本書卷一。

［12］【李賢注】歿，終也。

［13］【李賢注】《帝王紀》曰："武王入殷，命召公釋箕子之囚，表商容之閭，出傾宮之女於諸侯。"

［14］【李賢注】《帝王紀》曰："湯伐桀，後大旱七年，洛川竭，使人持三足鼎祝於山川曰：'政不節邪？使人疾邪？苞苴行邪？讒夫昌邪？宮室榮邪？女謁行邪？何不雨之極也！'"

［15］【李賢注】解見《楊厚傳》。【今注】魯僖：即魯僖公。春秋魯國國君姬申。魯僖公三年（前657），久不下雨。魯僖公很是憂慮，遂下令減輕賦稅和徭役，廢除嚴刑峻法，革新政事，並親自向天禱告，結果天降大雨。

［16］【李賢注】《晏子春秋》之文。

［17］【李賢注】緣木求魚，見《孟子》之文。《韓詩外傳》曰："夫明鏡所以照形，往古所以知今。夫惡知往古之所以危亡，無異却行而求逮於前人也。"【今注】希魚：大德本、殿本作"求魚"。李慈銘《越縵堂讀書記·後漢書第四》謂此因下文有"求"字而避易，今本乃據《孟子》妄改之。

［18］【今注】案，太，大德本、殿本作"大"。

［19］【李賢注】《易稽覽圖》之文也。解具《郎顗傳》也（具，殿本作"見"）。【今注】案，本書卷三〇下《郎顗傳》李賢注："《易中孚傳》曰：'陽感天，不旋日，諸侯不旋時，大夫不過朞。'鄭玄注云：'陽者天子，爲善一日，天立應以善；爲惡一日，天立應以惡。諸侯爲善一時，天立應以善；爲惡一時，天立應以惡。大夫爲善一歲，天亦立應以善；爲惡一歲，天亦立應以惡。'一説云'不旋日，立應之；不過時，三辰間；不過朞，從今旦至明日旦'也。陽即指天子也。"

[20]【李賢注】別音彼列反。

　　永和元年，災異數見，省內惡之，[1]詔召公、卿、中二千石、尚書詣顯親殿，問曰：“言事者多云，昔周公攝天子事，及薨，成王欲以公禮葬之，天爲動變。及更葬以天子之禮，即有反風之應。[2]北鄉侯親爲天子而葬以王禮，[3]故數有災異，宜加尊謚，列於昭穆。”[4]群臣議者多謂宜如詔旨，舉獨對曰：“昔周公有請命之應，隆太平之功，故皇天動威，以章聖德。北鄉侯本非正統，姦臣所立，立不踰歲，年號未改，皇天不祐，大命夭昏。[5]《春秋》王子猛不稱崩，魯子野不書葬。[6]今北鄉侯無它功德，以王禮葬之，於事已崇，不宜稱謚。災眚之來，弗由此也。”於是司徒黃尚、太常桓焉等七十人同舉議，[7]帝從之。尚字伯河，南郡人也，[8]少歷顯位，亦以政事稱。

　　[1]【今注】省：古稱王宮禁地爲省或省中，代指朝廷。

　　[2]【李賢注】《尚書·洪範五行傳》曰：“周公死，成王不圖大禮，故天大雷雨，禾偃，大木拔。及成王寤金縢之策，改周公之葬，尊以王禮，申命魯郊，而天立復風雨，禾稼盡起。”

　　[3]【今注】北鄉侯：劉懿。東漢章帝孫，父劉壽爲濟北惠王。公元125年三月安帝死，被立爲皇帝，同年十月死。因即位前封北鄉侯，習稱北鄉侯。或稱少帝。

　　[4]【今注】昭穆：古代宗法制度，宗廟次序，始祖廟居中，以下父子（祖父）遞爲昭穆，左爲昭，右爲穆。祭祀時，子孫也按照此排列行禮。也泛稱一般宗族的輩分。

　　[5]【李賢注】杜預注《左傳》曰：“短折曰夭，未名曰昏。”

[6]【李賢注】子猛，周景王之子。子野，魯襄公之子。《春秋經》書“王子猛卒”。杜元凱注云：“未即位，故不言崩。”又曰：“秋九月癸巳，子野卒。”注曰：“不書葬，未成君也。”

[7]【今注】太常：官名。秩中二千石，位列九卿之首，官居清要，職務繁重，多由列侯充任。主管祭祀社稷、宗廟和朝會、喪葬禮儀等。西漢中期以後職權逐漸分化削弱，考試之權轉歸尚書，陵邑劃屬三輔。新莽時改名秩宗。東漢復舊，裁省屬官，唯置丞一員。 桓焉：字叔元，沛郡龍亢（今安徽懷遠縣西北）人。東漢安帝永初元年（107），授帝經書。三遷爲侍中，後爲太子少傅。順帝即位，拜太傅，錄尚書事，復授經宮中。封陽平侯，固讓不受。官至太尉。弟子傳業者數百人。傳見本書卷三七。

[8]【今注】南郡：治江陵縣（今湖北荆州市荆州城西北）。

　　舉出爲蜀郡太守，[1]坐事免。大將軍梁商表爲從事中郎，[2]甚敬重焉。六年三月上巳日，商大會賓客，讌乎洛水，[3]舉時稱疾不往。商與親暱酣飲極歡，及酒闌倡罷，繼以《薤露》之歌，坐中聞者，皆爲掩涕。[4]太僕張种時亦在焉，[5]會還，[6]以事告舉。舉歎曰：“此所謂哀樂失時，非其所也。殃將及乎！”[7]商至秋果薨。商疾篤，帝親臨幸，問以遺言。對曰：“人之將死，其言也善。臣從事中郎周舉，清高忠正，可重任也。”由是拜舉諫議大夫。[8]

[1]【今注】蜀郡：郡名。治成都縣（今四川成都市）。

[2]【今注】從事中郎：官名。東漢大將軍、車騎將軍屬官。職參謀議，大將軍府所屬員二人，秩六百石。

[3]【李賢注】《周官》曰：“女巫，掌歲時祓除釁浴。”鄭玄

云："如今三月上巳，水上之類也。"司馬彪《續漢書》曰"三月上巳，宮人皆絜於東流水上，自洗濯祓除爲大絜"也。【今注】上巳日：王先謙《後漢書集解》："先謙曰：《御覽》五百五十二引《續漢書》云，大將軍梁商，三月上巳日會洛水，倡樂畢極，終以《薤露》歌之，坐中流涕，其年八月而商薨。" 案，乎，殿本作"于"，是。

[4]【李賢注】《纂文》曰："《薤露》，今之挽歌也。"崔豹《古今注·薤露歌》曰："薤上露何易晞！露晞明朝還復落，人死一去何時歸？"

[5]【今注】太僕：官名。秦漢皆置，秩中二千石，位列九卿。掌皇帝專用車馬。

[6]【今注】案，會還，大德本作"還會"。

[7]【李賢注】《左傳》曰，叔孫昭子與宋公語，相泣。樂祁退而告人曰（大德本無"退"字）："君與叔孫其皆死乎？吾聞之，哀樂而樂哀，皆喪心也。心之精爽，是謂魂魄。魂魄去之，何以能久也！"

[8]【今注】諫議大夫：官名。秦置。專掌論議。西漢初廢，武帝時置諫大夫。東漢光武帝復置諫議大夫。秩六百石。掌侍從顧問、參諷謀議。名義上隸光祿勳。

時連有灾異，帝思商言，召舉於顯親殿，問以變眚。舉對曰："陛下初立，遵脩舊典，興化致政，遠近肅然。頃年以來，稍違於前，朝多寵倖，禄不序德。觀天察人，準今方古，誠可危懼。《書》曰：'僭恒暘若，'[1]夫僭差無度，則言不從而下不正；陽無以制，則上擾下竭。宜密嚴勑州郡，察彊宗大姦，以時禽討。"其後江淮猾賊周生、徐鳳等處處並起，如舉所陳。

[1]【李賢注】《尚書·洪範》之文也（文，大德本、殿本作
"言"）。孔安國注曰："君行僭差，則常暘順之也（暘，大德本
作'陽'）。"【今注】案，暘，大德本作"陽"。

時詔遣八使巡行風俗，皆選素有威名者，乃拜舉
爲侍中，[1]與侍中杜喬、守光禄大夫周栩、前青州刺史
馮羨、尚書欒巴、侍御史張綱、兗州刺史郭遵、太尉
長史劉班竝守光禄大夫，[2]分行天下。其刺史、二千石
有贓罪顯明者，驛馬上之；墨綬以下，便輒收舉。其
有清忠惠利，爲百姓所安，宜表異者，皆以狀上。於
是八使同時俱拜，天下號曰"八俊"。舉於是劾奏貪
猾，表薦公清，朝廷稱之。遷河内太守，[3]徵爲大
鴻臚。[4]

[1]【今注】侍中：官名。秦朝始置，西漢爲加官。侍從皇帝
左右。王莽秉政，復令與宦官同止禁中。東漢置爲正式職官，秩比
二千石。

[2]【今注】杜喬：字叔榮，河内林慮（今河南林州市）人。
初舉孝廉，後歷遷南郡太守、東海相。東漢桓帝時官至太尉。曾上
書反對權臣梁冀子弟及宦官無功封侯，遂遭冀忌恨，被迫害致死。
傳見本書卷六三。　光禄大夫：官名。西漢武帝時改中大夫置，掌
論議。屬光禄勳，秩比二千石。西漢晚期，多作爲貴戚重臣的加
官。無員限。東漢時，因權臣不復冠此號，漸成閒散之職，雖仍掌
顧問應對，但多用以拜假賵贈之使，及監護諸國嗣喪事。　欒巴：
字叔元，魏郡内黄（今河南内黄縣西北）人。爲桂陽太守時，政事

明察，甚有治績。荆州刺史李固以此推薦欒巴，徵拜議郎，守光禄大夫，與杜喬、周舉等八人徇行州郡。傳見本書卷五七。 侍御史：官名。西漢爲御史大夫屬官，秩六百石。新莽時改侍御史名執法。東漢復舊，爲御史臺屬官，於糾彈本職外，常奉命出使州郡，巡行風俗，督察軍旅，職權頗重。 兖州：西漢武帝元封五年（前106）置，爲十三刺史部之一。東漢時刺史治昌邑縣（今山東巨野縣東南）。 案，太尉，殿本作“大尉”。 長史：官名。戰國時置，秦、漢因之。爲所在官署掾屬之長，秩千石。 案，王先謙《後漢書集解》引汪文臺説，謂《太平御覽》卷七七八引《續漢書》“郭遵”作“甄遵”。又，宋文民《後漢書考釋》：“案傳文，周栩已爲守光禄大夫，不得復言並守云，明並守光禄大夫六字衍，故《通鑑》從《順紀》，不從此傳，無並守等六字。《蜀志·張翼傳》注引《續漢書》‘張綱永安元年，拜光禄大夫’，脱‘守’字。”（上海古籍出版社 1995 年版，第 254 頁）

[3]【今注】河内：郡名。治懷縣（今河南武陟縣西南）。

[4]【今注】大鴻臚：官名。秦和西漢初稱典客，掌管歸降的少數民族。西漢景帝中六年（前 144）改稱大行令，武帝太初元年（前 104）又更名大鴻臚。王莽時改稱典樂。東漢又復稱大鴻臚，設卿一人，俸禄中二千石。掌諸侯和四方歸降的少數民族。屬官有丞、大行令及諸郎官。大，大德本、殿本作“太”。

及梁太后臨朝，詔以殤帝幼崩，[1]廟次宜在順帝下。太常馬訪奏宜如詔書，諫議大夫吕勃以爲應依昭穆之序，先殤帝，後順帝。詔下公卿。舉議曰：“《春秋》魯閔公無子，庶兄僖公代立，其子文公遂躋僖於閔上。孔子譏之，書曰：‘有事于太廟，躋僖公。’《傳》曰：‘逆祀也。’[2]及定公正其序，經曰‘從祀先公’，爲萬世法也。[3]今殤帝在先，於秩爲父，順帝在後，於親爲子，先後之義不可改，昭穆之序不可亂。呂勃議是也。”太后下詔從之。遷光禄勳，會遭母憂去職，後拜光禄大夫。

［1］【今注】殤帝：東漢殤帝劉隆，公元 105 年至 106 年在位。紀見本書卷四。

［2］【李賢注】事見《左氏傳》。

［3］【李賢注】《左氏傳》：“從祀先公。”杜預云：“從，順也。先公，閔公、僖公也。將正二公之位，親盡，故通言先公也。”

建和三年卒。[1]朝廷以舉清公亮直，方欲以爲宰相，深痛惜之。乃詔告光禄勳、汝南太守曰：“昔在前世，求賢如渴，封墓軾閭，以光賢哲。[2]故公叔見誅，翁歸蒙述，所以昭忠厲俗，作範後昆。[3]故光禄大夫周舉，性侔夷、魚，[4]忠踰隨、管，[5]前授牧守，及還納言，出入京輦，有欽哉之績，[6]在禁闈有密静之風。予録乃勳，用登九列。方欲式序百官，亮協三事，不永夙終，用乖遠圖。朝廷愍悼，良爲愴然。《詩》不云乎：‘肇敏戎功，用錫爾祉。’[7]其令將大夫以下到喪發日復會弔。加賜錢十萬，以旌委蛇素絲之節焉。”[8]子勰。[9]

［1］【今注】建和：東漢桓帝劉志年號（147—149）。

［2］【李賢注】《尚書》曰，武王入殷，封比干墓，軾商容閭。【今注】案，軾，大德本作“式”。

[3]【李賢注】公叔文子，衛大夫也。文子卒，其子戌請謚於君。君曰："昔者衛國凶飢，夫子爲粥與國之餓者，不亦惠乎？衛國有難，夫子以其死衛寡人（以，大德本誤作'亦'），不亦貞乎？夫子聽衛國之政，脩其班制，不亦文乎？謂夫子'貞惠文子'（謂，殿本作'謚'；大德本無'夫'字）。"事見《禮記》。尹翁歸爲右扶風，宣帝下詔褒揚，賜金百斤。班固曰："翁歸承風，帝揚厥聲。"故曰蒙述也。【今注】翁歸：尹翁歸，字子兄，河東平陽（今山西臨汾市西南）人。爲官廉潔。後拜東海太守，東海大治。爲右扶風，治如東海。傳見《漢書》卷七六。

[4]【李賢注】伯夷、史魚也。【今注】夷：伯夷。孤竹君之子也，隱於首陽山，卒餓死。傳見《史記》卷六一。　魚：史魚。即史鰌，字子魚，春秋時衛國大夫，以正直敢諫著稱。

[5]【李賢注】隨會、管仲。【今注】管：管仲。春秋政治家，實行改革，輔助齊桓公稱霸。傳見《史記》卷六二。

[6]【李賢注】《史記·堯典》曰："咨十有二牧，欽哉！"

[7]【李賢注】《詩·大雅》也。肇，謀也。敏，疾也。戎，汝也。錫，賜也。祉（祉，大德本作"社"），福也。

[8]【李賢注】《詩·國風·羔羊詩》（大德本、殿本無前一"詩"字）："羔羊之皮，素絲五紽。退食自公，逶蛇逶蛇（二'逶'字，大德本、殿本作'委'）。"

[9]【李賢注】音叶（叶，大德本作"司"）。

飁字巨勝，少尚玄虛，以父任爲郎，自免歸家。父故吏河南召夔爲郡將，卑身降禮，致敬於飁。飁恥交報之，因杜門自絕。後太守舉孝廉，復以疾去。時梁冀貴盛，被其徵命者，莫敢不應，唯飁前後三辟，竟不能屈。後舉賢良方正，[1]不應。又公車徵，玄纁備禮，[2]固辭廢疾。常隱處竄身，慕老聃清静，杜絕人事，巷生荆棘，十有餘歲。至延熹二年，[3]乃開門延賓，游談宴樂，及秋而梁冀誅，年終而飆卒，時年五十。蔡邕以爲知命。[4]自飆曾祖父揚至飆孫恂，六世一身，皆知名云。

[1]【今注】賢良方正：中國古代選拔人才的科目之一。西漢文帝時，由郡國推舉文學之士充選。亦稱"賢良文學"。賢良，指品德高尚；方正，指品行端正。

[2]【今注】玄纁：指帝王用作延聘賢士的禮品。

[3]【今注】延熹：東漢桓帝劉志年號（158—167）。

[4]【今注】蔡邕：字伯喈，陳留圉（今河南杞縣）人。東漢名儒。傳見本書卷六〇下。

　　黄瓊字世英，江夏安陸人，[1]魏郡太守香之子也。[2]香在《文苑傳》。瓊初以父任爲太子舍人，[3]辭病不就。遭父憂，[4]服闋，[5]五府俱辟，[6]連年不應。

[1]【今注】江夏：郡名。治西陵（今湖北武漢市新洲區西）。安陸：縣名。治所在今湖北雲夢縣。

[2]【今注】魏郡：治鄴縣（今河北臨漳縣西南鄴鎮）。

[3]【今注】太子舍人：官名。掌行令書、表啓等。秦置此官，西漢因之，比郎中。東漢無員限，更直宿衞。

[4]【今注】父憂：父親喪事。

[5]【今注】服闋：守孝期滿。

[6]【今注】五府：官署合稱。西漢指丞相、御史大夫、車騎將軍、前將軍、後將軍府。東漢指太傅、太尉、司徒、司空、大將

軍府。

永建中，公卿多薦瓊者，於是與會稽賀純、廣漢楊厚俱公車徵。[1] 瓊至綸氏，稱疾不進。[2] 有司劾不敬，詔下縣以禮慰遣，遂不得已。先是徵聘處士多不稱望，李固素慕於瓊，[3] 乃以書逆遺之曰："聞已度伊、洛，近在萬歲亭，豈即事有漸，將順王命乎？[4] 蓋君子謂伯夷隘，柳下惠不恭，故傳曰'不夷不惠，可否之閒'，[5] 蓋聖賢居身之所珍也。誠遂欲枕山棲谷，擬跡巢、由，[6] 斯則可矣；若當輔政濟民，今其時也。自生民以來，善政少而亂俗多，必待堯舜之君，此爲志士終無時矣。常聞語曰：'嶢嶢者易缺，皦皦者易汙。'[7] 陽春之曲，和者必寡，盛名之下，其實難副。[8] 近魯陽樊君被徵初至，朝廷設壇席，猶待神明。[9] 雖無大異，而言行所守無缺。[10] 而毀謗布流，應時折減者，豈非觀聽望深，聲名太盛乎？自頃徵聘之士，胡元安、薛孟嘗、朱仲昭、顧季鴻等，[11] 其功業皆無所採，是故俗論皆言處士純盜虛聲。願先生弘此遠謨，令眾人歎服，一雪此言耳。"瓊至，即拜議郎，稍遷尚書僕射。

[1]【今注】案，大德本、殿本脫"與"字。　會稽：郡名。秦始皇二十五年（前222）置，治吳縣（今江蘇蘇州市）。東漢順帝永建四年（129）徙治山陰縣（今浙江紹興市）。　賀純：本書卷六三《李固傳》李賢注引《謝承書》曰："純字仲真，會稽山陰人。少爲諸生，博極群藝。十辟公府，三舉賢良方正，五徵博士，四公車徵，皆不就。後徵拜議郎，數陳災異，上便宜數百事，多見

省納。遷江夏太守。” 廣漢：郡名。西漢高祖六年（前201）置，初治乘鄉縣（今四川金堂縣東），後徙治梓潼縣（今四川梓潼縣）。公孫述改名子同郡。東漢復爲廣漢郡。安帝永初二年（108）移治涪縣（今四川綿陽市東），後又徙治雒縣（今四川廣漢市）。 楊厚：字仲桓，廣漢新都（今四川成都市新都區）人。傳見本書卷三〇上。

[2]【李賢注】綸氏即夏之綸國，少康之邑也。《竹書紀年》云：“楚及秦伐鄭綸氏。”今洛州故嵩陽縣城是（紹興本、大德本、殿本句末有“也”字，可從）。【今注】綸氏：縣名。治所在今河南登封市西南。

[3]【今注】李固：字子堅，漢中南鄭（今陝西漢中市）人。傳見本書卷六三。

[4]【李賢注】萬歲亭在今洛州故嵩陽縣西北。武帝元封元年，幸緱氏，登太室，聞山上呼萬歲聲者三，因以名焉。【今注】萬歲亭：在今河南登封市西北。

[5]【李賢注】《論語》孔子曰，伯夷、叔齊不降其志，不辱其身。謂柳下惠、少連降志辱身。我則異於是，無可無不可。鄭玄注云：不爲夷、齊之清，不爲惠、連之屈，故曰異於是也。

[6]【今注】巢：巢父。傳說中遠古時人。許由之友，堯以天下讓之，不受。 由：許由。傳說中遠古時人。相傳堯擬讓位於他，他逃遁於箕山下隱居。後堯又請其任九州長官，他不願聽堯召喚，跑到潁水濱洗耳。以示其志行高潔。《史記》卷六一《伯夷列傳》引皇甫謐《高士傳》云：“許由字武仲。堯聞致天下而讓焉，乃退而遁於中嶽潁水之陽，箕山之下隱。堯又召爲九州長，由不欲聞之，洗耳於潁水濱。時有巢父牽犢欲飲之，見由洗耳，問其故。對曰：‘堯欲召我爲九州長，惡聞其聲，是故洗耳。’巢父曰：‘子若處高岸深谷，人道不通，誰能見子？子故浮游，欲聞求其名譽。污吾犢口。’牽犢上流飲之。許由歿，葬此山，亦名許由山。”

　　［7］【今注】嶢嶢者易缺皦皦者易汙：高險者容易缺損，潔淨者容易玷汙。

　　［8］【李賢注】宋玉對楚襄王問曰："客有歌於郢中者，爲下里巴人，國中屬而和者數千人；爲陽春白雪，屬而和者不過數百人。是其曲彌高，其和彌寡。"

　　［9］【李賢注】樊君，樊英也。事具《英傳》。【今注】樊君：樊英，字季齊，南陽魯陽（今河南魯山縣）人。傳見本書卷八二上。

　　［10］【今注】案，無缺，大德本、殿本作"亦無所缺"。

　　［11］【今注】胡元安：《初學記》卷一八《人部中·貧第六》引《先賢行狀》曰："胡定字元安。至行絶人。居喪。雉兔遊其庭。縣令遣户曹掾問定。定已絶穀。"　薛孟嘗：本書卷三九《劉趙淳于江劉周趙傳》有"序"曰："安帝時，汝南薛包孟嘗，好學篤行，喪母，以至孝聞。""建光中，公車特徵，至，拜侍中。包性恬虚，稱疾不起，以死自乞。有詔賜告歸，加禮如毛義。年八十餘，以壽終。"對薛孟嘗略有叙述。王先謙《後漢書集解》謂："《東觀記》'包'作'苞'。"曹金華《後漢書稽疑》案："《御覽》卷四九一引《東觀記》、《後漢紀》卷十一、《御覽》卷四一三與《類聚》卷二十引《汝南先賢傳》皆作'汝南薛苞，字孟嘗'。《風俗通義·過譽》作'薛孟嘗'。"（中華書局2014年版，第370頁）　顧季鴻：顧奉，字季鴻。《三國志》卷五二《吳書·顧雍傳》裴松之注引《吳録》曰："雍曾祖父奉，字季鴻，潁川太守。"宋熊方等撰、劉祐仁點校《後漢書三國志補表三十種·三國志世系表》（中華書局1984年版）所載亦同。本書卷三六《張霸傳》載"（張霸）永元中爲會稽太守，表用郡人處士顧奉、公孫松等。奉後爲潁川太守，松爲司隸校尉，並有名稱。其餘有業行者，皆見擢用。郡中争屬志節，習經者以千數，道路但聞誦聲"。本書卷七九下《儒林傳下》載"程曾字秀升，豫章南昌人也。受業長安，習《嚴氏春秋》，積

十餘年，還家講授。會稽顧奉等數百人常居門下”。

　　初，瓊隨父在臺閣，[1]習見故事。[2]及後居職，達練官曹，[3]爭議朝堂，莫能抗奪。時連有灾異，瓊上疏順帝曰：“間者以來，卦位錯謬，[4]寒燠相干，蒙氣數興，日闇月散。[5]原之天意，殆不虛然。陛下宜開石室，案河洛，[6]外命史官，悉條上永建以前至漢初灾異，與永建以後訖于今日，孰爲多少。又使近臣儒者參考政事，數見公卿，察問得失。諸無功德者，宜皆斥黜。臣前頗陳灾眚，并薦光禄大夫樊英、太中大夫薛包及會稽賀純、廣漢楊厚，未蒙御省。伏見處士巴郡黃錯、漢陽任棠，[7]年皆耆耋，有作者七人之志。[8]宜更見引致，助崇大化。”於是有詔公車徵錯等。

　　[1]【今注】臺閣：指尚書。
　　[2]【今注】故事：昔日的典章制度。
　　[3]【今注】達練官曹：對官府運轉駕輕就熟。
　　[4]【李賢注】《易乾鑿度》曰：“求卦主歲術常以太歲爲歲紀歲，七十六爲一紀，二十紀爲一蔀首。即置積蔀首歲數，加所入紀歲數，以三十二除之，不足除者以乾坤始數二卦而得一歲，未算即主歲之卦也。”
　　[5]【李賢注】蒙，陰闇也。散謂不精明。
　　[6]【李賢注】石室，藏書之府。河洛，圖書之文也。
　　[7]【今注】巴郡：郡名。治江州（今重慶江北區）。　任棠：東漢漢陽上邽人，有奇節，隱居教授。事見本書卷五一《龐參傳》。
　　[8]【李賢注】《論語》曰：“作者七人。”注云：“謂伯夷、叔齊、虞仲、夷逸、朱張、柳下惠、少連。”【今注】案，志，殿

本作“諭”。

　　三年，大旱，瓊復上疏曰：“昔魯僖遇旱，以六事自讓，躬節儉，閉女謁，放讒佞者十三人，誅稅民受貨者九人，[1]退舍南郊，天立大雨。今亦宜顧省政事，有所損闕，務存質儉，以易民聽。尚方御府，息除煩費。明勑近臣，使遵法度，如有不移，示以好惡。數見公卿，引納儒士，訪以政化，使陳得失。又囚徒尚積，多致死亡，亦足以感傷和氣，招降灾旱。若改敝從善，擇用嘉謀，則灾消福至矣。”書奏，引見德陽殿，使中常侍以瓊奏書屬主者施行。[2]

　　[1]【李賢注】《春秋考異郵》曰“僖公之時，雨澤不澍，比于九月，人大驚懼（人，殿本作‘公’，可從），率群臣禱山川，以六過自讓，絀女謁，放下讒佞郭都之等十三人，誅領人之吏受貨略趙祝等九人。曰：‘辜在寡人。方今天旱（天，大德本作“大”，可從），野無生稼，寡人當死，百姓何謗，請以身塞無狀’”也。

　　[2]【今注】中常侍：官名。初稱常侍，西漢元帝以後稱中常侍。凡列侯、將軍、卿大夫、將、都尉、尚書以至郎中，加此得出入禁中，常侍皇帝左右。武帝以後參與朝議，成爲中朝官。無定員。《資治通鑑》卷二八胡三省注根據《百官公卿表》指出，侍中、中常侍皆加官，西漢時參用士人，東漢時乃以宦者爲中常侍。

　　自帝即位以後，不行籍田之禮。[1]瓊以國之大典不宜久廢，上疏奏曰：“自古聖帝哲王，莫不敬恭明祀，增致福祥，故必躬郊廟之禮，親籍田之勤，以先群萌，率勸農功。昔周宣王不籍千畝，虢文公以爲大譏，卒有姜戎之難，終損中興之名。[2]竊見陛下遵稽古之鴻業，體虔肅以應天，順時奉元，懷柔百神，朝夕觸塵埃於道路，[3]晝暮聆庶政以卹人。雖《詩》詠成湯之不怠遑，《書》美文王之不暇食，誠不能加。[4]今廟祀適闋，而祈穀絜齋之事，近在明日。臣恐左右之心，不欲屢動聖躬，以爲親耕之禮，可得而廢。臣聞先王制典，籍田有日，司徒咸戒，司空除壇。先時五日，有協風之應，王即齋宮，饗醴載耒，誠重之也。自癸巳以來，仍西北風，甘澤不集，寒涼尚結。[5]迎春東郊，既不躬親，先農之禮，所宜自勉，以逆和氣，以致時風。[6]《易》曰：‘君子自强不息。’斯其道也。”[7]書奏，帝從之。

[1]【今注】籍田之禮：學界對這一主題研究甚多，爭議也不少。特別是隨着清華簡《繫年》的公布，關於這一學術問題的討論更加深入。參見楊寬《“籍禮”新探》，載《西周史》，上海人民出版社 2003 年版，第 268—283 頁；雷曉鵬《從清華簡〈繫年〉看周宣王“不籍千畝”的真相》，《農業考古》2014 年第 4 期；寧鎮疆《周代“籍禮”補議——兼説商代無“籍田”及“籍禮”》，《中國史研究》2016 年第 1 期；等等。

[2]【李賢注】《國語》曰，宣王即位，不籍千畝。虢文公諫曰：“夫人之大事在農，上帝之粢盛於是乎出，故稷爲太官（太，大德本、殿本作‘大’）。古者太史順時覛土（覛，大德本作‘頒’），農祥晨正日月，底于天廟（天，大德本作‘太’）。先時九日，太史告稷曰：‘陽氣俱蒸，土膏其動。’稷以告王，王即齋宮，百官御事。王耕一墢，班三之，庶人終于千畝。”王弗聽，

後師敗績于姜氏之戎。墢音扶發反。

[3]【今注】案，埃，大德本作"俟"。

[4]【李賢注】《詩·商頌》曰："不僭不濫（僭，殿本作'潛'），不敢怠遑。"《書》曰"文王至于日中昃，不遑暇食"也。

[5]【李賢注】西北風曰不周風，亦曰厲風，見《呂氏春秋》也。

[6]【李賢注】《五經通義》曰（殿本無"五經"二字）："八風者，八卦之氣。八風以時至，則陰陽變化之道成，萬物得以時育生之（殿本句末有'也'字）。"

[7]【李賢注】《乾卦象》曰"天行健，君子以自強不息"也。

頃之，遷尚書令。瓊以前左雄所上孝廉之選，專用儒學文吏，於取士之義，猶有所遺，乃奏增孝悌及能從政者爲四科，事竟施行。又雄前議舉吏先試之於公府，又覆之於端門，後尚書張盛奏除此科。瓊復上言："覆試之作，將以澄洗清濁，覆實虛濫，不宜改革。"帝乃止。出爲魏郡太守，稍遷太常。和平中，[1]以選入侍講禁中。

[1]【今注】和平：東漢桓帝劉志年號（150）。

元嘉元年，[1]遷司空。[2]桓帝欲褒崇大將軍梁冀，使中朝二千石以上會議其禮。特進胡廣、太常羊溥、司隸校尉祝恬、太中大夫邊韶等，[3]咸稱冀之勳德，其制度賚賞，以宜比周公，[4]錫之山川、土田、附庸。[5]瓊獨建議曰："冀前以親迎之勞，增邑三千，又其子胤亦加封賞。昔周公輔相成王，制禮作樂，化致太平，是以大啓土宇，開地七百。[6]今諸侯以户邑爲制，不以里數爲限。蕭何識高祖於泗水，霍光定傾危以興國，皆益户增封，以顯其功。[7]冀可比鄧禹，[8]合食四縣，賞賜之差，同於霍光，使天下知賞必當功，爵不越德。"朝廷從之。冀意以爲恨。會以地動策免。復爲太僕。

[1]【今注】元嘉：東漢桓帝劉志年號（151—153）。

[2]【今注】司空：官名。三公之一。西漢成帝綏和元年（前8）由御史大夫改名大司空，秩萬石。哀帝建平二年（前5）復名御史大夫，元壽二年（前1）又名大司空，遂成定制。東漢初年因之，光武帝建武二十七年（51）去"大"字，改名司空。

[3]【今注】特進：官名。西漢置，凡諸侯功德優盛、朝廷敬異者賜特進，位在三公下，得自辟僚屬。東漢爲加官，從本官車服，無吏卒，唯食其禄賜、列其班位。　羊溥：宋熊方等撰、劉祜仁點校《後漢書三國志補表三十種·熊氏後漢書年表校補》："校曰：時廣爲特進，太常乃羊溥，見《黃瓊傳》，疑即《羊續傳》續父儒也，但名互異耳。以敦案：是年十一月，黃瓊始拜司空，代之者爲羊溥，胡廣爲太常當在二年。又《袁紀》稱太常羊儒，可爲儒即溥之證。"曹金華《後漢書稽疑》卷三一《羊續傳》亦按："羊儒，《後漢紀》卷二一同。《崔駰傳》載桓帝時'大司農羊傅'，《黃瓊傳》載桓帝時'太常羊溥'，與本傳羊儒各一見，實爲一人，以字形近而訛。"（第440頁）　祝恬：本書卷七《桓帝紀》載"大司農黃瓊爲太尉，光禄大夫中山祝恬爲司徒"，"（延熹三年）六月辛丑，司徒祝恬薨"，李賢注："恬字伯休，盧奴人。"本書《百官志一》劉昭注引應劭曰："若乃中山祝恬，踐周、召之列，當軸處中，忘謇諤之節，憚首尾之譏，縣囊捉撮，無能清澄，其與申

屠須責鄧通，王嘉封還詔書，邈矣乎！"《三國志》卷三一《蜀書‧劉二牧傳》載劉焉"以師祝公喪去官"，裴松之案："祝公，司徒祝恬也。"　太中大夫：官名。亦作大中大夫。秦、西漢初位居諸大夫之首。西漢武帝太初元年（前104）以後次於光禄大夫，秩比千石。掌顧問應對。東漢秩千石，後期權任漸輕。　邊韶：字孝先，陳留浚儀（今河南開封市）人。以文章知名。東漢桓帝時，爲臨潁侯相，徵拜太中大夫，著作東觀。傳見本書卷八〇上。案，韶，殿本作"詔"。

[4]【今注】以宜比周公：沈欽韓《後漢書疏證》謂袁宏《後漢紀》無"以"字，似乎更順。

[5]【李賢注】《詩‧魯頌》曰："王曰叔父，建爾元子，俾侯于魯，大啓爾宇（紹興本、大德本、殿本無'大'字，'宇'前有'土'字），爲周室輔。乃命魯公，俾侯于東，錫之山川，土田附庸。"注云："王，成王也。叔父，周公也。"

[6]【李賢注】《禮記‧明堂位》曰"周公相武王以伐紂。武王崩，成王幼弱，周公踐天子位，以理天下。七年，致政於成王。成王以周公有勳勞於天下（殿本無'成王'二字），是以封周公於曲阜，地方七百里，革車千乘，命魯公世世祀周公以天子之禮樂"也。

[7]【李賢注】高祖爲泗上亭長，蕭何佐之，後拜何爲相國，益封五千户。霍光廢昌邑王，立宣帝，後益封光萬七千户。【今注】蕭何：沛（今江蘇沛縣）人。漢初重臣。世家見《史記》卷五三，傳見《漢書》卷三九。王先謙《後漢書集解》："《通鑑》胡注，蕭何惟劍履上殿入朝不趨，何嘗謁贊不名也。君前臣名禮也。冀何如人而寵秩之至此乎！"　霍光：字子孟，河東平陽（今山西臨汾市西南）人。霍去病之弟。西漢武帝死後，他與桑弘羊等受遺詔立昭帝爲嗣。昭帝時八歲，霍光以大司馬大將軍輔政。昭帝死，他又立昌邑王劉賀爲帝，不久又廢，迎立漢武帝曾孫劉詢爲帝。先

後執政二十年。傳見《漢書》卷六八。

　　[8]【今注】鄧禹：字仲華，南陽新野（今河南新野縣）人。東漢初大將、名臣。傳見本書卷一六。

　　永興元年，[1]遷司徒，轉太尉。梁冀前後所託辟召，一無所用。雖有善人而爲冀所飾舉者，亦不加命。延熹元年，以日食免。復爲大司農。明年，梁冀被誅，太尉胡廣、司徒韓縯、司空孫朗皆坐阿附免廢，[2]復拜瓊爲太尉。以師傅之恩，而不阿梁氏，乃封爲邟鄉侯，[3]邑千戶。瓊辭疾讓封六七上，言旨懇惻，乃許之。梁冀既誅，瓊首居公位，舉奏州郡素行貪汙至死徙者十餘人，海內由是翕然望之。尋而五侯擅權，傾動內外，自度力不能匡，乃稱疾不起。[4]四年，以寇賊免。其年復爲司空。秋，以地震免。

　　[1]【今注】永興：東漢桓帝劉志年號（153—154）。
　　[2]【今注】韓縯：桓帝永壽元年（155），太常韓縯爲司空。永壽三年，爲司徒。惠棟《後漢書補注》謂《風俗通》“縯”作“演”。　孫朗：字代平，北海（今山東昌樂縣）人。永壽三年爲由太常爲司空。本書卷七《桓帝紀》載，延熹二年（159），大將軍梁冀謀爲亂不成而被迫自殺，“司徒韓縯、司空孫朗下獄”。李賢注引《東觀記》曰：“並坐不衞宮，止長壽亭，減死一等，以爵贖之。”本書卷四四《胡廣傳》載：“延熹二年，大將軍梁冀誅，廣與司徒韓縯、司空孫朗坐不衞宮，皆減死一等，奪爵土，免爲庶人。”
　　[3]【李賢注】《說文》云“邟，潁川縣”也（潁，紹興本、殿本作“穎”）。漢潁川有周承休侯國（潁，紹興本、大德本、殿本作“穎”），元始二年更名曰邟，音亢。

[4]【李賢注】五侯謂左悺、徐璜等。【今注】五侯：大將軍梁冀被滅之後，下詔封單超等五人爲縣侯，稱爲“五侯”，即新豐侯單超、武原侯徐璜、東武陽侯具瑗、上蔡侯左悺、汝陽侯唐衡。後又稱“五邪”。事見本書卷七《桓帝紀》、卷七八《宦者傳》。

七年，疾篤，上疏諫曰：“臣聞天者務剛其氣，君者務彊其政。是以王者處高自持，不可不安；履危任力，不可不據。夫自持不安則顛，任力不據則危。故聖人升高據上，則以德義爲首；涉危蹈傾，則以賢者爲力。唐堯以德化爲冠冕，以稷、契爲筋力。高而益崇，動而愈據，此先聖所以長守萬國，保其社稷者也。昔高皇帝應天順民，奮劍而王，埽除秦、項，革命創制，降德流祚。至於哀、平，[1]而帝道不綱，[2]秕政日亂，遂使姦佞擅朝，外戚專恣。所冠不以仁義爲冕，所蹈不以賢佐爲力，終至顛蹶，滅絕漢祚。天維陵弛，[3]民鬼慘愴，賴皇乾眷命，炎德復輝。光武以聖武天挺，繼統興業，創基冰泮之上，立足枳棘之林。[4]擢賢於衆愚之中，畫功於無形之世。[5]崇禮義於交争，循道化於亂離。是自歷高而不傾，任力危而不跌，興復洪祚，開建中興，光被八極，垂名無窮。至於中葉，盛業漸衰。陛下初從藩國，爰升帝位，天下拭目，謂見太平。而即位以來，未有勝政。諸梁秉權，豎宦充朝，重封累職，傾動朝廷，卿校牧守之選，皆出其門，羽毛齒革、明珠南金之寶，殷滿其室，[6]富擬王府，執回天地。言之者必族，附之者必榮。忠臣懼死而杜口，萬夫怖禍而木舌，[7]塞陛下耳目之明，更爲聾瞽之主。

故太尉李固、杜喬，忠以直言，德以輔政，念國亡身，[8]隕歿爲報，而坐陳國議，遂見殘滅。[9]賢愚切痛，海内傷懼。又前白馬令李雲，指言宦官罪穢宜誅，皆因衆人之心，以救積薪之敝。[10]弘農杜衆，[11]知雲所言宜行，懼雲以忠獲罪，故上書陳理之，乞同日而死，所以感悟國家，庶雲獲免。而雲既不幸，衆又并坐，天下尤痛，益以怨結，故朝野之人，以忠爲諱。昔趙殺鳴犢，孔子臨河而反。夫覆巢破卵，則鳳皇不翔；刳牲夭胎，[12]則麒麟不臻。誠物類相感，理使其然。[13]尚書周永，昔爲沛令，[14]素事梁冀，幸其威執，坐事當罪，越拜令職。見冀將衰，乃陽毀示忠，遂因姦計，亦取封侯。又黃門協邪，群輩相黨，自冀興盛，腹背相親，朝夕圖謀，共搆姦軌。臨冀當誅，無可設巧，復記其惡，以要爵賞。陛下不加清澂，審別真偽，復與忠臣竝時顯封，使朱紫共色，粉墨雜糅，所謂抵金玉於沙礫，[15]碎珪璧於泥塗。四方聞之，莫不憤歎。昔曾子大孝，慈母投杼；[16]伯奇至賢，終於流放。[17]夫讒諛所舉，無高而不可升；相抑，[18]無深而不可淪。可不察歟？臣至頑駑，世荷國恩，身輕位重，勤不補過，然懼於永歿，負釁益深。敢以垂絶之日，陳不諱之言，庶有萬分，無恨三泉。"[19]其年卒，時年七十九。贈車騎將軍，[20]謚曰忠侯。孫琬。

[1]【今注】哀：西漢哀帝劉欣，公元前7年至前1年在位。紀見《漢書》卷一一。　平：西漢平帝劉衎，公元前1年至5年在位。紀見《漢書》卷一二。

［2］【今注】案，而，殿本作"則"。

［3］【今注】案，弛，大德本作"陑"。

［4］【李賢注】泮冰諭危陷（泮冰，殿本作"冰泮"；諭，大德本、殿本作"喻"，本注下同）。枳棘諭艱難。

［5］【李賢注】形，兆也。言未有天下之兆。"畫"或作"書"也。

［6］【李賢注】殷，盛也。

［7］【李賢注】《法言》曰"金口木舌"也。

［8］【今注】案，亡，大德本、殿本作"忘"。

［9］【李賢注】坐音才臥反。

［10］【李賢注】賈誼上疏曰"夫抱火厝之積薪之下而寢其上（大德本、殿本無前一'之'），火未及然，因謂之安。方今之政，何以異此"也。

［11］【今注】弘農：西漢武帝元鼎四年（前113）置，治弘農縣（今河南靈寶市北故函谷關城）。

［12］【今注】案，胎，大德本作"台"。

［13］【李賢注】《史記》曰，孔子將西見趙簡子，至於河而聞竇鳴犢、舜華之死也，臨河而歎曰："美哉洋洋，丘之不濟此，命也夫！竇鳴犢、舜華，晉之賢大夫也。趙簡子未得志之時（未，大德本、殿本作'不'），須此兩人而後從政，及其得志而殺之。丘聞刳胎殺夭，則麒麟不至郊藪；涸澤而漁，則蛟龍不合陰陽（不合陰陽，殿本作'不處其淵'）；覆巢毀卵，則鳳皇不翔。何則？君子諱傷其類也。"事亦見《孔子家語》文也。

［14］【今注】沛：縣名。治所在今江蘇沛縣。

［15］【李賢注】抵，投也，音紙。

［16］【李賢注】解見《寇榮傳》。【今注】曾子大孝慈母投杼：本書卷一六《寇榮傳》李賢注："《史記》曰，昔曾參之處費，魯人有與曾參同姓名，殺人。人告其母曰'曾參殺人'，其母織自若也。又一人告之曰'曾參殺人'，其母尚織自若也。又一人告之

曰‘曾參殺人’，其母乃投杼下機，踰牆而走。夫以曾參之賢，其母猶生疑於三告。”

[17]【李賢注】《說菀》曰（菀，紹興本、大德本、殿本作“苑”，是）“王國子前母子伯奇，後母子伯封（封，大德本作‘持’）。後母欲其子立爲太子，說王曰：‘伯奇好妾（奇，殿本作“子”）。’王不信。其母曰：‘令伯奇於後園，妾過其旁，王上臺視之，即可知。’王如其言，伯奇入園，後母陰取蜂十數置單衣中，過伯奇邊曰：‘蜂螫我。’伯奇就衣中取蜂殺之。王遙見之，乃逐伯奇”也。

[18]【今注】相抑：王先謙《後漢書集解》引王補說，謂袁宏《後漢紀》作“阿黨相抑”。中華本校勘記按：“‘阿黨相抑’，與上‘讒諛所舉’，相對成文，今依《袁紀》補‘阿黨’二字。”可從補。

[19]【李賢注】三者數之極。一生二，一生三（一，紹興本、大德本、殿本作“二”，可從），三生萬物，天地人之極數。故以三爲名者，取其深之極也。

[20]【今注】車騎將軍：官名。東漢時權勢尤重，位比三公，常以貴戚充任，秩萬石。掌征伐，亦參政。

琬字子琰。少失父。[1]早而辯慧。祖父瓊，初爲魏郡太守，建和元年正月日食，京師不見而瓊以狀聞。太后詔問所食多少，瓊思其對而未知所況。琬年七歲，在傍，曰：“何不言日食之餘，如月之初？”瓊大驚，即以其言應詔，而深奇愛之。後瓊爲司徒，琬以公孫拜童子郎，辭病不就，知名京師。時司空盛允有疾，[2]瓊遣琬候問，會江夏土蠻賊事副府，[3]允發書視畢，微戲琬曰：“江夏大邦，而蠻多士少。”琬奉手對曰：“蠻夷猾夏，責在司空。"[4]因拂衣辭去。允甚奇之。

[1]【今注】少失父：惠棟《後漢書補注》謂《文選》注引云"少失父母"。

[2]【今注】盛允：桓帝延熹二年（159），大鴻臚梁國盛允爲司空。三年，司空盛允爲司徒。四年，司徒盛允免。事見本書卷七《桓帝紀》。李賢注曰："允字伯代。"中華本校勘記認爲，據《司徒盛允碑》，允字伯世，此作"代"，是避唐諱改。又，曹金華《後漢書稽疑》指出，據《桓帝紀》《黃瓊傳》，瓊爲司徒在永興元年、二年，盛允爲司空在延熹二年、三年，不當謂"時"（第806頁）。

[3]【李賢注】副本詣公府也。【今注】江夏：郡名。治西陵縣（今湖北武漢市新洲區西）。　案，土，大德本、殿本作"上"。

[4]【今注】案，宋文民《後漢書考釋》："琬爲瓊孫，江夏安陸人，故司空盛允戲之。蠻夷猾夏乃司空主之，故琬云司空，反譏之。"

稍遷五官中郎將。[1]時陳蕃爲光禄勳，深相敬待，數與議事。舊制，光禄舉三署郎，以高功久次才德尤異者爲茂才四行。[2]時權富子弟多以人事得舉，而貧約守志者以窮退見遺，京師爲之謠曰："欲得不能，光禄茂才。"[3]於是琬、蕃同心，顯用志士，平原劉醇、河東朱山、蜀郡殷參等並以才行蒙舉。[4]蕃、琬遂爲權富郎所見中傷，事下御史中丞王暢、侍御史刁韙。[5]韙、暢素重蕃、琬，不舉其事，而左右復陷以朋黨。暢坐左轉議郎而免蕃官，琬、韙俱禁錮。

[1]【今注】五官中郎將：官名。秦置。西漢隸光禄勳，主中

郎，秩比二千石。東漢時，部分侍郎、郎中亦歸其統率。職掌宿衞
殿門，出充車騎。

[2]【李賢注】久次謂久居官次也。

[3]【李賢注】能音乃來反。

[4]【今注】平原：郡名。治平原縣（今山東平陽縣西南）。
河東：郡名。治安邑縣（今山西夏縣西北）。　蜀郡：郡名。治
成都縣（今四川成都市）。

[5]【今注】案，紹興本、大德本、殿本脫“中”字。

　　麗字子榮，彭城人。[1]後陳蕃被徵，而言事者多訟
麗，復拜議郎，遷尚書。在朝有鯁直節，[2]出爲魯、東
海二郡相。[3]性抗厲，有明略，所在稱神。常以法度自
整，家人莫見憜容焉。

[1]【今注】彭城：縣名。治所在今江蘇徐州市。

[2]【今注】案，大德本“節”前有“臣”字。

[3]【今注】魯：郡名。治魯縣（今山東曲阜市東北）。　東
海：郡名。治郯縣（今山東郯城縣西北）。

　　琬被廢弃幾二十年。至光和末，[1]太尉楊賜上書薦
琬有撥亂之才，[2]由是徵拜議郎，擢爲青州刺史，遷侍
中。中平初，[3]出爲右扶風，[4]徵拜將作大匠、少府、
太僕。[5]又爲豫州牧。[6]時寇賊陸梁，州境彫殘，琬討
擊平之，威聲大震。政績爲天下表，封關內侯。

[1]【今注】光和：東漢靈帝劉宏年號（178—184）。

[2]【今注】楊賜：字伯獻，弘農華陰（今陝西華陰市東）

人。靈帝光和五年拜太尉。傳見本書卷五四。

[3]【今注】中平：東漢靈帝劉宏年號（184—189）。

[4]【今注】右扶風：官名。漢置，掌治内史右地。漢初稱主爵中尉，掌列侯。西漢景帝中元六年（前144）改稱都尉，武帝太初元年（前104）又改名右扶風，治内史右地，與左馮翊、京兆尹合稱三輔。東漢建都雒陽，改河南郡爲尹，因陵廟在三輔，故不改其名，祇改其俸。

[5]【今注】將作大匠：官名。秦稱將作少府，掌治宮室。西漢景帝中元六年改稱將作大匠。東漢沿置，秩二千石，掌修作宗廟、路寢、宮室、陵園土木工程等。

[6]【今注】豫州：西漢武帝時置十三部刺史之一。東漢時治譙縣（今安徽亳州市）。

　　及董卓秉政，[1]以琬名臣，徵爲司徒，遷太尉，更封陽泉鄉侯。卓議遷都長安，琬與司徒楊彪同諫不從。[2]琬退而駁議之曰："昔周公營洛邑以寧姬，光武卜東都以隆漢，[3]天之所啓，神之所安。大業既定，豈宜妄有遷動，以虧四海之望？"時人懼卓暴怒，琬必及害，固諫之。琬對曰："昔白公作亂於楚，屈廬冒刃而前；[4]崔杼弑君於齊，晏嬰不懼其盟。[5]吾雖不德，誠慕古人之節。"琬竟坐免。卓猶敬其名德舊族，不敢害。後與楊彪同拜光禄大夫，及徙西都，轉司隸校尉，與司徒王允同謀誅卓。[6]及卓將李傕、郭汜攻破長安，遂收琬下獄死，時年五十二。

[1]【今注】董卓：字仲穎，隴西臨洮（今甘肅岷縣）人。傳見本書卷七二。

　　[2]【今注】楊彪：字文先，弘農華陰（今陝西華陰市東）人。楊賜之子。靈帝中平六年（189）冬，代黃琬爲司徒。傳見本書卷五四。

　　[3]【今注】案，卜，殿本作“下”，可從。

　　[4]【李賢注】《新序》曰：“白公勝殺楚惠王，王出亡，令尹、司馬皆死，勝拔劍而屬之於屈廬曰：‘子與我，將舍子，不我與（我與，大德本、殿本作“與我”，是），將殺子。’屈廬曰：‘《詩》有之曰：“莫莫葛藟（藟，大德本、殿本作‘虆’），延于條枚，愷悌君子，求福不回。”今子殺子叔父而求福於廬也，可乎？且吾聞之，知命之士，見利不動，臨死則死，是謂人臣之禮。故上知天命，下知臣道。其有可劫乎？子胡不推之！’白公勝乃入其劍焉。”

　　[5]【李賢注】解見《馮衍傳》。【今注】崔杼弑君於齊晏嬰不懼其盟：本書卷二八上《馮衍傳》李賢注引《晏子春秋》曰：“齊大夫崔杼弑齊莊公，乃劫諸大夫盟。有敢不盟者，戟鉤其頸，劍承其心，曰：‘不與崔氏而與公室者，盟神視之，言不疾，指不至血者死。’所殺者七人，而後及晏子。晏子奉血仰天曰：‘崔氏無道而殺其君，若有能復崔氏而嬰不與，盟神視之。’遂仰而飲血。崔氏曰：‘晏子與我，則齊國吾與共之；不與我，則戟在脰，劍在心，子圖之。’晏子曰：‘劫吾以刃而失其意，非勇也。留吾以利而背其君，非義也。《詩》云：“愷悌君子，求福不回。”嬰可回而求福乎？劍刃鉤之，直兵推之，嬰不革矣。’崔子遂釋之。”崔杼，春秋齊國大夫。齊靈公廢太子光，立牙爲太子。靈公病，崔杼迎立光即位，是爲齊莊公。崔杼爲卿而專國政。後崔杼又殺莊公，立其弟杵臼爲君，即齊景公。崔杼任右相，繼續專權。次年，崔杼爲左相慶封擊破，自殺。晏嬰，字平仲。春秋時齊國人，爲卿大夫。長於辭令，盡忠直諫。後人集其言論爲《晏子春秋》，行於世。考古發現的銀雀山漢簡《晏子春秋》爲目前現存最早的本子。（參見袁青

《銀雀山漢簡本〈晏子春秋〉探析》,《江漢學術》2017 年第 1 期)

[6]【今注】王允：字子師,太原祁(今山西祁縣)人。傳見本書卷六六。

論曰：古者諸侯歲貢士,進賢受上賞,[1]非賢貶爵土。升之司馬,辯論其才,論定然後官之,任官然後禄之。[2]故王者得其人,進仕勸其行,經邦弘務,所由久矣。漢初詔舉賢良、方正,州郡察孝廉、秀才,斯亦貢士之方也。中興以後,復增敦朴、有道、仁賢能、直言、獨行、高節、質直、清白、敦厚之屬。[3]榮路既廣,觖望難裁,自是竊名僞服,浸以流競。權門貴仕,請謁繁興。自左雄任事,限年試才,雖頗有不密,固亦因識時宜。而黄瓊、胡廣、張衡、崔瑗之徒,[4]泥滯舊方,互相詭駮,循名者屈其短,筭實者挺其効。故雄在尚書,天下不敢妄選,十餘年間,稱爲得人,斯亦効實之徵乎？順帝始以童弱反政,而號令自出,知能任使,故士得用情,天下喁喁仰其風采。遂乃備玄纁玉帛,以聘南陽樊英,天子降寢殿,設壇席,尚書奉引,延問失得。急登賢之舉,虚降己之禮,於是處士鄙生,忘其拘儒,[5]拂巾衽褐,[6]以企旌車之招矣。至乃英能承風,俊乂咸事,若李固、周舉之淵謨弘深,左雄、黄瓊之政事貞固,桓焉、楊厚以儒學進,崔瑗、馬融以文章顯,[7]吳祐、蘇章、种暠、欒巴牧民之良幹,[8]龐參、虞詡將帥之宏規,[9]王龔、張皓虚心以推士,[10]張綱、杜喬直道以糾違,郎顗陰陽詳密,[11]張衡機術特妙：東京之士,於兹盛焉。向使廟堂納其高謀，彊埸宣其智力，[12]帷幄容其謇辭，舉厝稟其成式，則武、宣之軌，豈其遠而？[13]《詩》云："靡不有初，鮮克有終。"可爲恨哉！及孝桓之時，碩德繼興，[14]陳蕃、楊秉處稱賢宰，[15]皇甫、張、段出號名將，[16]王暢、李膺彌縫袞闕，[17]朱穆、劉陶獻替匡時，[18]郭有道獎鑒人倫，[19]陳仲弓弘道下邑。[20]其餘宏儒遠智，高心絜行，激揚風流者，不可勝言。而斯道莫振，文武陵隊，在朝者以正議嬰戮，謝事者以黨錮致灾。往車雖折，而來軫方遒。[21]所以傾而未顛，決而未潰，豈非仁人君子心力之爲乎？嗚呼！

[1]【今注】案，上，殿本作"土"。

[2]【李賢注】《尚書大傳》曰"古者諸侯之於天子，三年一貢士。一適謂之好德，再適謂之賢賢，三適謂之有功。有功者，天子賜以車服弓矢，號曰命。諸侯有不貢士謂之不率正，一不適謂之過，再不適謂之傲，三不適謂之誣。誣者，天子絀之，一絀以爵，再絀以地，三絀而爵地畢"也。

[3]【今注】案，大德本、殿本無"仁"字。

[4]【今注】張衡：字平子，南陽西鄂（今河南南陽市北）人。精通天文、陰陽、曆算，創製渾天儀和候風地動儀，又善經學與文學。東漢安帝、順帝時曾任太史令、侍中、河間相等職。傳見本書卷五九。 崔瑗：字子玉，涿郡安平（今河北安平縣）人。爲東漢"宿德大儒"。傳見本書卷五二。

[5]【李賢注】拘儒猶褊狹也。【今注】案，宋文民《後漢書考釋》釋"拘儒"爲局促，"忘其拘儒"意即"忘其局促也"（上海古籍出版社1995年版，第255頁）。可備一說。

[6]【今注】拂巾衽褐：穿褐衣佩葛巾。

[7]【今注】馬融：字季長，扶風茂陵（今陝西興平市東北）人。東漢經學家。傳見本書卷六〇上。

[8]【今注】吳祐：字季英，陳留長垣（今河南長垣縣東北）人。曾任齊相，有治績。因不與梁冀權貴爲伍，出爲河間相。後自請免歸，不復仕。傳見本書卷六四。　蘇章：字孺文，扶風平陵（今陝西咸陽市西北）人。傳見本書卷三一。　种暠：字景伯，河南洛陽（今河南洛陽市東北）人。傳見本書卷五六。

[9]【今注】龐參：字仲達，河南緱氏（今河南偃師市）人。傳見本書卷五一。　虞詡：字升卿，陳國武平（今河南鹿邑縣西北）人。傳見本書卷五八。

[10]【今注】王龔：字伯宗，山陽高平（今山東鄒城市西南）人。傳見本書卷五六。　張皓：字叔明，犍爲武陽（今四川眉山市彭山區）人。傳見本書卷五六。

[11]【今注】郎顗：字雅光，北海安丘（今山東安丘市西南）人。晝研精義，夜占象度，勤心銳思，朝夕無倦。傳見本書卷三〇下。

[12]【今注】彊場宣其智力：疆場邊防上也能充分發揮其勇武謀略。

[13]【李賢注】而，語辭也。《論語》曰："豈不爾思，室是遠而。"

[14]【李賢注】碩，大也。

[15]【今注】楊秉：字叔節，弘農華陰（今陝西華陰市東）人。傳見本書卷五四。

[16]【今注】皇甫張段：即皇甫規、張奐、段熲，三人傳見本書卷六五。

[17]【李賢注】彌縫猶補合也。《詩》曰："袞職有闕，惟仲山甫補之。"

[18]【今注】朱穆：字公叔，南陽宛（今河南南陽市臥龍區）

人。傳見本書卷四三。　劉陶：字子奇，一名偉，潁川潁陰（今河南許昌市）人。傳見本書卷五七。

［19］【今注】郭有道：即郭太，字林宗，太原界休（今山西介休市東南）人。死後，四方之士千餘人皆來會葬。同志者乃共刻石立碑，蔡邕爲其文，既而謂涿郡盧植曰："吾爲碑銘多矣，皆有慙德，唯郭有道無愧色耳。"傳見本書卷六八。

［20］【今注】陳仲弓：陳寔，字仲弓，潁川許（今河南許昌市）人。傳見本書卷六二。

［21］【李賢注】《廣雅》曰："逪（逪，紹興本誤作'道'），急也。"

　　贊曰：雄作納言，古之八元。[1]舉升以彙，越自下蕃。[2]登朝理政，竝紓災昏。[3]瓊名夙知，累章國疵。[4]琬亦早秀，位及志差。[5]

［1］【今注】八元：古代傳説中的八個才子。《左傳》文公十八年："高辛氏有才子八人：伯奮、仲堪、叔獻、季仲、伯虎、仲熊、叔豹、季狸，忠肅共懿，宣慈惠和，天下之民謂之八元。"

［2］【李賢注】彙，類也。《易》曰："以其彙征吉。"彙音謂。

［3］【李賢注】紓，解也，音式余反。

［4］【李賢注】疵，病也。

［5］【李賢注】志意差舛，不能遂也。差音楚宜反。

後漢書　卷六二

列傳第五十二

荀淑 子爽 孫悦　韓韶　鍾皓　陳寔 子紀

　　荀淑字季和，潁川潁陰人也，[1]荀卿十一世孫也。[2]少有高行，博學而不好章句，[3]多爲俗儒所非，[4]而州里稱其知人。[5]安帝時，徵拜郎中，[6]後再遷當塗長。[7]去職還鄉里。當世名賢李固、李膺等皆師宗之。[8]

　　[1]【今注】潁川：郡名。治陽翟縣（今河南禹州市）。　潁陰：縣名。治所在今河南許昌市魏都區。

　　[2]【李賢注】卿名況，趙人也。爲楚蘭陵令。著書二十三篇（三，紹興本、大德本、殿本作“二”），號《荀卿子》。避宣帝諱，故改曰“孫”也。【今注】荀卿：戰國末儒家代表學者。傳見《史記》卷七四。

　　[3]【今注】章句：分析文字的章節與句讀，這裏指瑣碎的經學學問。可參閱楊權《論章句與章句之學》（《中山大學學報》2002 年第 4 期）、王寶利《再論章句與章句之學》（《社會科學論

壇》2007 年第 8 期）、唐元《章句學與兩漢儒學風向》（《勵耘學刊》2010 年第 1 期）、駱瑞鶴《漢代經學章句發展說略》（《人文論叢》2015 年第 1 期）、高海雲《漢代章句之學研究述評》（《社會科學動態》2020 年第 11 期）。

［4］【今注】俗儒：淺陋的經師、學者。

［5］【今注】州里：同鄉。　知人：惠棟《後漢書補注》："《先賢行狀》曰，'淑所拔韋褐、芻牧之中，執案、刀筆之吏，皆爲英彦'。"

［6］【今注】郎中：官名。漢承秦置。西漢有車、户、騎三將，内充侍衛，外從作戰。東漢罷郎中三將，遂分隸五官、左、右中郎將三署，備宿衛，充車騎。屬光禄勳，秩比三百石。

［7］【李賢注】當塗，縣名，故城在今宣州。【今注】當塗：縣名。治所在今安徽懷遠縣南。　長：縣長。萬户以上縣設縣令，秩千石；不足萬户設縣長，秩四百石或三百石。　案，再，大德本誤作"載"。

［8］【今注】李固：字子堅，漢中南鄭（今陝西漢中市）人。傳見本書卷六三。　李膺：字元禮，潁川襄城（今河南襄城縣）人。傳見本書卷六七。周天游《八家後漢書輯注》輯司馬彪《續漢書》卷四："淑有高才，王暢、李膺皆以爲師。"（上海古籍出版社 1986 年版，第 450 頁）

及梁太后臨朝，[1]有日食地震之變，詔公卿舉賢良方正，[2]光禄勳杜喬、少府房植舉淑對策，[3]譏刺貴倖，爲大將軍梁冀所忌，出補朗陵侯相。[4]蒞事明理，[5]稱爲神君。[6]

［1］【今注】梁太后：梁妠，漢順帝皇后。紀見本書卷一〇下。

〔2〕【今注】賢良方正：賢良爲漢代選舉科目。始於西漢文帝，常與方正、文學、能直言極諫者連稱，也稱賢良文學、賢良方正。

〔3〕【今注】光禄勳：秦稱郎中令，漢因之，西漢武帝時更名光禄勳，掌宮掖門户。秩中二千石，位列九卿。本書《百官志二》："光禄勳，卿一人，中二千石。本注曰：掌宿衛宮殿門户，典謁署郎更直執戟，宿衛門户，考其德行而進退之。郊祀之事，掌三獻。"

杜喬：字叔榮，河内林慮（今河南林州市）人。傳見本書卷六三。 少府：官名。漢承秦置。掌帝室財政。列位九卿，秩中二千石。本書《百官志三》："少府，卿一人，中二千石。本注曰：掌中服御諸物，衣服寶貨珍膳之屬。" 房植：字伯武，清河甘陵人，經李固舉薦出仕，歷任少府、河南尹、光禄勳、司空。爲河南尹時有名當朝。同郡周福爲尚書，二家賓客樹朋徒，相攻訐，由是甘陵有南北部，黨人之議自此始。位至司空。東漢桓帝永壽元年（155）免官。 對策：就政事、經義等設問，由應試者對答。自西漢起作爲取士考試的一種形式。

〔4〕【李賢注】《續漢書》曰，淑對策譏刺梁氏（紹興本、大德本、殿本無"譏"字），故出也。【今注】貴倖：位尊的寵臣。

大將軍：戰國以來掌征伐的高級武官，漢初爲臨時封號，位在三公下，事迄則罷。西漢武帝之後漸成常置，多冠以大司馬號，領尚書事，爲中朝官領袖。秩萬石。東漢多以貴戚擔任，位在三公之上。 梁冀：字伯卓，安定烏氏（今寧夏固原市東南）人。傳見本書卷三四。 朗陵：縣名。治所在今河南確山縣西南。 侯相：漢代侯國與縣同級，設侯相治民。案，本書卷七〇《荀彧傳》作"朗陵令"。曹金華《後漢書稽疑》："《廿二史考異》謂'漢制，縣爲侯國，則置侯相一人治之，其職與令長同，故亦通稱爲令也。東萊之不其亦侯國，而《董恢傳》稱除不其令'，其説或是。"（中華書局 2014 年版，第 813 頁）

［5］【今注】莅事：處理公務。

［6］【今注】案，周天游《八家後漢書輯注》輯袁山松《後漢書》卷三："荀淑與陳寔神交，及其棄朗陵而歸也，數命駕詣之。淑御，慈明從，叔慈抱孫文若而行。寔亦令元方侍側，季方作食，抱孫長文而坐，相對怡然。嘗一朝求食，食遲，季方尚少，跪曰：'高聞大人與荀君言甚善，竊聽之，甑壞飯成糜。'寔曰：'汝聽談解乎？'諶曰：'唯。'因令與二慈説之，不失一辭，二公大悦。"（第668頁）

　　頃之，弃官歸，閑居養志。產業每增，輒以贍宗族知友。[1]年六十七，建和三年卒。[2]李膺時爲尚書，[3]自表師喪。[4]二縣皆爲立祠。[5]

［1］【今注】贍：供給財務。　知友：知己好友。

［2］【今注】建和：東漢桓帝劉志年號（147—149）。

［3］【今注】尚書：官名。東漢尚書臺六曹，每曹設尚書一人，分別負責己曹事務。秩六百石。本書《百官志三》："尚書六人，六百石。本注曰：成帝初置尚書四人，分爲四曹：常侍曹尚書主公卿事；二千石曹尚書主郡國二千石事；民曹尚書主凡吏上書事；客曹尚書主外國夷狄事。世祖承遵，後分二千石曹，又分客曹爲南主客曹、北主客曹，凡六曹。"

［4］【李賢注】《禮記》曰"事師無犯無隱，左右就養無方，服勤至死，心喪三年"也（殿本無"也"字）。【今注】自表：自己表明。

［5］【今注】二縣：章惠康、易孟醇主編《後漢書今注今譯》以爲是當塗、朗陵（岳麓書社1998年版）。

　　有子八人：儉，緄，靖，燾，汪，爽，肅，專，並有名稱，時人謂之"八龍"。[1]初，荀氏舊里名西豪，[2]潁陰令勃海苑康以爲昔高陽氏有才子八人，[3]今荀氏亦有八子，故改其里曰高陽里。靖有至行，不仕，年五十而終，[4]號曰玄行先生。[5]

[1]【李賢注】緄音昆。燾音道。汪音烏光反。《説文》云："汪，深廣也。"俗本改作"注"，非。"專"本或作"敷"。【今注】案，陶淵明《聖賢群輔録》引《荀氏譜》云："荀儉字伯慈（漢侍中悦之父）；儉弟緄字仲慈（濟南相漢光禄大夫或之父，年六十六）；緄弟靖字叔慈（或問汝南許劭：'靖、爽孰賢？'邵曰：'二人皆玉也。慈明外朗，叔慈内潤。'靖隱身修學，動必以禮。太尉辟，不就，年五十五）；靖弟壽字慈光（舉孝廉，年七十）；壽弟汪字孟慈（昆陽令，年六十）；汪弟爽字慈明（公車徵，爲平原相，遷光禄勳、司空。出自巖藪，九十三日，遂登台司。年六十三）；爽弟肅字敬慈（守舞陽令，年五十）；肅弟旉字幼慈（司徒掾，年七十）。"（袁行霈《陶淵明集箋注》，中華書局2003年版，第592頁）錢大昕《廿二史考異》卷一二《後漢書三》："'專'當作'旉'，即'敷'字。"

[2]【李賢注】今許州城内西南有荀淑故宅，相傳云即舊西豪里也。

[3]【李賢注】《左傳》曰："昔高陽氏有才子八人：蒼舒，隤敳，檮戭，大臨，尨降（尨，大德本誤作'龍'），庭堅，仲容，叔達。"【今注】勃海：郡名。亦作"渤海"，治南皮縣（今河北南皮縣北）。 苑康：字仲真，勃海重合（今山東樂陵市西北）人。傳見本書卷六七。 高陽氏：顓頊。事迹見《史記》卷一《五帝本紀》。

[4]【今注】至行：卓絶的品行。 案，惠棟《後漢書補注》："《荀氏譜》曰年五十五。"

[5]【李賢注】皇甫謐《高士傳》曰“靖字叔慈，少有俊才，動止以禮。靖弟爽亦以才顯於當時。或問汝南許章曰：‘爽與靖孰賢（孰，紹興本作“熟”）？’章曰：‘皆玉也。慈明外朗，叔慈內潤。’及卒，學士惜之，諫靖者二十六人。潁陰令丘禎追號靖曰玄行先生”也。

淑兄子昱字伯脩，[1]曇字元智。昱爲沛相，[2]曇爲廣陵太守。[3]兄弟皆正身疾惡，志除閹宦。[4]其支黨賓客有在二郡者，[5]纖罪必誅。昱後共大將軍竇武謀誅中官，[6]與李膺俱死。曇亦禁錮終身。[7]

[1]【今注】昱：惠棟《後漢書補注》：“昱《通鑑》作翊。”曹金華《後漢書稽疑》指出《北堂書鈔》卷六〇、《太平御覽》卷二一二引《謝承書》作“荀緄字伯脩”，“且謂‘拜尚書，緄性明亮……内外公卿大夫，莫敢不憚’云云。故姚之駰曰：‘范《荀淑傳》：淑中子名緄，八龍之一，當即此也。又淑兄子昱亦字伯脩，何命字竟相同與？又緄爲濟南相，畏憚宦官，爲子或娶唐衡女，行事如此，公卿大夫安得憚之？豈別有一荀緄耶？’孫志祖按：‘緄字仲慈，兄弟八人，字皆以慈次。陶潛曰八目，且官濟南相，不爲尚書也。此蓋別一荀緄。’又《書鈔》卷七六引《謝承書》謂‘荀緄遷沛相，所在清嚴，舉賢治惡，以爲豫州六郡之表也’，與《荀彧傳》載緄爲‘濟南相，畏憚宦官’異，而與本傳‘沛相’昱‘正身疾惡，志除閹宦’近之，然亦未知何作‘荀緄’也。史乘淆亂，莫之能詳，録之存疑耳”（第 814 頁）。

[2]【今注】沛：諸侯王國名。治相縣（今安徽濉溪縣西北）。相：諸侯王相。主治民，秩二千石，職掌如太守。

[3]【今注】廣陵：郡名。治廣陵縣（今江蘇揚州市西北）。

[4]【今注】案，宦，大德本、殿本作“官”。

［5］【今注】支黨：黨羽。

［6］【今注】竇武：字游平，扶風平陵（今陝西咸陽市西北）人。傳見本書卷六九。　中官：指宦官。

［7］【今注】禁錮：指禁止官吏及其後人做官和參與政治活動。案，《東觀漢紀》卷一七：“荀曇，字元智，潁川潁陰人，爲廣陵太守，正身疾惡。其兄昱爲沛相，乃相與共除閹黨。後昱與大將軍竇武謀誅中官，與李膺俱死，曇亦禁錮終身。”

爽字慈明，一名諝。[1]幼而好學，年十二，[2]能通《春秋》《論語》。太尉杜喬見而稱之，[3]曰：“可爲人師。” 爽遂耽思經書，[4]慶弔不行，[5]徵命不應。[6]潁川爲之語曰：“荀氏八龍，慈明無雙。” 延熹九年，[7]太常趙典舉爽至孝，[8]拜郎中。對策陳便宜曰：[9]

［1］【李賢注】音息汝反。【今注】諝：音 xū。案，周天游《八家後漢書輯注》輯張瑩《後漢南紀》：“諝文章典籍無不涉，時人諺曰：‘荀氏八龍，慈明無雙。’潛處篤志，徵聘無所就”（第616頁）。

［2］【今注】案，曹金華《後漢書稽疑》：“據本傳及《獻帝紀》，荀爽初平元年（190）年六十三薨，自此推至十二歲，乃永和四年（139），而據《順帝紀》，此時太尉王龔，非杜喬也。又據《桓帝紀》《杜喬傳》，喬建和元年（147）爲太尉，是年免，此時荀爽年二十，非‘十二’。故《後漢紀》卷二六‘年十二，太尉杜喬師焉’，周天游《校注》曰：‘“年十二”恐係“年二十”之誤。’然據《魏志·荀彧傳》注引張璠《漢紀》云‘爽字慈明，幼好學，年十二，通《春秋》《論語》’，《御覽》卷六一一引《續漢書》云‘太尉杜喬見而稱曰：“可爲人師。”’則知此事非爲虛設。疑是杜喬後爲太尉，史家追述未以時職冠之而已。”（第815頁）

[3]【今注】太尉：官名。東漢光武帝建武二十七年（51）改大司馬置，秩萬石，爲三公之首。本書《百官志一》：“太尉，公一人。本注曰：掌四方兵事功課，歲盡即奏其殿最而行賞罰。凡郊祀之事，掌亞獻；大喪則告諡南郊。凡國有大造大疑，則與司徒、司空通而論之。國有過事，則與二公通諫爭之。”

[4]【今注】耽：沉溺。

[5]【今注】慶弔：指喜、喪之事。

[6]【今注】徵命：徵召、命令。

[7]【今注】延熹：東漢桓帝劉志年號（158—167）。案，曹金華《後漢書稽疑》：“《後漢紀》卷二二載對策於永康元年六月，與此稍異。又據《桓帝紀》延熹九年正月‘詔公、卿、校尉、郡國舉至孝’，疑是是年舉拜，次年對策陳便宜耳。”（第815頁）案，九，殿本作“元”。

[8]【今注】太常：官名。秦置奉常，漢初因之，西漢景帝中元六年（前151），改名爲太常。王莽時曾改名秩宗，東漢又復名太常。掌宗廟祭祀禮儀，兼選試博士。爲諸卿之首，秩中二千石。本書《百官志二》載：“太常，卿一人，中二千石。本注曰：掌禮儀祭祀，每祭祀，先奏其禮儀；及行事，常贊天子。每選試博士，奏其能否。大射、養老、大喪，皆奏其禮儀。每月前晦，察行陵廟。”趙典：字仲經，蜀郡成都（今四川成都市）人。傳見本書卷二七。

[9]【今注】便宜：指有利國家、合乎時宜之事。

　　臣聞之於師曰：“漢爲火德，[1]火生於木，木盛於火，故其德爲孝，[2]其象在《周易》之《離》。”夫在地爲火，在天爲日。[3]在天者用其精，在地者用其形。夏則火王，[4]其精在天，溫暖之氣，養生百木，是其孝也。冬時則廢，其形在地，酷烈之氣，焚燒山林，是其不孝也。故漢制使天下誦《孝經》，選吏舉孝廉。[5]夫喪親自盡，孝之終也。[6]

[1]【今注】火德：戰國、秦、漢的陰陽家把金、木、水、火、土五行比作五德，認爲歷代王朝各代表一德，按照五行相克或相生的順序，交互更替，周而復始。“漢德”有水、土、火等説，兩漢之際則逐漸以“火德”爲主流（參見李培健《西漢德運考：五德終始説下的政治史》，陝西人民出版社 2019 年版；李夢澤《西漢末行火德辨》，《學術研究》2011 年第 5 期；龔留柱、張信通《“漢家堯後”與兩漢之際的天命之爭——兼論中國古代的政治合法性問題》，《史學月刊》2013 年第 10 期）。

[2]【李賢注】火，木之子；夏，火之位。木至夏而盛，故爲孝。

[3]【李賢注】《易·説卦》曰“離爲火，爲日”也。

[4]【今注】火王：五行與四季相對應，夏屬火，故曰“火王”。王，主。

[5]【李賢注】平帝時，王莽作《書》八篇戒子孫，令學官以教授，吏能誦者比《孝經》。《音義》云：“言用之得選舉之也。”【今注】孝廉：漢代察舉制的科目之一。西漢武帝元光元年（前 134）初令郡國舉孝、廉各一人，後合稱爲孝廉。漢代舉孝廉者多任郎官，有年齡限制，後又加考試。本書卷六《順帝紀》載順帝時期，“初令郡國舉孝廉，限年四十以上，諸生通章句，文吏能牋奏，乃得應選；其有茂才異行，若顏淵、子奇，不拘年齒”。

[6]【李賢注】盡謂盡其哀戚也。

今之公卿及二千石，[1]三年之喪，不得即去，殆非所以增崇孝道而克稱火德者也。往者孝文勞謙，行過乎儉，[2]故有遺詔以日易月。[3]此當時之宜，不可貫之萬世。古今之制雖有損益，而諒闇之禮未常改移，[4]以示天下莫遺其親。[5]

[1]【今注】二千石：即真二千石，漢代官吏秩級之一，低於中二千石，高於比二千石。月俸爲一百二十斛。由於漢代郡守、諸侯國相一般爲二千石，故史籍中的"二千石"一般指郡守和諸侯國相。《漢書·百官公卿表上》顏師古注："漢制，三公號稱萬石，其俸月各三百五十斛穀。其稱中二千石者月各百八十斛，二千石者百二十斛，比二千石者百斛，千石者九十斛，比千石者八十斛，六百石者七十斛，比六百石者六十斛，四百石者五十斛，比四百石者四十五斛，三百石者四十斛，比三百石者三十七斛，二百石者三十斛，比二百石者二十七斛，一百石者十六斛。"

[2]【李賢注】《易·謙卦》九三爻："勞謙君子，有終吉。"【今注】孝文：西漢孝文帝劉恒，公元前180年至前157年在位。紀見《史記》卷一〇、《漢書》卷四。　勞謙：有功勞而謙虛。

[3]【今注】遺詔：《漢書》卷四《文帝紀》載文帝遺詔："其令天下吏民，令到出臨三日，皆釋服。無禁取婦嫁女祠祀飲酒食肉。自當給喪事服臨者，皆無踐。絰帶無過三寸。無布車及兵器。無發民哭臨宮殿中。殿中當臨者，皆以旦夕各十五舉音，禮畢罷。非旦夕臨時，禁無得擅哭。以下，服大紅十五日，小紅十四日，纖七日，釋服。它不在令中者，皆以此令比類從事。"王先謙《後漢書集解》："漢文遺詔並無'以日易月'之語，此爽誤會詔意也。"

[4]【今注】諒闇：居喪時所住的房子，這裏指守喪。《禮記·喪服四制》："《書》曰：'高宗諒闇，三年不言。'善之也。"《論語·憲問》作"諒陰"。　案，常，大德本、殿本作"嘗"。

[5]【李賢注】遺，忘也。

今公卿群寮皆政教所瞻，而父母之喪不得奔赴。夫仁義之行，自上而始；敦厚之俗，以應乎下。《傳》曰：“喪祭之禮闕，則人臣之恩薄，背死忘生者衆矣。”[1]曾子曰：“人未有自致者，必也親喪乎！”[2]《春秋傳》曰：“上之所爲，民之歸也。”[3]夫上所不爲而民或爲之，故加刑罰；若上之所爲，民亦爲之，又何誅焉？昔丞相翟方進，[4]以自備宰相，[5]而不敢踰制。至遭母憂，三十六日而除。[6]夫失禮之源，自上而始。古者大喪三年不呼其門，[7]所以崇國厚俗篤化之道也。事失宜正。過勿憚改。[8]天下通喪，可如舊禮。[9]

[1]【今注】案，今本《韓詩外傳》卷三作“喪祭之禮廢，則臣子之恩薄。臣子之恩薄，則背死亡生者衆”。今本《禮記·經解》作“喪祭之禮廢，則臣子之恩薄，而倍死、忘生者衆矣”。

[2]【李賢注】事見《論語》。致猶盡也，極也。【今注】案，見《論語·子張》，今本“者”後有“也”字。

[3]【李賢注】《左氏傳》臧武仲之言。【今注】案，見《左傳》襄公二十一年《傳》文。

[4]【今注】案，大德本、殿本無“丞相”二字。　翟方進：字子威，汝南上蔡（今河南上蔡縣西南）人。傳見《漢書》卷八四。

[5]【今注】備：謙辭，備位。

[6]【李賢注】《前書》翟方進爲丞相，遭後母憂，行服三十六日起視事，曰：“不敢踰國制也。”【今注】案，王先謙《後漢書集解》：“《前書·翟方進傳》後母終既葬，三十六日除服，此所謂國制也。爽既誤以文帝遺詔爲‘以日易月’，因删此‘既葬’二字

以合之，斯爲巨謬。"

[7]【李賢注】《公羊傳》之文也。何休注云："重奪孝子之恩。"【今注】案，見《公羊傳》宣公元年《傳》文。

[8]【李賢注】憚，難也。【今注】過勿憚改：有過錯不要怕改正。

[9]【李賢注】《禮記》曰："三年之喪，天下之通喪也。"

　　臣聞有夫婦然後有父子，有父子然後有君臣，有君臣然後有上下，有上下然後有禮義。禮義備，則人知所厝矣。[1]夫婦人倫之始，王化之端，故文王作《易》，上經首《乾》《坤》，下經首《咸》《恒》。[2]孔子曰："天尊地卑，乾坤定矣。"[3]夫婦之道，所謂順也。《堯典》曰："釐降二女於嬀汭，[4]嬪于虞。"[5]降者下也，嬪者婦也。言雖帝堯之女，下嫁於虞，猶屈體降下，勤修婦道。《易》曰："帝乙歸妹，以祉元吉。"[6]婦人謂嫁曰歸，言湯以娶禮歸其妹於諸侯也。《春秋》之義，王姬嫁齊，使魯主之，不以天子之尊加於諸侯也。[7]今漢承秦法，設尚主之儀，[8]以妻制夫，以卑臨尊，違乾坤之道，失陽唱之義。[9]孔子曰："昔聖人之作《易》也，仰則觀象於天，俯則察法於池，覯鳥獸之文，與地之宜。近取諸身，遠取諸物，以通神明之德，以類萬物之情。"[10]

[1]【李賢注】語見《易·序卦》也。【今注】厝（cuò）：安置。今本《周易·序卦傳》作："有上下然後禮義有所錯。"

〔2〕【李賢注】《易》，《乾》《坤》至《離》爲上經，《咸》
《恒》至《未濟》爲下經。【今注】案，《周易·咸卦》：“咸：亨，
利貞，取女吉。”孔穎達疏：“《乾》《坤》象天地，《咸》《恒》明
夫婦。”

〔3〕【李賢注】《易·繫辭》也。

〔4〕【今注】釐：飭。命令之義。　二女：堯帝的兩個女兒，
後世稱爲娥皇、女英。　嬀汭：一説爲兩水名，皆在今山西永濟市
境内，源出歷山，西流入黄河。《水經注·河水》：“郡南有歷山，
謂之歷觀，舜所耕處也。有舜井，嬀、汭二水出焉。南曰嬀水，北
曰汭水。”一説小水入大水曰“汭”。顧頡剛、劉起釪《尚書譯論
校釋》：“一水注入另一較大之水其相交隈曲之地即叫‘汭’。‘嬀
汭’即嬀水注入另一水之隈曲地帶。”（中華書局 2005 年版，第
96 頁）

〔5〕【今注】虞：舜。

〔6〕【李賢注】《易·泰卦》六五爻辭也。王輔嗣注云：“婦
人謂嫁曰歸。泰者，陰陽交通之時，女處尊位（女，殿本作
‘五’），履中居順，降身應二，帝乙歸妹，誠合斯義也。”案
《史記》紂父名帝乙，此文以帝乙爲湯，湯名天乙也。【今注】帝
乙：殷商倒數第二位王。李道平《周易集解纂疏》：“《書·多士》
曰‘自成湯至于帝乙’，哀九年《左傳》晉趙鞅筮得此爻，其言曰
‘微子，帝乙之元子也’，故知帝乙爲紂父也。又《子夏傳》曰
‘帝乙歸妹，湯之嫁妹也’。《世本》‘湯名天乙’，故稱帝乙。京房
《章句》載湯嫁妹之辭曰‘無以天子之尊而乘諸侯，無以天子之貴
而驕諸侯。陰之從陽，女之順夫，本天地之義也。往事爾夫，必以
禮義’，其辭未必傳于上世，然亦以帝乙爲湯也。”　祉：賜福。

〔7〕【李賢注】《公羊傳》曰：“夏單伯逆王姬。單伯者何？
吾大夫之命于天子者。何以不稱使？天子召而使逆之。逆之者何？
使我主之也。曷爲使我主之？天子嫁女於諸侯，必使同姓諸侯主

之。”何休注云：“不自爲主，尊卑不敵也。”

[8]【今注】尚主：娶公主。沈欽韓《後漢書疏證》：“按《班超傳》，陰城公主與嬖人處帷中，使班始伏牀下。尚主之敝如此，史傳不著其儀，蓋鄙而略之也。”

[9]【李賢注】《易緯》曰“陽唱而陰和”也。【今注】案，西漢王吉也曾批評此事，《漢書》卷七二《王吉傳》載其觀點，“又漢家列侯尚公主，諸侯則國人承翁主，使男事女，夫詘於婦，逆陰陽之位，故多女亂”。

[10]【李賢注】皆《易·繫》之文也。

今觀法於天，[1]則北極至尊，四星妃后。[2]察法於地，則崐山象夫，卑澤象妻。[3]覜鳥獸之文，鳥則雄者鳴鴝，[4]雌能順服；獸則牡爲唱導，[5]牝乃相從。近取諸身，則乾爲人首，坤爲人腹。[6]遠取諸物，則木實屬天，根荄屬地。[7]陽尊陰卑，蓋乃天性。且《詩》初篇實首《關雎》；《禮》始《冠》《婚》，先正夫婦。[8]天地《六經》，其旨一揆。[9]宜改尚主之制，以稱乾坤之性。遵法堯、湯，式是周、孔。[10]合之天地而不謬，質之鬼神而不疑。人事如此，則嘉瑞降天，吉符出地，五韙咸備，各以其叙矣。[11]

[1]【今注】案，曹金華《後漢書稽疑》：“承前文‘仰則觀象於天，俯則察法於地’，‘觀法’當作‘觀象’爲是。”（第816頁）

[2]【李賢注】北極，北辰也。軒轅四星，女主之象也。【今注】案，《漢書·天文志》：“中宮天極星，其一明者，泰一之常居也，旁三星三公，或曰子屬。後句四星，末大星正妃，餘三星後宮

之屬也。"

[3]【李賢注】崐猶高也。《易》艮下兌上為《咸》。艮為山，夫象也。兌為澤，妻象也。咸，感也。山澤通氣，夫婦之相感也。

[4]【今注】鳴：雉鳴，這裏泛指鳴叫。大德本、殿本作"雓"。

[5]【今注】唱導：前導。

[6]【李賢注】《易·說卦》之文也。

[7]【李賢注】荄音該。

[8]【李賢注】《儀禮》，《士冠禮》為始，《士婚禮》次之。

[9]【今注】揆：道理，準則。

[10]【李賢注】式，法也。

[11]【李賢注】靈，是也。《史記》曰："休徵：曰肅，時雨若；曰乂，時陽若（陽，殿本作'暘'）；曰哲，時燠若；曰謀，時寒若；曰聖，時風若。"五是來備，各以其叙也。

昔者聖人建天地之中而謂之禮，禮者，所以興福祥之本，而止禍亂之源也。人能枉欲從禮者，則福歸之；順情廢禮者，則禍歸之。推禍福之所應，知興廢之所由來也。衆禮之中，婚禮為首。故天子娶十二，天之數也；諸侯以下各有等差，事之降也。[1]陽性純而能施，陰體順而能化，以禮濟樂，節宣其氣。[2]故能豐子孫之祥，致老壽之福。及三代之季，[3]淫而無節。瑤臺、傾宮，陳妾數百。[4]陽竭於上，陰隔於下。故周公之戒曰："不知稼穡之艱難，不聞小人之勞，惟耽樂之從，時亦罔或克壽。"是其明戒。[5]後世之人，好福不務其本，惡禍不易其軌。《傳》曰："截趾適屨，

孰云其愚？何與斯人，追欲喪軀？"誠可痛也。^[6]

　　[1]【李賢注】《白武通》曰（武，殿本作"虎"）："天子娶十二，法天，則有十二月，百物畢生也。"又曰"諸侯娶九女"也。【今注】案，黃以周《禮書通故·昏禮通故》："天子娶十二女，《保乾圖》文。諸侯一娶九女，諸侯不再娶，《公羊傳》文。"

　　[2]【李賢注】《左傳》曰，昔晉侯有疾，醫和視之，曰："疾不可爲也。是爲近女室，疾如蠱，非鬼非食，惑以喪志（惑，大德本誤作'感'）。"公曰："女不可近乎？"對曰："節之。先王之樂，所以節百事也。天有六氣，過則爲災。"於是乎節宣其氣也。

　　[3]【今注】三代：夏、商、周。　季：末年。

　　[4]【李賢注】《列女傳》曰，夏桀爲琁室、瑶臺，以臨雲雨，紂爲傾宮（大德本無"爲"字）。解見《桓帝紀》也。

　　[5]【李賢注】事是《尚書·無逸篇》，其詞與此微有不同也。【今注】或：有。案，今本《尚書》作："不知稼穡之艱難，不聞小人之勞，惟耽樂之從。自時厥後，亦罔或克壽。"皮錫瑞《今文尚書考證》引段玉裁曰："'自時厥後'四字作'時'一字，'或'作'有'，三家相合，此《今文尚書》也。古或、有二字音義皆同，如'不或亂政'《史記》作'不有治政'，'乃或亮陰'《史記》作'乃有亮闇'，皆古文作'或'今文作'有'之證。《後漢書》作'罔或'，恐有改之者。"

　　[6]【李賢注】適猶從也。言喪身之愚，甚於趾也。【今注】戳：同"截"。

　　臣竊聞後宮采女五六千人，^[1]從官侍使復在其外。冬夏衣服，朝夕稟糧，^[2]耗費縑帛，空竭府藏，徵調增倍，十而稅一，空賦不辜之民，以供無用之女，百姓窮困於外，陰陽隔塞于内。故感動和氣，災異屢臻。臣愚以爲諸非禮聘未曾幸御者，一皆遣出，使成妃合。[3]一曰通怨曠，和陰陽。二曰省財用，實府藏。[4]三曰脩禮制，綏眉壽。[5]四曰配陽施，祈螽斯。[6]五曰寬役賦，安黎民。此誠國家之弘利，天人之大福也。

[1]【今注】采女：漢代宮女選自民家，故稱。

[2]【今注】稟糧：賜予糧食。

[3]【今注】妃合：婚配。

[4]【今注】案，藏，大德本、殿本作“庫”。

[5]【今注】綏：安。

[6]【李賢注】螽斯，蚣蝑也，其性不妒，故能子孫衆多。《詩》曰：“螽斯羽，詵詵兮。宜爾子孫，振振兮。”【今注】螽斯：蝗類昆蟲，一說即蟿螽。

夫寒熱晦明，所以爲歲；尊卑奢儉，所以爲禮：故以晦明寒暑之氣，尊卑侈約之禮爲其節也。《易》曰：“天地節而四時成。”[1]《春秋傳》曰：“唯器與名不可以假人。”[2]《孝經》曰：“安上治民，莫善於禮。”[3]禮者，尊卑之差，上下之制也。昔季氏八佾舞於庭，[4]非有傷害困於人物，而孔子猶曰“是可忍也，孰不可忍”。[5]《洪範》曰：“惟辟作威，[6]惟辟作福，惟辟玉食。”凡此三者，君所獨行而臣不得同也。今臣僭君服，下食上珍，所謂“害于而家，凶於而國”者也。[7]宜略依古禮尊卑之差，及董仲舒制度之別，[8]嚴篤有司，[9]必行其命。此則禁亂善俗足用之要。

[1]【李賢注】《節卦象辭》文也。

[2]【李賢注】杜預注《左氏》云：“器謂車服（大德本無‘謂’字），名謂爵號。”【今注】案，語見《左傳》成公二年《傳》文。

[3]【今注】案，語見《孝經·廣要道》。

[4]【今注】季氏：季孫氏，名意如。春秋時魯國大夫，季孫宿孫，歷仕昭公、定公二世。專魯國之政。與郈氏、臧氏不協，臧、郈告昭公。遂伐季氏，被圍困於宅。結連叔孫、孟孫，三家共攻公，得解圍。昭公出亡，赴齊、晉求助。意如抗齊賂晉，使昭公居乾侯。後因晉調停，乃隨晉使荀躒至乾侯迎昭公。昭公不返，死於乾侯，意如葬之於魯陵墓道南，不使與祖宗並列。卒謚平。　八佾：樂舞者八行，每行八人，共六十四人，這是天子享用的規格。古時諸侯用六佾，大夫用四佾。佾，古時樂舞的行列。

[5]【今注】案，語見《論語·八佾》。

[6]【今注】洪範：《尚書》篇名。　辟：君主。

[7]【今注】而：你。案，語見《尚書·洪範》。

[8]【李賢注】《前書》董仲舒曰：“王者正法度之宜，別上下之序，以防欲也。”【今注】董仲舒：廣川（今河北棗強縣東）人。西漢大儒。傳見《史記》卷一二一、《漢書》卷五六。

[9]【今注】案，篤，殿本作“督”。

奏聞，即弃官去。後遭黨錮，[1]隱於海上，[2]又南遁漢濱，[3]積十餘年，以著述爲事，遂稱爲碩儒。黨禁解，五府並辟，[4]司空袁逢舉有道，[5]不應。及逢卒，爽制服三年，^[6]當世往往化以爲俗。時人多不行妻服，雖在親憂猶有弔問喪疾者，又私謚其君父及諸名士，爽皆引據大義，正之經典，雖不悉變，亦頗有改。^[7]後公車徵爲大將軍何進從事中郎。^[8]進恐其不至，迎薦爲侍中，^[9]及進敗而詔命中絕。

［1］【今注】黨錮：東漢桓、靈二帝時期官僚士大夫因反對宦官專權而遭禁錮的政治事件。詳見本書卷六七《黨錮傳》。

［2］【今注】海上：海濱。

［3］【今注】漢：漢水。

［4］【今注】五府：東漢將太傅府、太尉府、司徒府、司空府、大將軍府合稱爲“五府”。　辟：即辟除，漢代選官制度之一，三公以下選任屬吏。

［5］【今注】司空：官名。東漢三公之一，掌工程、祭祀等。本書《百官志一》：“司空，公一人。本注曰：掌水土事。凡營城起邑、浚溝洫、修墳防之事，則議其利，建其功。凡四方水土功課，歲盡則奏其殿最而行賞罰。凡郊祀之事，掌掃除樂器，大喪則掌將校復土。凡國有大造大疑，諫爭，與太尉同。世祖即位，爲大司空，建武二十七年，去‘大’。”　袁逢：事見本書卷四五《袁安傳》。　有道：漢代選舉科目之一。意爲選拔有道德、有才能的人。

［6］【今注】制服：喪服，這裏指服喪。沈欽韓《後漢書疏證》：“按慈明知禮，必不爲舉主服非禮之服，當是申心喪，如師耳。”

［7］【李賢注】《喪服》曰：“夫爲妻齋繚杖朞（齋，大德本、殿本作‘齊’；繚，殿本作‘衰’）。”《禮記》曰：“曾子問：‘三年之喪弔乎？’孔子曰：‘禮以飾情。三年之喪而弔哭，不亦虛乎！’”【今注】妻服：丈夫爲妻子服喪。　親憂：指父母親人去世。　私謚其君父：私謚，死後由親屬、朋友或門人給予的謚號。

周禮大夫以下不得請謐於上，而東漢時期私謐盛行（参見沈剛《東漢的私謐問題》，《烟臺大學學報》2014年第4期）。君父，何焯《義門讀書記》卷二三："此所謂君，指太守、令、長言之。"大德本無"其"字。

[8]【今注】公車：本爲漢代官署名，設公車令，掌管宮殿中車馬警衛等事。本書《百官志二》："公車司馬令一人，六百石。本注曰：掌宮南闕門，凡吏民上章，四方貢獻，及徵詣公車者。"何進：字遂高，南陽宛（今河南南陽市臥龍區）人。傳見本書卷六九。 從事中郎：官名。東漢大將軍、車騎將軍屬官。職參謀議。大將軍府所屬員二人，秩六百石。

[9]【今注】侍中：官名。秦始置。西漢時爲加官，無員，凡官員加此頭銜即可入禁中，親近皇帝。初掌雜務，後漸與聞朝政、贊導衆事、顧問應對，與公卿大臣論辯，平議尚書奏事，爲中朝要職。本書《百官志三》："侍中，比二千石。本注曰：無員。掌侍左右，贊導衆事，顧問應對。法駕出，則多識者一人參乘，餘皆騎在乘輿車後。本有僕射一人，中興轉爲祭酒，或置或否。"

　　獻帝即位，董卓輔政，[1]復徵之。爽欲遁命，吏持之急，不得去，因復就拜平原相。[2]行至宛陵，[3]復追爲光祿勳。視事三日，進拜司空。[4]爽自被徵命及登台司，[5]九十五日。因從遷都長安。爽見董卓忍暴滋甚，[6]必危社稷，其所辟舉皆取才略之士，將共圖之，亦與司徒王允及卓長史何顒等爲内謀。[7]會病薨，年六十三。著《禮》《易傳》《詩傳》《尚書正經》《春秋條例》，[8]又集漢事成敗可爲鑒戒者，謂之《漢語》。又作《公羊問》及《辯讖》，[9]并它所論叙，題爲《新書》。凡百餘篇，今多所亡缺。兄子悦、或並知名。[10]

或自有傳。

[1]【今注】董卓：字仲穎，隴西臨洮（今甘肅岷縣）人。傳見本書卷七二。

[2]【今注】平原：諸侯王國名。治平原縣（今山東平原縣西南）。

[3]【今注】宛陵：菀陵，縣名。治所在今河南新鄭市東。錢大昕《廿二史考異》卷一二《後漢書三》：“‘宛’與‘菀’同，此河南之菀陵，非丹陽之宛陵。”

[4]【今注】案，惠棟《後漢書補注》引《北海耆舊傳》曰：“公沙孚字允慈，與爽共約出不得事貴勢，而爽當董卓時脫巾未百日位至司空，後相見，以爽違命割席而坐也。”

[5]【今注】台司：指公卿高位。東漢尚書稱中台，御史稱憲台，謁者稱外台，合稱“三台”，三公也稱“三司”。案，周天游《八家後漢書輯注》輯張璠《後漢紀》：“荀爽爲三公，食不過一肉、脫粟飯，坐皮褥。”（第712頁）

[6]【今注】忍暴：殘忍暴虐。

[7]【今注】司徒：官名。秦、西漢置丞相，西漢哀帝元壽二年（前1）改丞相爲大司徒。東漢去“大”，爲三公之一。本書《百官志一》：“司徒，公一人。本注曰：掌人民事。凡教民孝悌、遜順、謙儉、養生送死之事，則議其制，建其度。凡四方民事功課，歲盡則奏其殿最而行賞罰。凡郊祀之事，掌省牲視濯，大喪則掌奉安梓宫。凡國有大疑大事，與太尉同。”　王允：字子師，太原祁（今山西祁縣）人。傳見本書卷六六。　長史：官名。東漢三公、將軍幕府諸掾史之長，秩千石。　何顒：字伯求，南陽襄鄉（今湖北棗陽市東北）人。傳見本書卷六七。

[8]【今注】案，《隋書·經籍志》載“《周易》十一卷，漢司空荀爽注”，“《周易》荀爽九家注十卷”。荀爽《易》説多存於

唐李鼎祚《周易集解》，有關此方面的研究有清惠棟《易漢學》、清張惠言《周易荀氏九家義》、劉玉建《兩漢象術易學研究》（廣西教育出版社 1996 年版）、徐芹庭《漢易闡微》（中國書店 2010 年版）、王棋《荀爽易學研究》（博士學位論文，山東大學，2009 年）等。

[9]【今注】公羊問：《隋書·經籍志》："《春秋公羊傳問答》五卷，荀爽問，魏安平太守徐欽答。" 辯讖：荀悅《申鑒》："世稱緯書仲尼之作也。臣悅叔父故司空爽辨之，蓋發其偽也。有起於中興之前終張之徒之作乎？"案，辯，大德本、殿本作"辨"。

[10]【今注】或：荀或，字文若，潁川潁陰（今河南許昌市）人。傳見本書卷七〇。

論曰：荀爽、鄭玄、申屠蟠俱以儒行爲處士，[1]累徵並謝病不詣。及董卓當朝，復備禮召之。蟠、玄竟不屈以全其高。爽已黃髮矣，[2]獨至焉，未十旬而取卿相。意者疑其乖趣舍，[3]余竊商其情，[4]以爲出處君子之大致也，平運則弘道以求志，陵夷則濡跡以匡時。[5]荀公之急急自勵，其濡跡乎？不然，何爲違貞吉而履虎尾焉？[6]觀其遂言遷都之議，[7]以救楊、黃之禍。[8]及後潛圖董氏，[9]幾振國命，所謂"大直若屈"，道固逶迤也。[10]

[1]【今注】鄭玄：字康成，北海高密（今山東高密市西南）人。傳見本書卷三五。 申屠蟠：傳見本書卷五三。 處士：有才學而隱居者。

[2]【今注】黃髮：人老後頭髮由白而黃，此指年老。

[3]【今注】意者：表示測度。大概，或許。 趣：通"趨"。

[4]【今注】商：估量。

[5]【李賢注】濡跡，解見《崔駰傳》。【今注】陵夷：衰頹，衰落。　濡跡：沾濕了足迹。這裏指有所失節。本書卷五二《崔駰傳》："則褰裳濡足，冠挂不顧。"李賢注："褰裳，涉水也。《新序》曰：'今爲濡足之故，不救人溺，可乎？'《淮南子》曰'禹之趨時，冠挂而不顧，履遺而不取'也。"

[6]【李賢注】《易·履卦》曰："履道坦坦，幽人貞吉。"又曰："履虎尾，不咥人亨。"王輔嗣注云："履虎尾者，言其危也（危，大德本誤作'厄'）。"【今注】履：踩踏。

[7]【今注】遜言：言語謙遜恭順。　案，遷都之議，見本書卷五四《楊彪傳》："司空荀爽見卓意壯，恐害彪等，因從容言曰：'相國豈樂此邪？山東兵起，非一日可禁，故當遷以圖之，此秦、漢之埶也。'卓意小解。爽私謂彪曰：'諸君堅争不止，禍必有歸，故吾不爲也。'"

[8]【李賢注】楊彪、黄琬也（黄，大德本誤作"委"）。【今注】楊：楊彪，字文先，弘農華陰（今陝西華陰市東）人。傳見本書卷五四。　黄：黄琬，字子琰，江夏安陸（今湖北雲夢縣）人。傳見本書卷六一。

[9]【今注】案，及，大德本作"又"。

[10]【李賢注】《老子》云："大直若屈，大巧若拙。"逶迤，曲也。

悦字仲豫，儉之子也。儉早卒。悦年十二，能説《春秋》。[1]家貧無書，每之人間，所見篇牘，一覽多能誦記。[2]性沈静，美姿容，尤好著述。靈帝時閹官用權，士多退身窮處，悦乃託疾隱居，時人莫之識，唯從弟或特稱敬焉。[3]初辟鎮東將軍曹操府，[4]遷黄門侍郎。[5]獻帝頗好文學，悦與或及少府孔融侍講禁中，[6]

旦夕談論。累遷秘書監、侍中。[7]時政移曹氏，天子恭
己而已。[8]悦志在獻替，[9]而謀無所用，乃作《申鑒》
五篇。[10]其所論辯，[11]通見政體，[12]既成而奏之。其大
略曰：

[1]【今注】説：講論。

[2]【今注】人間：民間。周天游《八家後漢書輯注》輯司馬
彪《續漢書》卷四："荀悦十二，能讀《春秋》，貧無書，每至市間
閱篇牘，一見多能誦記。"（第451頁）輯謝承《後漢書》卷四：
"荀悦字仲豫，家貧無書，每間行見篇牘，一覽便能誦記。"（第
107頁）

[3]【今注】案，大德本、殿本無"唯"字。　特：獨。

[4]【今注】鎮東將軍：東漢末年置。本書卷九《獻帝紀》
載，初平三年（192）"九月，李傕自爲車騎將軍，郭汜後將軍，樊
稠右將軍，張濟鎮東將軍。濟出屯弘農"。

[5]【今注】黃門侍郎：官名。秦和西漢郎官給事於黃闥（宮
門）之內者，稱黃門郎或黃門侍郎。侍從皇帝、顧問應對，出則陪
乘。多以重臣、外戚子弟、公主婿爲之。東漢時成爲有具體職掌的
官職，侍從皇帝左右，傳宣詔令等。秩六百石，無員。本書《百官
志三》："黃門侍郎，六百石。本注曰：無員。掌侍從左右，給事
中，關通中外。及諸王朝見於殿上，引王就坐。"

[6]【今注】孔融：字文舉，魯國（今山東曲阜市）人。傳見
本書卷七〇。

[7]【今注】秘書監：東漢桓帝延熹二年（159）始置，屬太
常寺，典司圖籍。後省。《東觀漢記》卷三《威宗孝桓皇帝紀》：
"（延熹二年）初置秘書監，掌典圖書，古今文字，考合異同。"

[8]【今注】恭己：恭肅己身。此爲諱言強臣專政，天子
無權。

[9]【今注】獻替：獻可替否，又省作"獻可"。進獻可行者，廢去不可行者。

[10]【今注】申鑒：該書今存，《四庫全書總目提要》："其書見於《隋·經籍志》《唐·藝文志》者，皆五卷，卷爲一篇，一曰《政體》，二曰《時事》，皆制治大要及時所當行之務，三曰《俗嫌》，皆機祥讖緯之説，四曰《雜言上》，五曰《雜言下》，則皆泛論義理，頗似揚雄《法言》。《後漢書》取其《政體篇》'爲政之方'一章，《時事篇》'正當主之制''復内外注記'二章載入傳中，又稱悦別有《崇德正論》及諸論數十篇，今並不傳，惟所作《漢紀》及此書尚存於世。《漢紀》文約事詳，足稱良史。而此書剖析事理，亦深切著明，蓋由其原本儒術，故所言皆不詭於正也。明正德中，吳縣黃省曾爲之注，凡萬四千餘言，引據博洽，多得悦旨。"明黃省曾注，今人有孫啓治校補《申鑒注校補》（中華書局2012年版）。

[11]【今注】案，辯，大德本、殿本作"辨"。

[12]【今注】通見：通達。

夫道之本，仁義而已矣。[1]五典以經之，[2]群籍以緯之，詠之歌之，弦之舞之，前監既明，後復申之。故古之聖王，其於仁義也，申重而已。[3]

[1]【李賢注】《易》曰："立人之道曰仁與義。"

[2]【今注】五典：五經。

[3]【今注】申重：反復強調。案，以上見今本《申鑒·政體》篇首。

致政之術，[1]先屏四患，乃崇五政。一曰僞，二曰私，三曰放，[2]四曰奢。僞亂俗，私壞法，放越軌，奢敗制。四者不除，則政末由行矣。^[3]夫俗亂則道荒，雖天地不得保其性矣；法壞則世傾，雖人主不得守其度矣；軌越則禮亡，雖聖人不得全其道矣；制敗則欲肆，雖四表不得充其求矣。^[4]是謂四患。興農桑以養其性，審好惡以正其俗，宣文教以章其化，立武備以秉以其威，明賞罰以統其法。是謂五政。

[1]【今注】案，致政，今本《申鑒》作"致治"。
[2]【今注】放：放肆。
[3]【今注】末由：無由。
[4]【李賢注】肆，放也。【今注】四表：四方，泛指天下。

　　人不畏死，^[1]不可懼以罪。人不樂生，不可勸以善。雖使契布五教，皋陶作士，政不行焉。^[2]故在上者先豐人財以定其志，帝耕籍田，后桑蠶宮，^[3]國無遊人，^[4]野無荒業，財不賈用，^[5]力不妄加，以周人事。是謂養生。^[6]

[1]【今注】案，人，今本《申鑒》作"民"，本段下同。
[2]【李賢注】《尚書》舜謂契曰："汝作司徒（司，大德本誤作'師'），敬敷五教在寬。"謂皋陶曰："汝作士，明于五刑。"【今注】契：商始祖，舜時爲司徒，掌管教化。事迹見《史記》卷三《殷本紀》。　五教：父義、母慈、兄友、弟恭、子孝，五種倫常教育。　皋陶：又作"咎繇"，偃姓。舜命作掌刑法之官。禹繼位，委之以政，選爲繼承者。早死。　士：刑獄之官。
[3]【李賢注】籍田事，解見《明紀》。《禮記》曰："季春之

月，后妃齋戒，親東向桑，以勸蠶事。"古者天子諸侯必有公桑蠶室，近川而爲之，宮仞有三尺也。【今注】籍田：天子春耕前親耕，以奉祀宗廟，並顯示重視農耕。漢代籍田事參見陳二峰《論漢代的籍田禮》（《南都學壇》2009 年第 3 期）。　蠶宮：王室養蠶之室。

[4]【今注】遊人：游手好閑者。

[5]【李賢注】言自足也。【今注】賈：交易，買賣。孫啓治《申鑒注校補》以爲據李賢注，則"賈"似當讀爲假借之"假"（中華書局 2012 年版，第 14 頁）。案，今本《申鑒》作"虛"。

[6]【李賢注】周，給也。

　　君子之所以動天地，應神明，正萬物而成王化者，[1]必乎真定而已。[2]故在上者審定好醜焉。[3]善惡要乎功罪，[4]毀譽効於準驗。聽言責事，舉名察實，無惑詐僞以蕩衆心。[5]故事無不覈，物無不功，[6]善無不顯，惡無不章，[7]俗無姦怪，民無淫風。百姓上下覩利害之存乎已也，故肅恭其心，慎修其行，內不回惑，[8]外無異望，[9]則民志平矣。是謂正俗。

[1]【今注】案，化，今本《申鑒》作"治"。

[2]【今注】真定：真實。孫啓治《申鑒注校補》引清錢培名說以爲"定"疑"實"之譌。孫啓治指出"實"或作"寔"，遂誤爲"定"。（第 15 頁）案，今本《申鑒》"必"後有"本"字。

[3]【今注】案，今本《申鑒》作"故在上者審則儀道，以定好惡"。

[4]【今注】要：審核。案，乎，今本《申鑒》作"於"。

[5]【今注】案，今本《申鑒》“惑”作“或”，通。 蕩：
動搖。

[6]【今注】案，功，殿本作“切”。

[7]【今注】案，章，今本《申鑒》作“彰”。

[8]【今注】回惑：惶惑。今本《申鑒》作“忒惑”。

[9]【今注】案，今本《申鑒》“異望”後“則民志平”前有
“有罪惡者無徼倖，無罪過者不憂懼，請謁無所聽，財賂無所用”
數句。

　　君子以情用，小人以刑用。榮辱者，賞罰之
精華也。故禮教榮辱，以加君子，化其情也；桎
梏鞭撲，[1]以加小人，化其刑也。君子不犯辱，況
於刑乎！小人不忌刑，況於辱乎！若教化之廢，[2]
推中人而墜於小人之域；教化之行，引中人而納
於君子之塗。[3]是謂章化。[4]小人之情，緩則驕，
驕則恣，[5]恣則怨，怨則叛，[6]危則謀亂，安則思
欲，非威強無以懲之。故在上者必有武備，以戒
不虞，以遏寇虐。[7]安居則寄之內政，有事則用之
軍旅。[8]是謂秉威。

[1]【今注】桎梏：刑具。桎，腳鐐。梏，手銬。 鞭撲：鞭
打的刑罰。

[2]【今注】案，今本《申鑒》“若”後“教化”前有“夫中
人之倫，則刑禮兼焉”二句。

[3]【今注】塗：道路。

[4]【李賢注】章，明也。

[5]【今注】案，恣，今本《申鑒》作“急”。下“恣則怨”

亦作"急則怨"。

　[6]【今注】案，叛，今本《申鑒》作"畔"，通。

　[7]【今注】遏：阻止。

　[8]【李賢注】《國語》齊桓公問管仲曰："國安可乎？"管仲曰："未可。君若正卒伍（伍，大德本誤作'五'），脩甲兵，則大國亦將脩之，小國設備，可作內政而寄軍令焉。"注云："正（正，殿本作'政'），國政也。言脩國政而寄軍令，鄰國不知。"

　　賞罰，政之柄也。[1]明賞必罰，[2]審信慎令，[3]賞以勸善，罰以懲惡。人主不妄賞，非徒愛其財也，賞妄行則善不勸矣。不妄罰，非矜其人也，[4]罰妄行則惡不懲矣。賞不勸謂之止善，罰不懲謂之縱惡。在上者能不止下爲善，不縱下爲惡，則國法立矣。[5]是謂統法。

　[1]【李賢注】《韓子》曰："二柄者，刑、德也。殺戮之謂刑，慶賞之謂德。"

　[2]【今注】案，必，大德本作"心"。

　[3]【今注】審：慎。

　[4]【今注】案，今本《申鑒》"矜"前有"徒"字。曹金華《後漢書稽疑》："'非'後當有'徒'字，與前'不妄賞，非徒愛其財也'爲偶。《後漢紀》卷二九引即有'徒'字。"（第818頁）

　[5]【今注】案，法立，今本《申鑒》作"治"。

　　四患既蠲，[1]五政又立，[2]行之以誠，守之以固，簡而不怠，疏而不失，無爲爲之，使自施之，無事事之，使自交之。[3]不肅而成，不嚴而化，[4]

垂拱揖讓，而海內平矣。是謂爲政之方。[5]

[1]【今注】蠲（juān）：除。

[2]【今注】案，又，今本《申鑒》作“既”。

[3]【李賢注】《老子》曰：“爲無爲，事無事。”又曰“故得交歸”也（得，紹興本、大德本、殿本作“德”，是）。

[4]【今注】案，化，今本《申鑒》作“治”。

[5]【今注】案，以上見今本《申鑒·政體》篇。

又言：“尚主之制非古。[1]釐降二女，陶唐之典。歸妹元吉，帝乙之訓。王姬歸齊，宗周之禮。以陰乘陽，[2]違天；以婦陵夫，違人。違天不祥，違人不義。”又，“古者天子、諸侯有事，必告于廟。[3]朝有二史，左史記言，右史書事。[4]事爲《春秋》，言爲《尚書》。君舉必記，善惡成敗，[5]無不存焉。下及士庶，苟有茂異，[6]咸在載籍。或欲顯而不得，或欲隱而名章。得失一朝，而榮辱千載。善人勸焉，淫人懼焉。[7]宜於今者備置史官，掌其典文，紀其行事。每於歲盡，舉之尚書。以助賞罰，以弘法教”。

[1]【今注】案，主，大德本作“古”；大德本、殿本句末有“也”字。

[2]【今注】乘：勝。

[3]【今注】廟：宗廟。

[4]【李賢注】《禮記》曰“天子朝日于東門之外，聽朔于南門之外，閏月則闔門左扉，立于其中，動則左史書之（動，殿本作‘言’），言則右史書之”也（言，殿本作“動”）。【今注】

案，書事，今本《申鑒》作"記動"。

　　[5]【今注】案，善惡，今本《申鑒》作"臧否"。

　　[6]【今注】茂異：才德出衆。

　　[7]【李賢注】淫，過也。《左氏傳》曰"或求名而不得（大德本、殿本無'曰'字），或欲蓋而名章，書齊豹盜三叛人名，以懲不義"也。【今注】案，今本《申鑒·時事》"淫人懼焉"以下作"故先王重之，以副賞罰，以輔法教。宜於今者官以其方，各書其事，歲盡則集之於尚書。各備史官，使掌其典。不書詭常，爲善惡則書，言行足以爲法式則書，立功事則書，兵戎動衆則書，四夷朝獻則書，皇后、貴人、太子拜立則書，公主、大臣拜免則書，福淫禍亂則書，祥瑞災異則書。先帝故事，有起居注，日用動靜之節必書焉，宜復其式。内史掌之，以紀内事"。

　　帝覽而善之。帝好典籍，常以班固《漢書》文繁難省，[1]乃令悦依《左氏傳》體以爲《漢紀》三十篇，[2]詔尚書給筆札。辭約事詳，論辨多美。其序之曰："昔在上聖，惟建皇極，[3]經緯天地，觀象立法，乃作書契，以通宇宙，揚于王庭，厥用大焉。先王光演大業，[4]肆于時夏。[5]亦惟厥後，[6]永世作典。夫立典有五志焉：一曰達道義，二曰章法式，[7]三曰通古今，四曰著功勳，五曰表賢能。於是天人之際、事物之宜，粲然顯著，罔不備矣。世濟其軌，不隕其業。[8]損益盈虛，與時消息。[9]臧否不同，[10]其揆一也。漢四百有六載，撥亂反正，統武興文，永惟祖宗之洪業，思光啓乎萬嗣。[11]聖上穆然，[12]惟文之恤，[13]瞻前顧後，是紹是繼，[14]闡崇大猷，[15]命立國典。於是綴叙舊書，[16]以述《漢紀》。中興以前，[17]明主賢臣得失之軌，亦足以觀矣。"[18]又著《崇德》《正論》及諸論數十篇。[19]年六十二，建安十四年卒。[20]

　　[1]【今注】省：明白。

　　[2]【今注】漢紀：該書今存，爲編年體史書。《四庫全書總目提要》："張璠《漢紀》亦稱其'因事以明臧否，致有典要，大行於世'。唐劉知幾《史通・六家篇》，以悦書爲《左傳》家之首。其《二體篇》又稱其'歷代寶之，有逾本傳'。班、荀二體，角力爭先。其推之甚至，故唐人試士，以悦《紀》與《史》《漢》爲一科。《文獻通考》載宋李燾跋曰：'悦爲此《紀》，固不出班書，亦時有所刪潤。而諫大夫王仁、侍中王閎諫疏，班書皆無之。'又稱'司馬光編《資治通鑑》，書太上皇事及五鳳郊泰畤之月，要皆舍班而從荀。蓋以悦修《紀》時，固《書》猶未舛譌'。又稱'其君蘭君簡端瑞興譽寬竟諸字與《漢書》互異者，先儒皆兩存之'。王銍作《兩漢紀後序》，亦稱'荀、袁二紀，於朝廷紀綱，禮樂刑政，治亂成敗，忠邪是非之際，指陳論著，每致意焉。反復辨達，明白條暢。啓告當代，而垂訓無窮。'是宋人亦甚重其書也。其中若壺關三老茂，《漢書》無姓，悦書云'姓令狐'。朱雲請上方劍，《漢書》作斬馬，悦書乃作斷馬。證以唐張渭詩'願得上方斷馬劍，斬取朱門公子頭'句，知《漢書》字誤。資考證者亦不一。近時顧炎武《日知錄》乃惟取其'宣帝賜陳遂璽書'一條，及'元康三年封海昏侯詔'一條，能改正《漢書》三四字。其餘則病其叙事索然無意味。間或首尾不備。其小有不同，皆以班書爲長，未免抑揚過當。又曰：'紀王莽事自始建國元年以後，則云其二年，其三年，以至其十五年，以別於正統而盡没其天鳳、地皇之號'云云，其語不置可否。然不曰盡削而曰盡没，似反病其疏略者，不知班書莽自爲傳，自可載其僞號。荀書以漢系編年，豈可以莽紀元哉？是亦非確論，不足爲悦病也。是書考李燾所跋，自天聖中已無

善本。明黃姬水所刊亦間有舛譌。康熙中襄平蔣國祥、蔣國祚與袁宏《後漢紀》合刻，後附《兩漢紀字句異同考》一卷。今用以參校，較舊本稍完善焉。"今較好版本爲張烈點校《漢紀》（中華書局 2002 年版）。

[3]【今注】皇極：亦作"王極"。《尚書·洪範》九疇之五爲"皇極"，漢儒通常訓爲"大中"，即治國的大中之道。

[4]【今注】光演：廣大延續。案，今本《漢紀》"先王"後有"以"字。

[5]【李賢注】《詩·周頌》曰："我求懿德，肆於時夏。"鄭玄注曰："懿，美也。肆，陳也。我，武王也。求美德之士而任用之，故陳於是夏而歌之也。"【今注】時：此。　夏：華夏。馬瑞辰《毛詩傳箋通釋》："毛《傳》但訓夏爲大，不言大爲何指，與《左傳》引《詩》義合。呂叔玉言指大位，孔《疏》言功業大者，皆非也。《説文》：'夏，中國之人也。'《周官·大司樂》鄭注：'《大夏》，禹樂也。禹治水傅土，言其德能大中國也。'襄二十九年《左傳》：'爲之歌秦，曰：此之謂夏聲。又曰：能夏則大。'服虔注：'與諸夏同風，故曰夏聲。'是樂之名夏，本取中夏之義。《詩》言'肆于時夏'承上'我求懿德'言，宜從朱子《集傳》謂布德于中國。而後人因有'肆于時夏'一語，遂名其樂爲《肆夏》耳。傳止訓夏爲大，箋始以夏爲樂歌之大，《正義》合傳、箋爲一，失之。"（中華書局 1989 年版，第 1056—1057 頁）

[6]【今注】案，亦惟厥後，今本《漢紀》作"亦惟翼翼，以監厥後"。

[7]【今注】案，章，今本《漢紀》作"彰"。

[8]【李賢注】濟，成也。【今注】案，隕，今本《漢紀》作"殞"。

[9]【今注】消息：消長。

[10]【今注】案，今本《漢紀》"臧"前有"雖"字。

　　[11]【今注】光啓：擴大。案，今本《漢紀》無“漢四百”至“萬嗣”數句。

　　[12]【今注】案，今本《漢紀》“聖上”前有“是以”二字。穆然：和敬貌。

　　[13]【今注】恤：憂。今本《漢紀》作“卹”，義同。

　　[14]【今注】紹：繼承。案，今本《漢紀》本句以下作“臣悦職監秘書，攝官承乏，祇奉明詔，竊惟其宜。謹約撰舊書，通而叙之，總爲帝紀，列其年月，比其時事，撮要舉凡，存其大體，旨少所缺，務從省約，以副本書，以爲要紀。未克厥中，亦各其志；如其得失，以俟君子焉”。嚴可均《全後漢文》按語：“《後漢·荀悦傳》引《漢紀序》，校之本書，頗有删改，並移易其次第。録此一篇，足見史家所載，不盡合本書也。”

　　[15]【今注】闡：顯明。　大猷：大道。

　　[16]【今注】綴：綴字聯句，指寫作。

　　[17]【今注】中興：指光武帝中興漢室。

　　[18]【今注】案，嚴可均《全後漢文》按語指出：“此《漢紀》正文。范史稱之爲《序》。今從之。”今本《序》録以備考：“凡《漢紀》十二世，十一帝，通王莽二百四十二年。一祖三宗。高祖定天下，孝惠、高后值國家無事，百姓安集。太宗昇平，世宗建功，中宗治平，昭、景稱治。元、成、哀、平歷世陵遲，莽遂篡國也。凡祥瑞：黃龍見，鳳凰集，麒麟臻，神馬出，神鳥翔，神雀集，白虎仁獸獲，寶鼎昇，寶磬神光見，山稱萬歲，甘露降，芝草生，嘉禾茂，玄稷降，醴泉涌，木連理。凡災異大者：日蝕五十六，地震十六，天開地裂、五星集于東井各一，太白再經天，星孛二十四，山崩三十四，隕石十一，星隕如雨二，星晝見三，火災二十四，河、漢水大汎溢爲人害十，河汎一，冬雷五，夏雪三，冬無冰二，天雨血，雨草，雨魚，死人復生，男子化爲女子嫁爲人婦生子，枯木更生，大石自立。建安元年，上巡省幸許昌，以鎮萬國。外命元輔征討不庭，内齊七政允亮聖業，綜練典籍，兼覽傳記。其

三年，詔給事中祕書監荀悦抄撰《漢書》，略舉其要，假以不直，尚書給紙筆，虎賁給書吏。悦于是約集舊書，撮序《表》《志》總爲《帝紀》，通比其事，列繫年月。其祖宗功勳、先帝事業、國家綱紀、天地災異、功臣名賢、奇策善言、殊德異行、法式之典，凡在《漢書》者，本末體殊，大略粗舉；其經傳所遺闕者差少而求志，勢有所不能盡繁重之語，凡所行之事，出入省要，删略其文。凡爲三十卷，數十餘萬言，作爲《帝紀》，省約易習，無妨本書，有便於用，其旨云爾。會悦遷爲侍中，其五年書成乃奏，記云四百有一十六載，謂書奏之歲，歲在庚辰。昔晉之《乘》，楚之《檮杌》，魯之《春秋》，虞、夏、商、周之《書》，其揆一也。皆古之令典，立之則成其法，棄之則墜於地，瞻之則存，忽焉則廢，故君子重之，《漢書紀》其義同矣。凡《漢紀》有法式焉，有監戒焉；有廢亂焉，有持平焉；有兵略焉，有政化焉；有休祥焉，有災異焉；有華夏之事焉，有四夷之事焉；有常道焉，有權變焉；有策謀焉，有詭説焉；有術藝焉，有文章焉：斯皆明主賢臣，命世立業，群后之盛勳，髦俊之遺事。是故質之事實而不誣，通之萬方而不泥。可以興，可以治；可以動，可以静；可以言，可以行。懲惡而勸善，獎成而懼敗。兹亦有國之常訓，典籍之淵林。雖云撰之者陋淺，而本末存焉爾，故君子可觀之矣。”

[19]【今注】案，大德本無“諸”字。

[20]【今注】建安：東漢獻帝劉協年號（196—220）。

韓韶字仲黄，潁川舞陽人也。[1]少仕郡，辟司徒府。時太山賊公孫舉僞號歷年，[2]守令不能破散，多爲坐法。尚書選三府掾能理劇者，[3]乃以韶爲嬴長。[4]賊聞其賢，相戒不入嬴境。餘縣多被寇盜，廢耕桑，其流入縣界求索衣糧者甚衆。韶愍其飢困，乃開倉賑之，所稟贍萬餘户。主者爭謂不可。[5]韶曰：“長活溝壑之人，[6]而以此伏罪，含笑入地矣。"太守素知詔名德，竟無所坐。以病卒官。同郡李膺、陳寔、杜密、荀淑等爲立碑頌焉。[7]子融，字元長。少能辯理而不爲章句學。[8]聲名甚盛，五府並辟。獻帝初，至太僕。[9]年七十卒。

[1]【今注】舞陽：縣名。治所在今河南舞陽縣西。案，舞陽，大德本作"長社"。

[2]【今注】太山：泰山郡，治奉高縣（今山東泰安市東南）。

[3]【今注】三府：太尉、司徒、司空府。　理劇：治理繁難事務。

[4]【李賢注】嬴，縣，故城在今兗州博城縣東北（在今，殿本作"今在"）。【今注】嬴：縣名。治所在今山東萊蕪市西北。

[5]【今注】主者：管理糧倉者。

[6]【今注】長活：使生存。　溝壑：填溝壑，諱指將餓死之民。

[7]【今注】李膺：字元禮，潁川襄城（今河南襄城縣）人。傳見本書卷六七。　杜密：字周甫，潁川陽城（今河南登封市東南）人。傳見本書卷六七。

[8]【今注】案，辯，大德本、殿本作"辨"。

[9]【今注】太僕：官名。周置，秦、漢沿置。掌皇帝專用車馬，兼管官府畜牧業。列位九卿，秩中二千石。本書《百官志二》："太僕，卿一人，中二千石。本注曰：掌車馬。天子每出，奏駕上鹵簿用；大駕則執馭。丞一人，比千石。"

鍾皓字季明，潁川長社人也。[1]爲郡著姓，[2]世善刑律。皓少以篤行稱，公府連辟，爲二兄未仕，避隱密山，[3]以《詩》律教授門徒千餘人。同郡陳寔，年不及皓，皓引與爲友。皓爲郡功曹，[4]會辟司徒府，臨辭，太守問：“誰可代卿者？”皓曰：“明府欲必得其人，西門亭長陳寔可。”[5]寔聞之，曰：“鍾君似不察人，不知何獨識我？”皓頃之自劾去。[6]前後九辟公府，徵爲廷尉正、博士、林慮長，[7]皆不就。時皓及荀淑並爲士大夫所歸慕。李膺常歎曰：“荀君清識難尚，鍾君至德可師。”

[1]【今注】長社：縣名。治所在今河南長葛市東北。

[2]【今注】著姓：有聲望的族姓。

[3]【李賢注】密縣山也。【今注】密：縣名。治所在今山東高密市西南。

[4]【今注】郡功曹：郡守屬吏，爲郡守自選之屬吏中地位較高者，主選署功勞，議論賞罰。秩百石。

[5]【今注】亭長：秦漢之制，每十里一亭，亭有長，掌理捕劾盜賊。本書《百官志五》：“亭有亭長，以禁盜賊。本注曰：亭長，主求捕盜賊，承望都尉。”

[6]【今注】自劾：檢舉自己過失。案，《三國志》卷一三《魏書·鍾繇傳》裴松之注引《先賢行狀》曰：“皓爲司徒掾，公出，道路泥濘，導從惡其相灑，去公車絶遠。公稚軾言：‘司徒今日爲獨行耳！’還府向閣，鈴下不扶，令捶掾屬，公奮手不顧。時舉府掾屬皆投劾出，皓爲西曹掾，即開府門分布曉語已出者，曰：‘臣下不能得自直於君，若司隸舉繩墨，以公失宰相之禮，又不勝任，諸君終身何所任邪？’掾屬以故皆止。”據此，沈欽韓《後漢書疏證》指出，“范史言自劾去，然皓勸止劾者，未嘗自劾去也”。

[7]【今注】廷尉正：秦置，漢沿置。廷尉屬官。秩千石，東

漢減爲六百石。本書《百官志二》："正、左監各一人。左平一人，六百石。本注曰：掌平決詔獄。" 博士：五經博士。西漢武帝始置。參與議政、制禮、顧問應對等，掌策試官吏，在太學中教授五經之學，各置弟子員。初秩比四百石，後升比六百石。本書《百官志二》："博士十四人，比六百石。本注曰：《易》四，施、孟、梁丘、京氏。《尚書》三，歐陽、大小夏侯氏。《詩》三，魯、齊、韓氏。《禮》二，大小戴氏。《春秋》二，《公羊》嚴、顔氏。掌教弟子。國有疑事，掌承問對。本四百石，宣帝增秩。" 林慮：縣名。治所在今河南林州市。

　　皓兄子瑾母，膺之姑也。瑾好學慕古，有退讓風，與膺同年，俱有聲名。膺祖太尉脩，[1]常言："瑾似我家性，[2]邦有道不廢，邦無道免於刑戮。"復以膺妹妻之。瑾辟州府，未常屈志。[3]膺謂之曰："孟子以爲'人無是非之心，非人也'，[4]弟何期不與孟軻同邪？"瑾常以膺言白皓。皓曰："昔國武子好昭人過，以致怨本。[5]卒保身全家，爾道爲貴。"[6]其體訓所安，[7]多此類也。年六十九，終於家。諸儒頌之曰："林慮懿德，非禮不處。悅此《詩》《書》，弦琴樂古。五就州招，九應台輔。[8]逡巡王命，[9]卒歲容與。"[10]皓孫縣，建安中爲司隷校尉。[11]

　　[1]【今注】祖：曹金華《後漢書稽疑》："'祖'後疑脱'父'字，《黨錮·李膺傳》、《翰苑新書》卷四六引《東觀記》作'祖父脩'。"（第820頁） 脩：李脩。本書卷五《安帝紀》載永初五年（111）正月"甲申，光禄勳李脩爲太尉"，李賢注引《漢官儀》曰："脩字伯游，豫州襄城人也。"樊儵弟子。

〔2〕【今注】性：惠棟《後漢書補注》以爲“性”與“姓”通，“言似我家子姓也”。

〔3〕【今注】案，常，大德本、殿本作“嘗”。

〔4〕【李賢注】孟子曰：“人無惻隱之心，非人也。無羞惡之心，非人也。無辭讓之心，非人也。無是非之心，非人也。”【今注】案，語見《孟子・公孫丑上》。

〔5〕【李賢注】國武子，齊大夫。齊慶克通於齊君之母，國武子知之而責慶克，夫人遂譖武子而逐之。事見《左傳》。【今注】怨本：怨恨的根源。案，國武子事見《左傳》成公十七年《傳》文。

〔6〕【今注】爾：通“邇”。

〔7〕【今注】體訓：體察古訓。

〔8〕【今注】台輔：三公宰輔。

〔9〕【今注】逡巡：後退，這裏指隱退。

〔10〕【今注】容與：安閑自得。

〔11〕【李賢注】《海內先賢傳》曰：“繇字元常，郡主簿迪之子也。”《魏志》曰：“舉孝廉爲尚書郎，辟三府爲廷尉正、黃門侍郎。”【今注】繇：鍾繇，元常，潁川長社（今河南長葛市東）人。傳見《三國志》卷一三。　司隸校尉：官名。西漢武帝時置，掌察舉京師及京師近郡犯法者，並領京師所在之州。秩二千石。東漢時，主掌監察皇親國戚、京城百官，兼有領兵、檢敕、捕殺罪犯之權。同時爲司隸州行政長官，轄有京兆、左馮翊、右扶風、河東、河內、河南及弘農七郡，治所在今河南洛陽市。秩比二千石。本書《百官志四》：“司隸校尉一人，比二千石。本注曰：孝武帝初置，持節，掌察舉百官以下，及京師近郡犯法者。元帝去節，成帝省，建武中復置，并領一州。從事史十二人。本注曰：都官從事，主察舉百官犯法者。功曹從事，主州選署及衆事。別駕從事，校尉行部則奉引，錄衆事。簿曹從事，主財穀簿書。其有軍事，則置兵曹從

事，主兵事。其餘部郡國從事，每郡國各一人，主督促文書，察舉非法，皆州自辟除，故通爲百石云。假佐二十五人。本注曰：主簿錄閣下事，省文書。門亭長主州正。門功曹書佐主選用。孝經師主監試經。月令師主時節祠祀。律令師主平法律。簿曹書佐主簿書。其餘都官書佐及每郡國，各有典郡書佐一人，各主一郡文書，以郡吏補，歲滿一更。司隸所部郡七。”

　　陳寔字仲弓，[1]潁川許人也。[2]出於單微。[3]自爲兒童，雖在戲弄，[4]爲等類所歸。[5]少作縣吏，常給事厮役，[6]後爲都亭刺佐。[7]而有志好學，坐立誦讀。縣令鄧邵試與語，奇之，聽受業太學。[8]後令復召爲吏，乃避隱陽城山中。[9]時有殺人者，同縣楊吏以疑寔，縣遂逮繫，考掠無實，而後得出。及爲督郵，[10]乃密託許令，禮召楊吏。遠近聞者，咸歎服之。

　　[1]【今注】仲弓：錢大昕《廿二史考異》卷一二《後漢書三》引洪适《隸續》載《陳寔碑》云“字仲躬”。
　　[2]【今注】許：縣名。治所在今河南許昌市建安區東。
　　[3]【今注】單微：微賤。
　　[4]【今注】戲弄：玩耍。
　　[5]【今注】等類：同齡人。
　　[6]【今注】厮役：供使役的人。
　　[7]【今注】都亭：一般指國都、郡縣治所及封國治所所在都會或城市裏的亭（參見高敏《秦漢“都亭”考略》，《學術研究》1985 年第 5 期）。案，大德本、殿本“刺”後有“史”字。
　　[8]【今注】聽：許可。　太學：古代大學。西漢武帝始置。東漢規模愈盛，生員衆多（參見史錫平《漢代的太學制度》，《史

學月刊》1988 年第 3 期)。案，周天游《八家後漢書輯注》輯謝承
《後漢書》卷四："陳寔字仲弓，詣太學，郭林宗、陳仲舉爲親友。
歸家，立精舍，講授諸生數百人。"（第 109 頁）

［9］【今注】陽城山：山名。在今河南登封市東北。

［10］【今注】督郵：漢置。掌監屬縣、督送郵書，兼及案繫
盜賊、點録囚徒、催繳租賦等。郡府屬吏，秩六百石。漢代每郡依
據所轄縣多少，分東、西、南、北、中等爲五部（或二部、三部），
分部循行。督郵位卑權重，"分明善惡于外"，遂爲郡守之"耳目"。

家貧，復爲郡西門亭長，尋轉功曹。時中常侍侯
覽託太守高倫用吏，[1]倫教署爲文學掾。[2]寔知非其
人，懷檄請見。[3]言曰："此人不宜用，而侯常侍不可
違。寔乞從外署，不足以塵明德。"倫從之。[4]於是鄉
論怪其非舉，[5]寔終無所言。倫後被徵爲尚書，郡中士
大夫送至輪氏傳舍。[6]倫謂衆人言曰："吾前爲侯常侍
用吏，陳君密持教還，而於外白署。比聞議者以此少
之，[7]此咎由故人畏憚强禦，[8]陳君可謂善則稱君，過
則稱己者也。"寔固自引愆，[9]聞者方歎息，由是天下
服其德。

［1］【今注】中常侍：官名。秦始置，西漢沿置，出入宮廷，
侍從皇帝，通常爲列侯至郎中的加官。東漢以宦者爲之，屬少府，
秩千石，員額不限。侍從皇帝，備顧問應對，傳達詔命和掌理文
書。本書《百官志三》載："中常侍，千石。本注曰：宦者，無員。
後增秩比二千石。掌侍左右，從入內宮，贊導內衆事，顧問應對給
事。"　侯覽：山陽防東（今山東單縣東北）人。宦官。傳見本書
卷七八。

［2］【今注】文學掾：郡文學掾。兩漢於州郡及王國皆置文學官，掌學校教育。其組織今可考者，有文學師、文學孝掾、文學掾、文學主事掾等（參見陳直《武威漢簡文學弟子題字的解釋》，《考古》1961年第10期）。

［3］【李賢注】檄，板書。謂以高倫之教書之於檄而懷之者，懼洩事也。【今注】檄：用以徵召的文書。

［4］【李賢注】請從外署之舉，不欲陷倫於請託也。【今注】外署：指非由高倫親自任命，而由陳寔推舉任命。　塵：污染。

［5］【今注】鄉論：鄉里評論。　非舉：舉薦不得其人。

［6］【李賢注】輪氏，縣名，屬潁川郡，今故嵩陽縣是（嵩，紹興本作"高"）。【今注】輪氏：縣名。治所在今河南登封市西。傳舍：驛站。古時供出行官吏休息住宿之處所。一般三十里一置，也有以一縣爲間距的。

［7］【今注】少：輕視。

［8］【今注】故人：高倫自稱。　強禦：有權勢者。

［9］【今注】愆：罪過。

　　司空黃瓊辟選理劇，[1]補聞喜長，[2]旬月，[3]以考喪去官。[4]復再遷除太丘長。[5]修德清静，百姓以安。鄰縣人户歸附者，寔輒訓導譬解，[6]發遣各令還本司官行部。[7]吏慮有訟者，白欲禁之。寔曰："訟以求直，禁之理將何申？其勿有所拘。"[8]司官聞而歎息曰："陳君所言若是，豈有怨於人乎？"亦竟無訟者。以沛相賦斂違法，及解印綬去，吏人追思之。及後逮捕黨人，事亦連寔。餘人多逃避求免，寔曰："吾不就獄，衆無所恃。"乃請囚焉。遇赦得出。靈帝初，大將軍竇武辟以爲掾屬。時中常侍張讓權傾天下。[9]讓父死，歸葬潁川，雖一郡畢至，而名士無往者，讓甚恥之，寔乃獨弔焉。乃後復誅黨人，讓感寔，故多所全宥。[10]

[1]【今注】黃瓊：字世英，江夏安陸（今湖北雲夢縣）人。傳見本書卷六一。

[2]【今注】聞喜：縣名。治所在今山西聞喜縣東北。

[3]【今注】旬月：一個月或十個月，或泛指短時間內。

[4]【今注】朞喪：期服。爲期一年的喪服。

[5]【李賢注】太丘，縣，屬沛國，故城在今亳州永城縣西北也。【今注】太丘：縣名。治所在今河南永城市太丘鎮。案，周天游《八家後漢書輯注》輯司馬彪《續漢書》卷四：“陳寔字仲弓，舉灼然，爲司徒屬，遷太丘長。”（第 451 頁）

[6]【今注】譬解：開導；勸解。

[7]【李賢注】司官謂主司之官也。【今注】行部：行政管理區域。宋文民《後漢書考釋》：“謂令還所從來縣之主司之官行部也。”（上海古籍出版社 1995 年版，第 257 頁）

[8]【今注】拘：制止。

[9]【今注】張讓：潁川（今河南禹州市）人。宦官。傳見本書卷七八。

[10]【今注】全宥：寬赦過錯，保全其生命。

　　寔在鄉間，[1]平心率物。[2]其有爭訟，輒求判正，曉譬曲直，退無怨者。至乃歎曰：“寧爲刑罰所加，不爲陳君所短。”時歲荒民儉，有盜夜入其室，止於梁上。寔陰見，乃起自整拂，[3]呼命子孫，正色訓之曰：“夫人不可不自勉。不善之人未必本惡，習以性成，遂至於此。梁上君子者是矣！”盜大驚，自投於地，稽顙歸罪。[4]寔徐譬之曰：“視君狀貌，不似惡人，宜深剋己反善。然此當由貧困。”令遺絹二匹。自是一縣無復盜竊。[5]太尉楊賜、司徒陳耽，[6]每拜公卿，群僚畢賀，賜等常歎寔大位未登，愧於先之。及黨禁始解，大將軍何進、司徒袁隗遣人敦寔，[7]欲特表以不次之位。[8]寔乃謝使者曰：“寔久絕人事，飾巾待終而已。”[9]時三公每缺，議者歸之，累見徵命，遂不起，閉門懸車，[10]棲遲養老。[11]中平四年，[12]年八十四，卒于家。[13]何進遣使弔祭，海內赴者三萬餘人，制衰麻者以百數。[14]共刊石立碑，[15]諡爲文範先生。[16]有六子，紀、諶最賢。

[1]【今注】鄉閭：古以二十五家爲閭，一萬二千五百家爲鄉。這裏泛指鄉里。

[2]【今注】率物：爲衆人榜樣。

[3]【今注】整拂：整理拂拭。

[4]【今注】稽顙：以額觸地。

[5]【今注】案，《東觀漢記》卷一七：“陳寔在鄉閭，平心率物。有盜夜入其室，止於梁上。寔命子孫訓之曰：‘不善之人未必本不慈，習與性成，如梁上君子是也。’盜驚，自投地。寔徐譬之曰：‘視君狀貌，不似惡人，宜深克己反善，然當由貧，今遺絹二匹。’自是一縣無復盜竊。”案，二匹，大德本作“一匹”。

[6]【今注】陳耽：字漢公，東海人。以忠正稱，歷位三司。靈帝光和五年（182），詔公卿舉刺史、二千石爲民蠹害者。時太尉許、司空張濟受取貨略，於宦者子弟賓客雖貪濁而不問，耽直言上陳，爲宦官誣陷，死獄中。

[7]【李賢注】敦，勸也。【今注】袁隗：字次陽。袁安曾孫，

袁京孫，袁湯子。少歷顯官。東漢少帝光熹元年（189），從後將軍遷爲太傅。獻帝初平元年（190），袁隗長兄袁成子袁紹、次兄袁逢子袁術等起兵討伐董卓，董卓忿而誅殺隗及袁術兄袁基等男女二十餘人。事迹見本書卷四五《袁安傳》。

[8]【今注】不次：不按次第，指越級提拔。

[9]【今注】飾巾：謂不冠帶，隱居賦閑。案，周天游《八家後漢書輯注》輯華嶠《漢後書》卷三："何進、袁隗欲特表陳寔以不次之位，寔謝曰：'久絶人事，飾中待終而已。'"（第580頁）

[10]【今注】懸車：廢車不用，以示隱居不仕。

[11]【今注】棲遲：栖身，這裏指隱居。

[12]【今注】中平：東漢靈帝劉宏年號（184—189）。

[13]【今注】案，錢大昕《廿二史考異》卷一二《後漢書三》引洪适《隸續》載《陳寔碑》云："春秋八十三，中平三年卒。"

[14]【今注】衰麻：喪服。

[15]【今注】案，《文選》卷五八載蔡邕《陳太丘碑文》，又《蔡邕集》載另一《陳太丘碑》。參見鄧安生《蔡邕集編年校注》（河北教育出版社2002年版）。

[16]【李賢注】《先賢行狀》曰："將軍何進遣官屬弔祠爲謚。"

紀字元方，亦以至德稱。兄弟孝養，閨門雍和，[1]後進之士皆推慕其風。及遭黨錮，發憤著書數萬言，號曰《陳子》。黨禁解，四府並命，[2]無所屈就。遭父憂，每哀至，輒歐血絶氣，[3]雖衰服已除，而積毀消瘠，殆將滅性。[4]豫州刺史嘉其至行，[5]表上尚書，圖象百城，以厲風俗。

[1]【今注】雍和：和睦。

[2]【今注】四府：在東漢指太尉、司徒、司空、大將軍府。本書卷二七《趙典傳》"建和初，四府表薦"，李賢注云："四府，太尉、司徒、司空、大將軍府也。"

[3]【今注】歐血：吐血。

[4]【今注】滅性：過分哀傷，而毀滅性命。

[5]【今注】豫州：西漢武帝時所置十三刺史部之一，下轄潁川、汝南二郡及梁、沛、陳、魯四諸侯國。　刺史：官名。西漢武帝時始置，分全國爲十三部州，州置刺史一人。奉詔巡行諸郡，以六條問事，省察治政，黜陟能否，斷理冤獄。無治所，秩六百石。成帝時改刺史爲州牧，秩二千石。哀帝中復爲刺史，旋復爲牧。東漢光武帝建武十八年（42），罷州牧，復置刺史。東漢刺史，秩亦六百石。靈帝中平元年（184），黃巾起義爆發，復改刺史爲州牧，成爲郡以上的一級行政組織。

　　董卓入洛陽，乃使就家拜五官中郎將，[1]不得已，到京師，遷侍中。出爲平原相，往謁卓，時欲徙都長安。乃謂紀曰："三輔平敞，[2]四面險固，土地肥美，號爲陸海。[3]今關東兵起，[4]恐洛陽不可久居。長安猶有宮室，今欲西遷何如？"紀曰："天下有道，守在四夷。[5]宜脩德政，以懷不附。[6]遷移至尊，誠計之末者。愚以公宜事委公卿，專精外任。其有違命，則威之以武。今關東兵起，民不堪命。若謙遠朝政，[7]率師討伐，則塗炭之民，庶幾可全。若欲徙萬乘以自安，將有累卵之危，崢嶸之險也。"[8]卓意甚忤，而敬紀名行，無所復言。時議欲以爲司徒，紀見禍亂方作，不復辦嚴，[9]即時之郡。璽書追拜太僕，[10]又徵爲尚書

令。[11]建安初，袁紹爲太尉，[12]讓於紀；紀不受，拜
大鴻臚。[13]年七十一，卒於官。

　　[1]【今注】五官中郎將：官名。漢承秦置。職掌宿衞殿門，
出充車騎。光禄勳屬官，秩比二千石。本書《百官志二》：“五官中
郎將一人，比二千石。本注曰：主五官郎。”

　　[2]【今注】三輔：西漢京畿地區分設京兆尹、左馮翊、右扶
風進行管轄，合稱“三輔”。治所皆在長安城中，轄境相當於今陝
西中部地區。東漢雖以洛陽爲都，但仍沿用三輔的行政區劃。

　　[3]【李賢注】　《前書》曰，東方朔曰（大德本無“曰”
字）：“三輔之地，南有江、淮，北有河、渭，汧、隴以東，商、
洛以西，厥壤肥饒，此所謂天府陸海之地（地，大德本作
‘也’）。”

　　[4]【今注】關東：秦漢時指崤山、函谷關以東地區。

　　[5]【李賢注】《左傳》曰，楚沈尹戌曰“古者天子守在四
夷。天子卑，守在諸侯”也。【今注】守在四夷：夷狄爲之守禦
四方。

　　[6]【今注】懷：使歸附。

　　[7]【今注】謙遠：謙退而遠離。

　　[8]【李賢注】累卵，解見《皇后紀》。崢音士耕反（崢，大
德本誤作“净”）。【今注】崢嶸：山勢高峻突出貌。

　　[9]【李賢注】嚴讀曰裝也。【今注】辨嚴：辦裝，收拾行裝。
辨，通辦。嚴，避漢明帝劉莊諱改。

　　[10]【今注】璽書：敕令詔書。

　　[11]【今注】尚書令：官名。漢承秦置。初爲尚書署長官，
掌收發文書，隸少府。秩六百石。西漢武帝以後，職權漸重，爲宮
廷機要官員，掌傳達記錄詔命章奏，秩千石。東漢爲尚書臺長官，
掌決策出令、綜理政務，秩位低而總領朝政，名義上仍隸少府。本

書《百官志三》："尚書令一人，千石。本注曰：承秦所置，武帝用宦者，更爲中書謁者令，成帝用士人，復故。掌凡選署及奏下尚書曹文書衆事。"《通典》卷二二《職官四》："至秦，置尚書令。尚，主也。漢因之，銅印青綬。武帝用宦者，更爲中書謁者令。成帝去中書謁者令官，更以士人爲尚書令。後漢衆務，悉歸尚書，三公但受成事而已。尚書令主贊奏事，總領紀綱，無所不統。與司隸校尉、御史中丞朝會皆專席而坐，京師號曰'三獨坐'。故公爲令、僕射者，朝會不陛奏事。天子封禪，則尚書令奉玉牒檢兼藏封之禮。"

[12]【今注】袁紹：字本初，汝南汝陽（今河南商水縣西北）人。傳見本書卷七四上。

[13]【今注】大鴻臚：官名。秦置典客，掌諸歸義蠻夷。西漢景帝中更名大行令，武帝太初元年（前104）更名大鴻臚。成帝河平元年（前28）罷典屬國併大鴻臚。王莽時改稱典樂。東漢復稱大鴻臚。九卿之一，秩中二千石。本書《百官志一》："大鴻臚，卿一人，中二千石。本注曰：掌諸侯及四方歸義蠻夷。其郊廟行禮，贊導，請行事，既可，以命群司。諸王入朝，當郊迎，典其禮儀。及郡國上計，匡四方來，亦屬焉。皇子拜王，贊授印綬。及拜諸侯、諸侯嗣子及四方夷狄封者，臺下鴻臚召拜之。王薨則使弔之，及拜王嗣。"

　　子群，爲魏司空。[1]天下以爲公慙卿，卿慙長。[2]弟諶，字季方。與紀齊德同行，父子並著高名，時號三君。每宰府辟召，常同時旌命，[3]羔鴈成群，[4]當世者靡不榮之。諶早終。[5]

[1]【李賢注】群字長文。《魏志》曰"魯國孔融才高倨傲，年在群、紀之間，先與群交（殿本'群'前有'紀友後與'四

字），更爲紀拜，由是顯名”也（殿本無“也”字）。【今注】群：
陳群。傳見《三國志》卷二二。

[2]【今注】案，袁宏《後漢紀》卷二三《孝靈皇帝紀上》：
“文帝嘗問群：‘卿何如父祖？’群對曰：‘臣祖寔不言而治，臣父紀
言而行之，至於臣群有其言而必行。’”

[3]【今注】旌命：表彰徵召。

[4]【李賢注】古者諸侯朝天子，卿執羔，大夫執鴈，士執
雉。成群言衆多也。【今注】羔鴈成群：指來拜訪的士大夫很多。
《儀禮·士相見禮》：“下大夫相見，以鴈，飾之以布，維之以索，
如執雉。上大夫相見，以羔，飾之以布，四維之，結于面，左頭，
如麛執之。”

[5]【李賢注】《先賢行狀》曰：“豫州百城，皆圖畫寔、紀、
諶形像焉。”

論曰：漢自中世以下，閹豎擅恣，故俗遂以遁身
矯絜放言爲高。[1]士有不談此者，則芸夫牧豎已叫呼之
矣。[2]故時政彌惛，[3]而其風愈往。唯陳先生進退之
節，必可度也。[4]據於德故物不犯，安於仁故不離群，
行成乎身而道訓天下，故凶邪不能以權奪，[5]王公不能
以貴驕，所以聲教廢於上，而風俗清乎下也。

[1]【李賢注】放肆其言，不拘節制也。《論語》曰：“隱居
放言。”【今注】矯絜：高潔。

[2]【李賢注】叫呼，譏笑之也。芸，除草也。

[3]【今注】惛：同“昏”。

[4]【今注】度：合乎法度。

[5]【今注】權：秉持。這裏指搶奪。

　　贊曰：二李師淑，陳君友皓。韓韶就吏，贏寇懷道。大丘奧廣，[1]模我彝倫。[2]曾是淵軌，薄夫以淳。[3]慶基既啓，[4]有蔚穎濱，[5]二方承則，八慈繼塵。[6]

　　[1]【今注】案，大，大德本、殿本作“太”。　奧廣：深奧廣博。

　　[2]【今注】模：楷模。　彝倫：常道；倫常。

　　[3]【李賢注】曾之言則也。【今注】薄夫：刻薄之人。

　　[4]【今注】慶基：善基。

　　[5]【今注】蔚：興盛貌。

　　[6]【李賢注】二方，元方、季方也。荀淑八子，皆以慈爲字，見《荀氏家傳》也。【今注】繼塵：步後塵。

後漢書　卷六三

列傳第五十三

李固　子燮　杜喬

　　李固字子堅，漢中南鄭人，[1]司徒郃之子也。[2]郃在《數術傳》。固貌狀有奇表，鼎角匿犀，足履龜文。[3]少好學，常步行尋師，不遠千里。[4]遂究覽墳籍，[5]結交英賢。四方有志之士，多慕其風而來學。京師咸歎曰：“是復爲李公矣。”[6]司隸、益州並命郡舉孝廉，辟司空掾，皆不就。[7]陽嘉二年，[8]有地動、山崩、火災之異，[9]公卿舉固對策，[10]詔又特問當世之敝，爲政所宜。固對曰：

　　[1]【今注】漢中：郡名。治南鄭縣（今陝西漢中市）。
　　[2]【今注】司徒：官名。西漢哀帝罷丞相置大司徒。東漢光武建武二十七年（51），去“大”，稱司徒。掌民政，凡教民孝悌、遜順、謙儉，養生送死之事，則議其制，建其度，與太尉、司空並列“三公”。本書《百官志一》：“司徒，公一人。本注：掌人民

事。" 郃：李郃，字孟節，漢中南鄭人。傳見本書卷八二上。

[3]【李賢注】鼎角者，頂有骨如鼎足也。匽犀，伏犀也。謂骨當額上入髮際隱起也。足履龜文者二千石，見相書。

[4]【李賢注】《謝承書》曰："固改易姓名，杖策驅驢，負笈追師三輔，學《五經》，積十餘年。博覽古今，明於風角、星算、河圖、讖緯，仰察俯占，窮神知變。每到太學，密入公府，定省父母，不令同業諸生知是郃子。"【今注】案，周天游《八家後漢書輯注》輯司馬彪《續漢書》卷四："李固少有俊才，雅志好學。爲三公子，常躬步行，驅驢負書從師。"（上海古籍出版社1986年版，第452頁）

[5]【今注】墳籍：經典。

[6]【李賢注】言復繼其父爲公也。

[7]【李賢注】《謝承書》曰："五察孝廉，益州再舉茂才，不應。五府連辟，皆辭以疾。"【今注】司隸：司隸校尉部。西漢武帝征和四年（前89）置，掌京畿七郡捕督奸猾，察舉百官以下犯法者。無固定治所。轄境相當於今陝西秦嶺以北，隴縣、彬縣、黃陵、洛川、宜川以南，山西永和、汾西以南，霍州、沁水、陽城以西和河南安陽、新鄉、中牟以西，新鄭、汝陽、西峽以北地區。東漢建武十一年，降司隸校尉部爲十三部之一，成爲一級行政區，治所在雒陽縣（今河南洛陽市東北）。 益州：西漢武帝時所置十三刺史部之一，下轄漢中、巴郡、廣漢、蜀郡、犍爲、牂牁、越嶲、益州、永昌九郡。 孝廉：漢代察舉制科目之一。西漢武帝元光元年（前134）初令郡國舉孝、廉各一人，後合稱爲孝廉。漢代舉孝廉者多任郎官，有年齡限制，後又加考試，順帝時期，"初令郡國舉孝廉，限年四十以上，諸生通章句，文吏能牋奏，乃得應選；其有茂才異行，若顏淵、子奇，不拘年齒"（本書卷六《順帝紀》）。 司空：官名。西漢成帝更名御史大夫爲大司空。東漢光武建武二十七年，去"大"字，稱司空。掌水土事。與太尉、司徒

合稱三公。本書《百官志一》："司空，公一人。本注曰：掌水土事。凡營城起邑、浚溝洫、修墳防之事，則議其利，建其功。凡四方水土功課，歲盡則奏其殿最而行賞罰。凡郊祀之事，掌掃除樂器，大喪則掌將校復土。凡國有大造大疑，諫爭，與太尉同。"

掾：公府諸曹的正長官稱掾，副長官稱屬。

［8］【今注】陽嘉：東漢順帝劉保年號（132—135）。

［9］【今注】案，曹金華《後漢書稽疑》指出，"火災之異"在陽嘉元年，非二年。本書《五行志二》載："陽嘉元年，恭陵廡災，及東西莫府火。太尉李固以爲奢僭所致。"本書卷六《順帝紀》及《後漢紀》卷一八同。（中華書局2014年版，第825頁）

［10］【李賢注】《續漢書》曰"陽嘉二年，詔公卿舉敦樸之士，衛尉賈建舉固"也。【今注】對策：就政事、經義等設問，由應試者對答。自西漢起作爲取士考試的一種形式。

臣聞王者父天母地，[1]寶有山川。[2]王道得則陰陽和穆，政化乖則崩震爲灾。斯皆關之天心，效於成事者也。[3]夫化以職成，官由能理。古之進者，有德有命；[4]今之進者，[5]唯財與力。伏聞詔書務求寬博，疾惡嚴暴。而今長吏多殺伐致聲名者，必加遷賞；其存寬和無黨援者，輒見斥逐。是以淳厚之風不宣，彫薄之俗未革。[6]雖繁刑重禁，何能有益？

［1］【李賢注】《春秋感精符》曰："人主日月同明，四時合信，故父天母地，兄日姊月。"宋均注曰："父天於圜丘之祀也，母地於方澤之祭也，兄日於東郊，姊月於西郊。"

［2］【李賢注】《史記》曰："魏武侯浮西河而下，中河顧而

謂吳起曰：'美哉乎河山之固，此魏之寶也。' 吳起對曰：'在德不在險。'"【今注】案，曹金華《後漢書稽疑》指出，《後漢紀》卷一八引作"體其山川"，周天游《校注》據嚴可均《全後漢文》卷四八校作"體具山川"。(第825頁)

[3]【今注】成事：前事。

[4]【李賢注】命，爵命也。言有德者乃可加爵命也。

[5]【今注】案，大德本"進"後有"德"字。

[6]【今注】彫薄：衰頹，澆薄。

　　前孝安皇帝變亂舊典，封爵阿母，[1]因造妖孽，[2]使樊豐之徒乘權放恣，[3]侵奪主威，改亂嫡嗣，[4]至令聖躬狼狽，[5]親遇其艱。既拔自困殆，[6]龍興即位，天下喁喁，[7]屬望風政。[8]積敝之後，易致中興，誠當沛然思惟善道；[9]而論者猶云，方今之事，復同於前。

[1]【李賢注】阿母王聖。【今注】阿母：王聖。東漢安帝乳母，封野王君。與其女伯榮勾結宦官，恣肆暴虐。曾暗殺太子乳母王男、廚監邴吉。又與帝舅耿寶、大鴻臚閻顯相勾結，殺太尉楊震，讒廢太子劉保爲濟陰王。安帝死後，聖母女徙雁門。

[2]【今注】孽：同"孽"。

[3]【今注】樊豐：東漢安帝時任中常侍，與耿寶等譖廢皇太子劉保爲濟陰王，殺太尉楊震。順帝即位，閻太后以豐與耿寶等互相阿黨，下獄處死。

[4]【李賢注】謂順帝爲太子時，廢爲濟陰王。

[5]【今注】案，令，大德本作"今"。

[6]【李賢注】殆，危也。

［7］【今注】喁喁：低聲語。惠棟《後漢書補注》引胡三省曰："喁喁，眾口向上貌。"

［8］【今注】屬：通"囑"。

［9］【李賢注】沛然，寬廣之意。

臣伏從山草，[1]痛心傷臆。[2]實以漢興以來，三百餘年，賢聖相繼，十有八主。豈無阿乳之恩？豈忘貴爵之寵？[3]然上畏天威，俯案經典，知義不可，故不封也。今宋阿母，[4]雖有大功勤謹之德，但加賞賜，足以酬其勞苦；至於裂土開國，[5]實乖舊典。聞阿母體性謙虛，[6]必有遜讓，陛下宜許其辭國之高，使成萬安之福。

［1］【今注】山草：山野草莽，指未入仕。

［2］【今注】臆：胸。案，曹金華《後漢書稽疑》指出，《後漢紀》卷一八引作"臣伏在草澤，痛心疾首"（第825頁）。

［3］【今注】案，貴爵，大德本、殿本作"爵賞"。

［4］【李賢注】謂宋娥也。【今注】宋阿母：東漢順帝乳母。順帝即位，以其參與擁立，封山陽君。後因與宦官交相貨賂，求高官，增封邑，而被奪爵歸田舍。

［5］【今注】開國：建立諸侯國。

［6］【今注】體性：本性。

夫妃后之家所以少完全者，豈天性當然？但以爵位尊顯，[1]專總權柄，天道惡盈，不知自損，故至顛仆。[2]先帝寵遇閻氏，[3]位號太疾，故其受禍，曾不旋時。老子曰："其進銳，其退速也。"[4]

今梁氏戚爲椒房，禮所不臣，[5]尊以高爵，尚可然也。而子弟群從，榮顯兼加，永平、建初故事，[6]殆不如此。宜令步兵校尉冀及諸侍中還居黃門之官，[7]使權去外戚，政歸國家，豈不休乎！

[1]【今注】案，位，殿本作"禄"。

[2]【今注】顛仆：跌倒，這裏指滅亡。

[3]【今注】閻氏：閻姬，東漢安帝皇后。紀見本書卷一〇下。

[4]【李賢注】案，《孟子》有此文。《謝承書》亦云"孟子"，而《續漢書》復云"老子"。

[5]【李賢注】《公羊傳》曰："宋殺其大夫，何以不名（名，大德本作'各'）？宋三世無大夫，三世內娶也。"何休注云："內娶，娶大夫女也。言無大夫者三世，禮不臣妻之父母，國內皆臣，無娶道，故絕去大夫名，正其義也。"椒房者，皇后所居，以椒泥塗也。【今注】梁氏戚：指東漢順帝皇后梁妠族人。 椒房：椒，即花椒。漢代后妃所住的宮殿，用花椒和泥塗抹墙，取其温暖有香氣，兼有多子之意。

[6]【今注】永平：東漢明帝劉莊年號（58—75）。 建初：東漢章帝劉炟年號（76—84）。

[7]【今注】步兵校尉：官名。西漢武帝時始置，掌上林苑門屯兵。東漢沿置，屬北軍中候，掌宿衛京師。本書《百官志四》："步兵校尉一人，比二千石。本注曰：掌宿衛兵。" 冀：梁冀，字伯卓，安定烏氏（今寧夏固原市東南）人。傳見本書卷三四。 侍中：官名。秦始置。西漢時爲加官，無員，凡官員加此頭銜即可入禁中，親近皇帝。初掌雜務，後漸與聞朝政、贊導衆事、顧問應對，與公卿大臣論辯，平議尚書奏事，爲中朝要職。本書《百官志三》："侍中，比二千石。本注曰：無員。掌侍左右，贊導衆事，顧問應對。法駕出，則多識者一人參乘，餘皆騎在乘輿車後。本有僕

射一人，中興轉爲祭酒，或置或否。” 黄門：這裏指“給事黄門”一類的低級官吏。

又詔書所以禁侍中尚書中臣子弟不得爲吏察孝廉者,[1]以其秉威權，容請託故也。而中常侍在日月之側,[2]聲執振天下,[3]子弟禄任，曾無限極。雖外託謙默，不干州郡，而諂僞之徒，望風進舉。今可爲設常禁，同之中臣。

[1]【今注】尚書：官名。東漢尚書臺六曹，每曹設尚書一人，分別負責己曹事務。秩六百石。本書《百官志三》：“尚書六人，六百石。本注曰：成帝初置尚書四人，分爲四曹：常侍曹尚書主公卿事；二千石曹尚書主郡國二千石事；民曹尚書主凡吏上書事；客曹尚書主外國夷狄事。世祖承遵，後分二千石曹，又分客曹爲南主客曹、北主客曹，凡六曹。” 中臣：惠棟《後漢書補注》引胡三省曰：“此中謂中朝臣也。”

[2]【今注】中常侍：官名。初稱常侍，東漢武帝以後參與朝議，成爲中朝官。無定員。元帝以後稱中常侍。凡列侯、將軍、卿大夫、將、都尉、尚書以至郎中，加此得出入禁中，常侍皇帝左右。《資治通鑑》卷二八《漢紀》孝元皇帝初元元年胡三省注根據《百官公卿表》指出，侍中、中常侍皆爲加官，西漢時參用士人，東漢時乃以宦者爲中常侍。本書《百官志三》載：“中常侍，千石。本注曰：宦者，無員。後增秩比二千石。掌侍左右，從入内宫，贊導内衆事，顧問應對給事。”

[3]【今注】執：通“勢”。

昔館陶公主爲子求郎,[1]明帝不許，賜錢千萬。所以輕厚賜，重薄位者，爲官人失才，害及百姓也。竊聞長水司馬武宣、[2]開陽城門候羊迪等，[3]無它功德，[4]初拜便眞。[5]此雖小失，而漸壞舊章。[6]先聖法度，所宜堅守，政教一跌，百年不復。《詩》云：“上帝板板，下民卒癉。”刺周王變祖法度，故使下民將盡病也。[7]

[1]【李賢注】館陶公主，光武第三女也。【今注】館陶公主：劉紅夫。

[2]【李賢注】《續漢志》“長水校尉一人，比二千石（千，大德本作‘平’），司馬一人，千石，掌宿衞”也。

[3]【李賢注】《續漢志》曰：“城門每門候一人，六百石。”【今注】開陽：縣名。治所在今山東臨沂市北。

[4]【今注】案，它，大德本、殿本作“他”。

[5]【今注】眞：眞二千石。漢代官吏秩級之一，低於中二千石，高於比二千石。月俸爲一百二十斛。由於漢代郡守、諸侯國相一般爲二千石，故史籍中的“二千石”一般指郡守和諸侯國相。《漢書·百官公卿表上》顏師古注：“漢制，三公號稱萬石，其俸月各三百五十斛穀。其稱中二千石者月各百八十斛，二千石者百二十斛，比二千石者百斛，千石者九十斛，比千石者八十斛，六百石者七十斛，比六百石者六十斛，四百石者五十斛，比四百石者四十五斛，三百石者四十斛，比三百石者三十七斛，二百石者三十斛，比二百石者二十七斛，一百石者十六斛。”

[6]【李賢注】《續漢書》曰：“中都官，千石、六百石，故事先守一歲（守，大德本誤作‘中’），然後補眞。”

[7]【李賢注】板，反也。卒，盡也。癉，病也。《詩·大雅》，凡伯刺周厲王反先王之道，下人盡病也。【今注】案，語見今本《毛詩·大雅·板》。

今陛下之有尚書，猶天之有北斗也。斗爲天喉舌，尚書亦爲陛下喉舌。[1]斗斟酌元氣，運平四時。[2]尚書出納王命，賦政四海，[3]權尊埶重，責之所歸。若不平心，灾眚必至。誠宜審擇其人，以毗聖政。[4]

[1]【李賢注】《春秋合誠圖》曰：“天理在斗中，司三公，如人喉在咽，以理舌語。”宋均注曰：“斗爲天之舌口，主出政教（主，大德本誤作‘王’）。三公主導宣君命，喻於人，則宜如人喉在咽（在，大德本作‘存’），以理舌口，使言有條理。”

[2]【李賢注】《春秋保乾圖》曰：“天皇於是斟元陳樞（大德本、殿本‘元’後有‘氣’字），以五易威。”宋均注曰：“威，則也，法也。天皇斟元氣，陳列樞機，受行次之當得也。”

[3]【李賢注】賦，布也。

[4]【今注】毗：輔助。

今與陛下共理天下者，外則公卿、尚書，內則常侍、黄門，譬猶一門之內，一家之事，安則共其福慶，危則通其禍敗。[1]刺史、二千石，[2]外統職事，內受法則。夫表曲者景必邪，源清者流必絜，猶叩樹本，百枝皆動也。《周頌》曰：“薄言振之，莫不震疊。”[3]此言動之於內，而應於外者也。猶此言之，[4]本朝號令，豈可蹉跌？[5]閒隙一開，則邪人動心；利競暫啓，則仁義道塞。刑罰不能復禁，化導以之寖壞。[6]此天下之紀綱，當今之急務。

[1]【今注】通：曹金華《後漢書稽疑》指出，《後漢紀》卷一八引作"同"，以"共"言之，作"同"義長。

[2]【今注】刺史：官名。西漢武帝時始置，分全國爲十三部州，州置刺史一人。奉詔巡行諸郡，以六條問事，省察治政，黜陟能否，斷理冤獄。無治所，秩六百石。成帝時改刺史爲州牧，秩二千石。漢哀帝中復爲刺史，旋復爲牧。東漢光武帝建武十八年（42），罷州牧，復置刺史。東漢刺史，秩亦六百石。漢靈帝中平元年（184），黃巾起義爆發，復改刺史爲州牧，成爲郡以上的一級行政組織。

[3]【李賢注】《韓詩薛君傳》曰："薄，辭也。振，奮也。莫，無也。震，動也。疊，應也。美成王能奮舒文武之道而行之（大德本'美'後有'也'字），則天下無不動而應其政教。"【今注】案，語見今本《毛詩·周頌·時邁》。

[4]【今注】案，猶，大德本、殿本作"由"。

[5]【今注】蹉跌：跌倒，這裏指失誤。

[6]【今注】寖：通"寢"，逐漸。

　　陛下宜開石室，陳圖書，[1]招會群儒，引問失得，[2]指摘變象，以求天意。其言有中理，即時施行，顯拔其人，以表能者。則聖聽日有所聞，忠臣盡其所知。又宜罷退宦官，去其權重，裁置常侍二人，方直有德者，省事左右；[3]小黃門五人，[4]才智閑雅者，[5]給事殿中。如此，則論者厭塞，升平可致也。臣所以敢陳愚瞽，[6]冒昧自聞者，儻或皇天欲令微臣覺悟陛下。陛下宜熟察臣言，憐赦臣死。[7]

[1]【李賢注】《前書》曰：“司馬遷爲太史令，紬史記石室金匱之書。”紬音抽。【今注】圖書：這裏指讖書。惠棟《後漢書補注》：“圖書，即《河》《洛》也。《黃瓊傳》曰，‘陛下宜開石室，案《河》《洛》’。《河》《洛》即讖也，讖書幽祕，藏之石室，故蘇竟曰‘元包幽室，文隱事明’是也。下云‘引問得失，指摘變化，以求天意’，則圖書指讖書明矣。”

[2]【今注】案，失得，大德本、殿本作“得失”。

[3]【今注】省事：處理政務。

[4]【今注】小黃門：東漢始置。宦官，位次中常侍，高於中黃門。侍從皇帝左右，收受尚書奏事，傳宣帝命，掌宮廷內外、皇帝與後宮之間的聯絡。名義上隸屬少府，秩六百石。明帝、章帝之世，員額十人，和帝後增至二十人。以後權勢漸重，用事於中，甚至總典禁兵。諸中常侍多由此遷任。本書《百官志三》：“小黃門，六百石。本注曰：宦者，無員。掌侍左右，受尚書事。上在內宮，關通中外及中宮已下衆事。諸公主及王太妃等有疾苦，則使問之。”

[5]【今注】閑雅：形容舉止嫻靜文雅。

[6]【今注】瞽（gǔ）：盲，這裏指不達事理。

[7]【今注】案，曹金華《後漢書稽疑》指出：“本傳以此爲李固對策之結尾，而《後漢紀》卷十八則以‘臣父故司徒臣郃，受先帝厚恩，子孫不敢自比於餘隸，故敢圖書，悉心以對，不敢虛造’了結，又全文增删、倒置、改纂者，莫之能辨。《集解》引沈欽韓説，謂‘惜袁、范各以意刊削，二書相校，同者纔十之三，遂不見元本’。復審范書所引詔書、奏疏等，多與他書文字不同，知范氏皆據文義增删，蓋非檔案原文，凡治史者須知此矣。”（第826頁）

順帝覽其對，多所納用，即時出阿母還弟舍，諸常侍悉叩頭謝罪，朝廷肅然。以固爲議郎。[1]而阿母宦者疾固言直，因詐飛章以陷其罪，^[2]事從中下。大司農黃尚等請之於大將軍梁商，^[3]又僕射黃瓊救明固事，^[4]久乃得拜議郎。^[5]出爲廣漢雒令，^[6]至白水關，解印綬，還漢中，^[7]杜門不交人事。歲中，梁商請爲從事中郎。^[8]商以后父輔政，而柔和自守，不能有所整裁，^[9]災異數見，下權日重。固欲令商先正風化，退辭高滿，^[10]乃奏記曰：

[1]【今注】議郎：官名。秦置漢承。掌顧問應對，參與議政。不入直宿衛。漢九卿之一光禄勳（郎中令）屬官，秩比六百石。

[2]【今注】飛章：報告急變或急事的奏章。

[3]【今注】大司農：官名。秦置治粟内史，西漢景帝時更名大農令，武帝時更名大司農，王莽改大司農曰羲和，後更爲納言。職掌全國租賦收入和國家財政開支。九卿之一，秩中二千石。本書《百官志三》載："大司農，卿一人，中二千石。本注曰：掌諸錢穀金帛諸貨幣。郡國四時上月旦見錢穀簿，其逋未畢，各具别之。邊郡諸官請調度者，皆爲報給，損多益寡，取相給足。"　黃尚：惠棟《後漢書補注》："《謝承書》有豫章黃向，字文章。案《順帝紀》陽嘉三年大司農黃尚爲司徒，'向'疑作'尚'，注云'尚字伯，河南郡即人'。"大德本、殿本作"黃向"。　大將軍：官名。戰國時設，兩漢因之。地位因人而異，與三公相上下，與丞相相當。自西漢武帝時起領録尚書事，外主征戰，内秉國政，權勢超過丞相。東漢多以貴戚擔任，位在三公之上。　梁商：字伯夏，安定烏氏（今寧夏固原市東南）人。東漢外戚、大臣，女爲順帝皇后。傳見本書卷三四。

[4]【今注】僕射：官名。秦置，漢因之。爲尚書令之貳，掌拆閱封緘章奏文書，令不在，則代理其職。東漢獻帝建安四年

（199）分置尚書左、右僕射，若尚書令缺，則以左僕射爲尚書省長官。本書《百官志三》載：“尚書僕射一人，六百石。本注曰：署尚書事，令不在則奏下衆事。” 黃瓊：字世英，江夏安陸（今湖北雲夢縣）人。傳見本書卷六一。

［5］【今注】案，曹金華《後漢書稽疑》指出，本傳“以固爲議郎，而阿母宦者疾固言直，因詐飛章以陷其罪，事從中下。大司農黃尚等請之於大將軍梁商，又僕射黃瓊救明固事，久乃得拜議郎”中“以固爲議郎”與“久乃得拜議郎”文義不明。故王先謙《後漢書集解》引《刊誤》說，以爲“固前已云爲議郎，又云得拜議郎，史之叙事理無如此，蓋當云‘久乃得已，復拜議郎’，少‘已復’二字也”。而周壽昌謂“漢官制，故事先守一歲，然後即真，或固始爲議郎尚是守官，此方真拜。且本傳明云以固爲議郎，疾固者飛章陷罪，事從中下，是先雖爲議郎而未得拜，至是始拜也，不必如劉説”。然據《華陽國志》卷一〇“以對策忠亢，拜議郎”，《後漢紀》卷一八“拜固爲議郎，權臣皆切齒於固，將加之罪，朝中名臣黃瓊等救解之”，參以本傳阿母等“飛章以陷其罪”，黃瓊“救明固事”，周氏等説似亦未得，作“久乃得解”義長。

［6］【今注】廣漢：郡名。西漢治梓潼縣（今四川梓潼縣）。東漢安帝永初二年（108）移治涪縣（今四川綿陽市東），又徙治雒縣（今四川廣漢市）。

［7］【李賢注】《梁州記》曰：“關城西南百八十里有白水關，昔李固解印綬處也。”故關城今在梁州金牛縣西。【今注】白水關：一説在廣元市朝天鎮，一説在廣元市白水鎮，一説在青川縣白水五里。（詳見陶張《白水關故地考》，《四川地方誌通訊》1984 年第 4 期；李龍《陰平道考略》，《成都大學學報》2017 年第 1 期）

［8］【今注】從事中郎：官名。東漢大將軍、車騎將軍屬官。職參謀議、大將軍府所屬員二人，秩六百石。

［9］【今注】整裁：治理決斷。

［10］【今注】高滿：過度。

　　《春秋》褒儀父以開義路，[1]貶無駭以閉利門。[2]夫義路閉則利門開，利門開則義路閉也。前孝安皇帝內任伯榮、樊豐之屬，[3]外委周廣、謝惲之徒，[4]開門受賂，署用非次，天下紛然，怨聲滿道。朝廷初立，頗存清靜，未能數年，稍復墮損。左右黨進者，日有遷拜，守死善道者，滯涸窮路，[5]而未有改敝立德之方。

　　［1］【李賢注】隱公元年三月，“公及邾儀父盟于眜”。《公羊傳》曰：“儀父者何？邾婁之君也。何以稱字？褒之也。曷爲褒之？爲其與公盟也。”何休注云：“《春秋》王魯，託隱公爲受命王，因儀父先與隱公盟，假以見褒賞義。”

　　［2］【李賢注】《春秋》隱公二年，經書“無駭帥師入極”。《公羊傳》曰：“無駭者何？展無駭也。何以不氏？貶（大德本、殿本‘貶’後有‘之也’二字）。曷爲貶（大德本、殿本無‘爲’字）？疾始滅也。”

　　［3］【李賢注】伯榮，王聖女也。

　　［4］【今注】周廣：東漢安帝時爲侍中。延光四年（125）安帝崩，北鄉侯立，坐與耿寶、樊豐、謝惲、王聖阿黨，下獄死。謝惲：字伯周。安帝時任虎賁中郎將，安帝崩後坐與耿寶等阿黨，下獄死。

　　［5］【李賢注】守死善道，《論語》文。滯涸窮路，以魚爲諭也（諭，大德本、殿本作“喻”）。

　　又即位以來，十有餘年，聖嗣未立，群下繼

望。可令中宮博簡嬪媵，[1]兼採微賤宜子之人，進御至尊，順助天意。若有皇子，母自乳養，無委保妾醫巫，[2]以致飛燕之禍。[3]明將軍望尊位顯，當以天下爲憂，崇尚謙省，垂則萬方。而新營祠堂，費功億計，非以昭明令德，崇示清儉。自數年以來，災怪屢見，比無雨潤，而沈陰鬱浹。[4]宮省之内，容有陰謀。孔子曰："智者見變思刑，愚者觀怪諱名。"天道無親，可爲祇畏。[5]

[1]【今注】簡：通"柬"。選擇。　嬪媵：嬪妾。

[2]【今注】保妾：保姆。

[3]【李賢注】趙飛燕，成帝皇后。妹爲昭儀，專寵。成帝貴人曹偉能等生皇子，皆殺之。【今注】飛燕：傳見《漢書》卷九七下。

[4]【李賢注】雲起貌。【今注】案，浹，大德本、殿本作"決"，是。

[5]【李賢注】祇，敬也。言天無親疏，惟善是與，可敬威也（威，殿本作"畏"）。《書》曰："皇天無親。"

　　加近者月食既於端門之側。[1]月者，大臣之體也。[2]夫窮高則危，大滿則溢，月盈則缺，日中則移。[3]凡此四者，自然之數也。天地之心，福謙忌盛，[4]是以賢達功遂身退，[5]全名養壽，無有怵迫之憂。[6]誠令王綱一整，道行忠立，明公踵伯成之高，全不朽之譽，[7]豈與此外戚凡輩耽榮好位者同日而論哉！固狂夫下愚，不達大體，竊感古人一飯之報,[8]況受顧遇而容不盡乎!

[1]【李賢注】既,盡也。端門,太微宮南門也。【今注】案,加,殿本作"如"。

[2]【李賢注】《前書》李尋上疏曰:"月者衆陰之長,妃后、大臣、諸侯之象也。"

[3]【李賢注】《易·豐卦》曰:"日中則昃,月盈則食,天地盈虚,與時消息。"《史記》蔡澤謂范雎曰"日中則移,月滿則虧"也。

[4]【李賢注】《易》曰:"鬼神害盈而福謙,人道惡盈而好謙。"又曰:"見天地之心。"

[5]【李賢注】《老子》曰:"功成名遂身退,天之道也。"

[6]【李賢注】爲利所誘,怵迫於憂勤也。怵音息律反,或音黜。【今注】怵迫:爲利所誘惑、威迫。

[7]【李賢注】《莊子》曰:"伯成子高,唐虞時爲諸侯,至禹,去而耕。禹往見之,則耕在野。禹問曰:'昔堯化天下,吾子立爲諸侯,堯授舜,舜授予,子去而耕,其故何也?'子高曰:'昔堯化天下,至公無私,不賞而人自勸,不罰而人自畏。今子賞而不勸,罰而不威,德自此衰,刑自此作(大德本、殿本"刑"前有"而"字)。夫子盍行,無留吾事。'俋俋然(俋俋,大德本作'悒悒'),耕不顧。"亦見《呂氏春秋》。

[8]【李賢注】謂靈輒也。【今注】古人一飯之報:指靈輒事。靈輒爲春秋時晉國人。趙盾獵於首山,曾施食之。晉靈公十四年,靈公伏甲攻盾,其掩護盾得脱。

商不能用。永和中,[1]荆州盜賊起,[2]彌年不定,乃以固爲荆州刺史。固到,遣吏勞問境内,赦寇盜前釁,[3]與之更始。於是賊帥夏密等斂其魁黨六百餘人,自縛歸首。固皆原之，遣還，使自相招集，開示威法。
半歲閒，餘類悉降，州內清平。上奏南陽太守高賜等
臧穢。[4]賜等懼罪，遂共重賂大將軍梁冀，冀爲千里移
檄，[5]而固持之愈急。冀遂令徙固爲太山太守。[6]時太
山盜賊屯聚歷年，郡兵常千人，追討不能制。固到，
悉罷遣歸農，但選留任戰者百餘人，以恩信招誘之。
未滿歲，賊皆弭散。遷將作大匠。[7]上疏陳事曰：

［1］【今注】永和：東漢順帝劉保年號（136—141）。

［2］【今注】荊州：西漢武帝時所置十三刺史部之一。東漢治
所在漢壽縣（今湖南常德市東北）。轄境約當今湖北、湖南二省及
河南、貴州、廣西、廣東等省部分地區。

［3］【今注】釁：罪。

［4］【今注】南陽：郡名。治宛縣（今河南南陽市臥龍區）。

［5］【李賢注】言移一日行千里，救之急也。【今注】移檄：
移和檄皆爲官方文書名。多用於徵召、曉諭和聲討。

［6］【今注】太山：泰山郡，治奉高縣（今山東泰安市東）。

［7］【今注】將作大匠：官名。秦稱將作少府，掌治宮室。西
漢景帝中六年（前144）改稱將作大匠。東漢沿置，秩二千石，掌
修作宗廟、路寢、宮室、陵園土木工程等。本書《百官志四》：“將
作大匠一人，二千石。本注曰：承秦，曰將作少府，景帝改爲將作
大匠。掌修作宗廟、路寢、宮室、陵園木土之功，并樹桐梓之類列
于道側。”

　　臣聞氣之清者爲神，人之清者爲賢。養身者
以練神爲寶，[1]安國者以積賢爲道。昔秦欲謀楚，
王孫圉設壇西門，陳列名臣，秦使憮然，遂爲寢

兵。[2]魏文侯師卜子夏，友田子方，軾段干木，故群俊競至，名過齊桓，秦人不敢闚兵於西河，斯蓋積賢人之符也。[3]陛下撥亂龍飛，初登大位，聘南陽樊英、江夏黃瓊、廣漢楊厚、會稽賀純，[4]策書嗟歎，待以大夫之位。是以巖穴幽人，智術之士，彈冠振衣，樂欲爲用，四海欣然，歸服聖德。[5]厚等在職，雖無奇卓，然夕惕孳孳，[6]志在憂國。臣前在荆州，聞厚、純等以病免歸，誠以悵然，爲時惜之。一日朝會，[7]見諸侍中並皆年少，無一宿儒大人可顧問者，誠可歎息。宜徵還厚等，以副群望。瓊久處議郎，已且十年，[8]衆人皆怪始隆崇，今更滯也。[9]光禄大夫周舉，[10]才謨高正，宜在常伯，[11]訪以言議。侍中杜喬，學深行直，當世良臣，久託疾病，可勑令起。[12]

[1]【今注】練神：修煉精神情志。

[2]【李賢注】秦欲伐楚，使使者往觀楚之寶器。昭奚恤乃爲壇，使客東面，自居西面之壇，稱曰：“理百姓，實倉廩，子西在此；奉珪璋，使諸侯，子方在此；守封疆（疆，殿本誤作‘彊’），謹境界，葉公子高在此；理師旅，正兵戎，司馬子反在此；懷霸王之餘義，獵治亂之遺風，昭奚恤在此（奚，大德本誤作‘累’）：惟大國所觀。”使反，言於秦君曰：“楚多賢臣，未可謀也。”事見《新序》。《國語》曰，楚王孫圉聘於晉，趙簡子鳴玉以相，問圉曰：“楚之白珩猶在乎，其爲寶也幾何？”對曰：“未嘗爲寶也。楚人有觀射父，能作訓辭以行諸侯，有左史倚相，道訓典以序百物，此楚國之寶也。若夫古玉、白珩，先王之所玩也，何寶焉！”與此所引不同也。【今注】王孫圉：春秋時楚昭王

大夫。

[3]【李賢注】魏文侯受經於子夏，過段干木閭，未嘗不軾也（軾，大德本作"恓"）。李克曰："文侯東得卜子夏、田子方、段干木，此三人者，君皆師之。"又秦欲伐魏，或曰："魏君賢人是禮，國人稱仁，上下和合，未可圖也。"事見《史記》也（殿本無"也"字）。【今注】魏文侯：戰國時魏國第一位君主，名斯。執政期間師於李悝，進行變法，造《法經》，盡地力之教；用吳起、樂羊爲將，西伐秦，北伐中山；任西門豹守鄴，河內稱治。推行變法與改革，使魏國富强。　卜子夏：卜商，春秋戰國時衞（今河南北部與河北南部一帶）人。孔子弟子。事迹見《史記》卷六七《仲尼弟子列傳》。　田子方：名無擇，魏國賢者。　段干木：戰國時魏國人。師子夏，高尚不仕。魏文侯欲見之，造其門，干木避之。請以爲相，不受。遂以客禮待之，出過其閭必憑軾致敬。秦興兵欲攻魏，聞段干木賢，而魏侯能以禮待之，乃不入侵而還。

[4]【李賢注】《謝承書》曰："純字仲真，會稽山陰人。少爲諸生，博極群藝。十辟公府，三舉賢良方正，五徵博士，四公車徵，皆不就。後徵拜議郎，數陳災異，上便宜數百事，多見省納。遷江夏太守。"【今注】樊英：字季齊，南陽魯陽（今河南魯山縣）人。傳見本書卷八二上。　江夏：郡名。治西陵縣（今湖北武漢市新洲區西）。　楊厚：字仲桓，廣漢新都（今四川成都市新都區）人。傳見本書卷三〇上。　會稽：郡名。治山陰縣（今浙江紹興市越城區）。

[5]【今注】案，曹金華《後漢書稽疑》指出，《後漢紀》卷一九引作"是以岩穴幽人，肥遯之士，莫不彈冠振衣，樂爲時用，四海歡然，歸服聖德"（第828頁）。

[6]【今注】夕惕：日夜謹慎不懈怠。

[7]【今注】一日：惠棟《後漢書補注》以爲即昨日。

[8]【今注】案，曹金華《後漢書稽疑》指出，本書卷六一

《黄瓊傳》載"永建中，公卿多薦瓊者……瓊至，即拜議郎，稍遷尚書僕射……（永建）三年，大旱，瓊復上疏曰：……頃之，遷尚書令"，據此不當云"久處議郎，已且十年"。《後漢紀》卷一九載此上疏作"瓊等久處郎署，已且十年"，是瓊久處尚書署。"議郎"當作"郎署"。（第828、829頁）

［9］【李賢注】隆，高也。崇，重也。

［10】【今注】光禄大夫：官名。西漢武帝時改中大夫置，掌論議。屬光禄勳，秩比二千石。西漢晚期，多作爲貴戚重臣的加官。無員限。東漢時，因權臣不復冠此號，漸成閑散之職，雖仍掌顧問應對，但多用以拜假賵贈之使，及監護諸國嗣喪事。本書《百官志二》載："光禄大夫，比二千石。本注曰：無員。凡大夫、議郎皆掌顧問應對，無常事，唯詔令所使。凡諸國嗣之喪，則光禄大夫掌弔。" 周舉：字宣光，汝南汝陽（今河南商水縣西北）人。傳見本書卷六一。

［11】【今注】常伯：左右近臣，或指三公。《尚書·立政》："王左右常伯、常任。"孔穎達疏："王之親近左右，常所長事，謂三公也。"

［12】【今注】案，曹金華《後漢書稽疑》指出，此處李固由太山太守遷將作大匠，上書陳事，下文云是日"遷瓊、舉，以固爲大司農"，不及杜喬。而《杜喬傳》載喬"入拜侍中。漢安元年，以喬守光禄大夫，使徇察兗州。表奏太山太守李固政爲天下第一……還，拜太子太傅，遷大司農"，是喬表奏固時已守光禄大夫，而固由此遷爲將作大匠，不知何謂侍中杜喬"久託疾病，可敕令起"？又據《後漢紀》卷一九引此上疏作"光禄大夫周舉、侍中杜喬深沈正直，當世名臣，宜登常伯，豫聞國政者也"，不言"久託疾病"，故疑范書刪改致誤。（第829頁）

又薦陳留楊倫、[1]河南尹存、東平王惲、陳國何臨、[2]清河房植等。[3]是日有詔徵用倫、厚等，而遷瓊、舉，以固爲大司農。[4]

[1]【李賢注】倫見《儒林傳》。【今注】陳留：郡名。治陳留縣（今河南開封市東南陳留鎮）。　楊倫：字仲理，陳留東昏（今河南蘭考縣北）人。傳見本書卷七九上。

[2]【李賢注】臨字子陵，熙之子，爲平原太守，見《百家譜》也。【今注】河南：郡名。治洛陽縣（今河南洛陽市東北漢魏故城）。　東平：諸侯王國名。都無鹽縣（今山東東平縣）。　陳國：諸侯王國名。治陳縣（今河南淮陽縣）。

[3]【李賢注】植見《黨人篇》也。【今注】清河：郡名。治青陽縣（今河北清河縣東南）。　房植：字伯武，清河甘陵人，經李固舉薦出仕，歷任少府、河南尹、光禄勳、司空。爲河南尹時有名當朝。同郡周福爲尚書，二家賓客樹朋徒，相攻訐，由是甘陵有南北部，黨人之議自此始。位至司空。東漢桓帝永壽元年（155）免官。

[4]【今注】大司農：案，周天游《八家後漢書輯注》輯司馬彪《續漢書》卷四：“李固爲大司農。時上信閹宦，天下牧守多其宗親舊故，及受貨賂，有詔特拜，不由選試，亂生彌甚。固乃上表，具陳盜賊所以興，由官非其人也。”（第453、454頁）

先是周舉等八使案察天下，[1]多所劾奏，其中並是宦者親屬，輒爲請乞，詔遂令勿考。又舊任三府選令史，[2]光禄試尚書郎，[3]時皆特拜，不復選試。固乃與廷尉吳雄上疏，[4]以爲八使所糾，宜急誅罰，選舉署置，可歸有司。帝感其言，乃更下免八使所舉刺史、二千石，自是稀復特拜，[5]切責三公，明加考察，朝廷稱善。乃復與光禄勳劉宣上言："自頃選舉牧守，多非其人，至行無道，侵害百姓。又宜止槃遊，[6] 專心庶政。"帝納其言，於是下詔諸州劾奏守令以下，政有乖枉，遇人無惠者，免所居官；其姦穢重罪，收付詔獄。

[1]【今注】案，本書卷六一《周舉傳》："時詔遣八使巡行風俗，皆選素有威名者，乃拜舉爲侍中，舉侍中杜喬、守光禄大夫周栩、前青州刺史馮羨、尚書欒巴、侍御史張綱、兗州刺史郭遵、太尉長史劉班並守光禄大夫，分行天下。其刺史、二千石有臧罪顯明者，驛馬上之；墨綬以下，便輒收舉。其有清忠惠利，爲百姓所安，宜表異者，皆以狀上。"

[2]【今注】三府：太尉、司徒、司空府。　令史：戰國秦置。爲縣府屬吏，一般低級官吏亦泛稱令史。兩漢三公府、尚書臺及大將軍等府皆置，位在諸曹掾下。

[3]【今注】光禄：光禄勳。官名。秦稱郎中令，漢因之，西漢武帝時更名光禄勳，掌宮掖門户。秩中二千石，位列九卿。本書《百官志二》："光禄勳，卿一人，中二千石。本注曰：掌宿衞宮殿門户，典謁署郎更直執戟，宿衞門户，考其德行而進退之。郊祀之事，掌三獻。"　尚書郎：官名。漢置。西漢武帝時常以郎官供尚書署差遣，掌收發文書章奏庶務，後漸成中朝常設官職，員四人，分隸諸曹尚書。東漢尚書分曹辦事，置三十六員（或説置三十四員、三十五員），百官章奏由八座收納後，由尚書郎啓封面奏皇帝，並爲皇帝答疑。皇帝成命經八座傳達後，由尚書郎代擬詔令下達。其官缺，從三署郎中選年不滿五十之孝廉，詣尚書臺考試，每缺一郎試五人。初上尚書臺任職稱守尚書郎中，滿一年稱尚書郎（一説初上臺稱守尚書郎，滿歲稱尚書郎中），三年稱侍郎，統稱尚書郎。秩四百石，秩輕而職顯權重。其出任外官，初補縣長，章帝後得補千石縣令，更有賜遷二千石刺史者。

[4]【今注】廷尉：官名。秦置漢承，西漢景帝時更名爲大理，武帝時復爲廷尉，哀帝復更名爲大理，王莽時更名爲作士。掌管刑獄，九卿之一，秩中二千石。本書《百官志二》："廷尉，卿一人，中二千石。本注曰：掌平獄，奏當所應。凡郡國讞疑罪，皆處當以報。" 吳雄：字季高，河南人。東漢順帝時爲廷尉，斷獄平允。桓帝元嘉初拜爲司徒。子訢、孫恭，三世廷尉。

[5]【今注】案，稀，殿本作"希"。

[6]【今注】槃遊：游樂。

及沖帝即位，以固爲太尉，[1]與梁冀參録尚書事。[2]明年帝崩，梁太后以楊、徐盜賊盛强，[3]恐驚擾致亂，使中常侍詔固等，欲須所徵諸王侯到乃發喪。固對曰："帝雖幼少，猶天下之父。今日崩亡，人神感動，豈有臣子反共掩匿乎？昔秦皇亡於沙丘，[4]胡亥、趙高隱而不發，卒害扶蘇，以至亡國。[5]近北鄉侯薨，[6]閻后兄弟及江京等亦共掩祕，遂有孫程手刃之事。[7]此天下大忌，不可之甚者也。"太后從之，即暮發喪。

[1]【今注】太尉：官名。東漢光武帝建武二十七年（51）改大司馬置，秩萬石，爲三公之首。本書《百官志一》："太尉，公一人。本注曰：掌四方兵事功課，歲盡即奏其殿最而行賞罰。凡郊祀之事，掌亞獻；大喪則告諡南郊。凡國有大造大疑，則與司徒、司空通而論之。國有過事，則與二公通諫争之。"案，周天游《八家後漢書輯注》輯謝承《後漢書》卷四："李固爲太尉，常食麥飯。"

[2]【今注】録尚書事：初稱"領尚書事"，即以他官兼職總領尚書事，主持尚書臺的工作。西漢昭帝初立，大將軍霍光柄政，

與金日磾、上官桀共領尚書事，爲此官之始。東漢永平十八年（75），漢章帝初即位，以太傅趙熹、太尉牟融並錄尚書事，用"錄"代"領"始此。後東漢每帝即位，常以三公、大將軍、太傅錄尚書事。太傅、太尉、大將軍等加此名義始得參與樞密，總知國事，綜理政務。

［3］【今注】楊：揚州。西漢武帝時所置十三刺史部之一。東漢治壽春縣（今安徽壽縣），順帝中移治歷陽縣（今安徽和縣）。

徐：徐州。西漢武帝時所置十三刺史部之一。東漢時治郯縣（今山東郯城縣）。

［4］【李賢注】《史記》曰，始皇東巡道病，崩於沙丘。徐廣曰，趙有沙丘宮，在鉅鹿也。【今注】沙丘：在今河北廣宗縣西北。

［5］【李賢注】丞相李斯爲始皇崩在外，恐諸公子及天下有變，乃祕之不發喪。獨胡亥、趙高等知陰謀，破去始皇所封書，賜公子扶蘇死，而立胡亥爲太子。胡亥元年，楚、漢並起。

［6］【今注】北鄉侯：濟北惠王劉壽子，東漢章帝孫。安帝永寧元年（120），封爲北鄉侯，別食泰山郡邑。延光四年（125），安帝卒，閻太后與兄車騎將軍定策禁中立爲皇帝，三月乙酉即位，十月辛亥薨，諡少帝。

［7］【李賢注】江京、劉安等坐省門下，孫程與王康等就斬京、安等，立順帝也。

固以清河王蒜年長有德，[1]欲立之，謂梁冀曰："今當立帝，宜擇長年高明有德，任親政事者，願將軍審詳大計，察周、霍之立文、宣，[2]戒鄧、閻之利幼弱。"[3]冀不從，乃立樂安王子纘，年八歲，是爲質帝。時沖帝將北卜山陵，固乃議曰："今處處寇賊，軍興用費加倍，新創憲陵，[4]賦發非一。帝尚幼小，可起陵於憲陵塋內,[5]依康陵制度,[6]其於役費三分減一。”
乃從固議。時太后以比遭不造,[7]委任宰輔,固所匡
正,每輒從用,其黃門宦者一皆斥遣,天下咸望遂
平,[8]而梁冀猜專,每相忌疾。初,順帝時諸所除官,
多不以次,及固在事,奏免百餘人。此等既怨,又希
望冀旨,遂共作飛章虛誣固罪曰:

[1]【今注】清河王蒜:傳見本書卷五五。

[2]【李賢注】周勃立文帝,霍光立宣帝也。【今注】周:周
勃,沛(今江蘇沛縣)人。世家見《史記》卷五七,傳見《漢書》
卷四〇。 霍:霍光,字子孟,河東平陽(今山西臨汾市西南)
人。傳見《漢書》卷六八。

[3]【李賢注】謂鄧太后立殤帝,帝時誕育百餘日,二歲而
崩(二,大德本、殿本作“三”);又立安帝,時年十餘歲(大
德本、殿本無“年”字)。閻太后立北鄉侯,其年薨,又徵諸王
子,擬擇立之也(殿本無“也”字)。

[4]【今注】憲陵:東漢順帝劉保的陵墓。在今河南洛陽市東
北漢魏故城西北三十里鋪一帶。

[5]【今注】塋(yíng):墳墓。

[6]【李賢注】康陵,殤帝陵也。【今注】康陵:東漢殤帝劉
隆陵。在今河南洛陽市東北漢魏故城南。

[7]【今注】不造:不幸。

[8]【今注】遂平:太平。

臣聞君不稽古,無以承天;[1]臣不述舊,無以
奉君。昔堯殂之後,[2]舜仰慕三年,坐則見堯於
牆,食則覩堯於羹。[3]斯所謂聿追來孝,不失臣子

之節者。[4]太尉李固，因公假私，依正行邪，離間近戚，自隆支黨。至於表舉薦達，例皆門徒；及所辟召，靡非先舊。或富室財賂，或子壻婚屬，其列在官牒者凡四十九人。[5]

[1]【李賢注】《書》曰："粵若稽古帝堯。"鄭玄注曰："稽，同也。古，天也。言能同天而行者帝堯。"

[2]【今注】殂：死。

[3]【李賢注】《太公兵法》曰："帝堯王天下之時，金銀珠玉弗服也，錦繡文綺弗衣也，奇怪異物弗視也，玩好之器弗寶也，淫佚之樂弗聽也，宮垣室屋弗堊色也，橑桷柱楹弗藻飾也，茅茨之蓋弗翦齊也，滋味重累弗食也，溫飯煖羹酸餒不易也。"

[4]【李賢注】聿，述也。《詩·大雅》曰："文王烝哉，遹追來孝。"言文王能述追王季勤孝之行也（王季，紹興本誤作"工季"）。

[5]【今注】官牒：記載官爵的名錄。

又廣選賈豎，[1]以補令史；募求好馬，[2]臨窻呈試。[3]出入踰侈，輜軿曜日。[4]大行在殯，[5]路人掩涕，固獨胡粉飾貌，[6]搔頭弄姿，[7]槃旋偃仰，[8]從容冶步，[9]曾無慘怛傷悴之心。山陵未成，違矯舊政，善則稱己，過則歸君，斥逐近臣，不得侍送，作威作福，莫固之甚。

[1]【今注】賈豎：對商人的貶稱。

[2]【今注】案，募，大德本作"慕"。

[3]【今注】呈試：舉薦考試。

［4］【今注】輜（zī）軿（píng）：四面都有帷蓬屏蔽的車。

［5］【今注】大行：皇帝初崩未有諡號時的稱呼。

［6］【今注】胡粉：用來搽臉的鉛粉。惠棟《後漢書補注》：“高誘注《呂覽》曰，紂作胡粉，今人業之。曹子建搔頭傅粉，蓋漢末有是飾也。”

［7］【李賢注】《西京雜記》曰：“武帝遇李夫人，就取玉簪搔頭，自此宮人搔頭皆用玉。”【今注】搔頭：髮簪。

［8］【今注】槃旋：盤旋。　偃仰：俯仰。

［9］【今注】冶步：步態妖冶嫵媚。

　　臣聞台輔之位，[1]實和陰陽，琁機不平，寇賊姦軌，[2]則責在太尉。[3]固受任之後，東南跋扈，兩州數郡，[4]千里蕭條，兆人傷損，大化陵遲，[5]而詆疵先主，苟肆狂狷。[6]存無廷爭之忠，沒有誹謗之說。夫子罪莫大於累父，臣惡莫深於毀君。固之過釁，事合誅辟。[7]

［1］【今注】台輔：三公宰輔之位。

［2］【李賢注】《書》曰：“琁機玉衡以齊七政（機，殿本作‘璣’）。”孔安國注曰：“琁，美玉也。機（機，殿本作‘璣’），衡也。王者正天文之器（王，大德本、紹興本作‘玉’），可運轉者也。”又曰：“寇賊姦軌。”注曰：“群行攻劫曰寇，殺人曰賊，在外曰姦，在內曰軌。”【今注】琁機：古代觀測天象的儀器中能運轉的部分。亦指整個測天儀器。亦作“琁璣”“璿璣”。機，殿本作“璣”。　姦軌：犯法作亂的人。

［3］【李賢注】《續漢志》曰“太尉掌四方兵事功課，歲盡則奏殿最而行賞罰”也。

[4]【李賢注】謂九江賊徐鳳、馬免等攻燒城邑，廣陵賊張嬰等攻殺江都長。九江、廣陵是荆、楊之地，故云兩州也。【今注】兩州：九江、廣陵。九江，郡名。治壽春縣（今安徽壽縣）。廣陵，郡國名。治廣陵縣（今江蘇揚州市西北）。

[5]【今注】陵遲：衰頹，衰落。猶“陵夷”。

[6]【今注】狂狷：這裏指放縱而不遵禮法。

[7]【李賢注】據《吳祐傳》，此章馬融之詞。【今注】辟：大辟之刑，即死刑。案，曹金華《後漢書稽疑》指出，王先謙《後漢書集解》引沈欽韓説，謂史不指融名，又其事爲梁太后所寢得已。袁宏《後漢紀》於桓帝初元劉文謀立清河王，李固等下獄，乃云融爲冀作表，吳祐謂融曰“李公之罪成於卿手”。范於《祐傳》亦載其事。則融所奏即固被誅事，不在質帝時。沈説是。（第832頁）

書奏，冀以白太后，使下其事。太后不聽，得免。冀忌帝聰慧，恐爲後患，遂令左右進鴆。[1]帝苦煩甚，使促召固。固入，前問：“陛下得患所由？”帝尚能言，曰：“食煮餅，[2]今腹中悶，[3]得水尚可活。”時冀亦在側，曰：“恐吐，不可飲水。”語未絕而崩。固伏尸號哭，推舉侍醫。冀慮其事泄，大惡之。因議立嗣，固引司徒胡廣、司空趙戒，[4]先與冀書曰：“天下不幸，仍遭大憂。皇太后聖德當朝，攝統萬機，明將軍體履忠孝，憂存社稷，而頻年之間，國祚三絕。[5]今當立帝，天下重器，誠知太后垂心，將軍勞慮，詳擇其人，務存聖明。然愚情眷眷，竊獨有懷。遠尋先世廢立舊儀，近見國家踐祚前事，未嘗不詢訪公卿，廣求群議，令上應天心，下合眾望。且永初以來，[6]政事多謬，地震宫廟，彗星竞天，誠是將軍用情之日。傳曰：'以天下與人易，爲天下得人難。'[7]昔昌邑之立，昏亂日滋，霍光憂愧發憤，悔之折骨。[8]自非博陸忠勇，[9]延年奮發，大漢之祀，幾將傾矣。[10]至憂至重，可不熟慮！悠悠萬事，唯此爲大。國之興衰，在此一舉。"冀得書，乃召三公、中二千石、列侯大議所立。固、廣、戒及大鴻臚杜喬皆以爲清河王蒜明德著聞，[11]又屬最尊親，宜立爲嗣。

[1]【今注】鴆：傳説中的一種毒鳥。把它的羽毛放在酒裏，可以毒殺人。這裏指毒藥。

[2]【今注】袁餅：湯煮的麵食。

[3]【今注】案，今，大德本、殿本作"令"。

[4]【李賢注】《謝承書》，"戒字志伯，蜀郡成都人也。戒博學明經講授，舉孝廉，累遷荆州刺史。梁商弟讓爲南陽太守，恃椒房之寵，不奉法，戒到州，劾奏之。遷戒河間相（大德本、殿本無'戒'字）。以冀部難理，整屬威嚴。遷南陽太守（大德本、殿本'遷'後有'戒'字）。糾豪傑，恤吏人，奏免中官貴戚子弟爲令長貪濁者。徵拜爲尚書令，出爲河南尹，轉拜太常。永和六年特拜司空"也。【今注】胡廣：字伯始，南郡華容（今湖北潛江市西南）人。傳見本書卷四四。 趙戒：字志伯，蜀郡成都（今四川成都市）人。博學明經，舉孝廉，遷荆州刺史。梁商弟梁讓爲南陽太守，恃皇后之寵，不奉法，爲戒劾奏。東漢順帝時累官至太尉。質帝卒，懾於梁冀權勢，定策立桓帝，封厨亭侯。

[5]【李賢注】順帝崩，沖帝立一年崩，質帝一年崩。

[6]【今注】永初：東漢安帝劉祜年號（107—113）。

[7]【今注】案，語見《孟子·滕文公上》。

[8]【李賢注】昌邑王賀，武帝孫昌邑哀王子也（大德本、殿本無"孫"字）。昭帝崩，霍光立之（大德本無"之"字）。【今注】昌邑：昌邑王劉賀。傳見《漢書》卷六三。

[9]【李賢注】霍光封博陸侯。《前書音義》曰："博，大。陸，平。取其嘉名，無此縣也。食邑北海、河東也。"

[10]【李賢注】霍光召丞相已下議曰："昌邑王行昏亂，恐危社稷，如何？"群臣皆驚愕失色。大司農田延年前離席案劍曰："今日之議，不得旋踵，群臣後應者，臣請劍斬之！"於是廢立遂定。【今注】延年：田延年。傳見《漢書》卷九〇。

[11]【今注】大鴻臚：官名。秦置典客，掌諸歸義蠻夷。西漢景帝中更名大行令，武帝太初元年（前104）更名大鴻臚。成帝河平元年（前28）罷典屬國併大鴻臚。王莽時改稱典樂。東漢復稱大鴻臚。九卿之一，秩中二千石。本書《百官志二》："大鴻臚，卿一人，中二千石。本注曰：掌諸侯及四方歸義蠻夷。其郊廟行禮，贊導，請行事，既可，以命群司。諸王入朝，當郊迎，典其禮儀。及郡國上計，匡四方來，亦屬焉。皇子拜王，贊授印綬。及拜諸侯、諸侯嗣子及四方夷狄封者，臺下鴻臚召拜之。王薨則使弔之，及拜王嗣。"

　　先是蠡吾侯志當取冀妹，[1]時在京師，冀欲立之。眾論既異，憤憤不得意，而未有以相奪。[2]中常侍曹騰等聞而夜往說冀曰：[3]"將軍累世有椒房之親，秉攝萬機，賓客縱橫，多有過差。清河王嚴明，若果立，則將軍受禍不久矣。不如立蠡吾侯，富貴可長保也。"冀然其言。明日重會公卿，冀意氣凶凶，而言辭激切。自胡廣、趙戒以下，莫不懾憚之。皆曰："惟大將軍令。"而固獨與杜喬堅守本議。冀厲聲曰："罷會。"固

意既不從，猶望衆心可立，復以書勸冀。冀愈激怒，[4]
乃説太后先策免固，竟立蠡吾侯，是爲桓帝。後歲餘，
甘陵劉文、魏郡劉鮪各謀立蒜爲天子，[5]梁冀因此誣固
與文、鮪共爲妖言，[6]下獄。門生勃海王調貫械上
書，[7]證固之枉，[8]河内趙承等數十人亦要鈇鑕詣闕通
訴，[9]太后明之，乃赦焉。及出獄，京師市里皆稱萬
歲。冀聞之大驚，畏固名德終爲己害，乃更據奏前事，
遂誅之，時年五十四。[10]

［1］【今注】案，當，殿本誤作“常”。

［2］【李賢注】未有別理而易奪之。

［3］【今注】曹騰：字季興，沛國譙（今安徽亳州市）人。傳
見本書卷七八。

［4］【今注】案，大德本、殿本無“冀”字。

［5］【今注】甘陵：縣名。治所在今山東臨清市東。曹金華
《後漢書稽疑》以爲當作“清河”。 魏郡：治鄴縣（今河北臨漳
縣西南）。

［6］【今注】妖言：又作“訞言”“祅言”，罪名。古代重罪之
一，指利用災異、鬼神等散播危害政治統治的言論。《史記》卷
一〇《孝文本紀》：“今法有誹謗妖言之罪，是使衆臣不敢盡情，而
上無由聞過失也。”（參見吕宗力《漢代“妖言”探討》，《中國史
研究》2006 年第 4 期）

［7］【今注】勃海：郡名。治南皮縣（今河北南皮縣北）。
貫械：戴着刑具。

［8］【今注】枉：指冤屈。

［9］【李賢注】《字林》曰：“鈇鑕，椹也。”鑕音質。椹音竹
心反。【今注】河内：郡名。治懷縣（今河南武陟縣西南）。 要：

繫在腰間。　鈇鑕：古代斬人的刑具。鑕，墊在下面的砧板。　詣闕：到達宮闕之下。意謂入宮面聖。

[10]【李賢注】固臨終，勅子孫素棺三寸，幅巾，殯殮於本郡境埆之地，不得還墓塋，污先公兆域。見《謝承書》也。【今注】案，曹金華《後漢書稽疑》指出，《水經注·江水》載李固《與弟圖書》曰"固今年五十七，鬢髮已白，所謂容身而遊，滿腹而去，周觀天下，獨未見益州耳"，二者必有一誤（第833頁）。

　　臨命，[1]與胡廣、趙戒書曰："固受國厚恩，是以竭其股肱，不顧死亡，志欲扶持王室，比隆文、宣。[2]何圖一朝梁氏迷謬，公等曲從，以吉爲凶，成事爲敗乎？漢家衰微，從此始矣。公等受主厚祿，顛而不扶，傾覆大事，後之良史，豈有所私？固身已矣，於義得矣，夫復何言！"廣、戒得書悲慙，皆長歎流涕。州郡收固二子基、茲於郾城，皆死獄中。[3]小子燮得脫亡命。冀乃封廣、戒而露固尸於四衢，[4]令有敢臨者加其罪。

[1]【今注】案，命，大德本、殿本作"終"。

[2]【李賢注】文帝、宣帝皆群臣迎立，能興漢祚。

[3]【李賢注】《續漢書》曰，基，偃師長。袁宏《紀》曰（宏，大德本作"公"），基字憲公，茲字季公，並爲長史，聞固策免，並弃官亡歸巴漢（弃，大德本作"去"）。南鄭趙子賤爲郡功曹，詔下郡殺固二子（殺，紹興本作"邵"）。太守知其枉，遇之甚寬，二子託服藥死（死，紹興本作"夭"），具棺器，欲因出逃。子賤畏法，勅吏驗實，就殺之。【今注】案，茲，大德本作"滋"。　郾城：郾縣。治所在今河南漯河市郾城區南。曹金華

《後漢書稽疑》以爲，“郾城”或因基爲偃師長而誤。本傳注引
《續漢書》：“基，偃師長。”然據注引《後漢紀》曰“基字憲公，
兹字季公，並爲長史，聞固策免，並棄官亡歸巴漢，南鄭趙子賤爲
郡功曹，詔下郡殺固二子”，則固二子必不收於郾城獄。本傳下文
“固既策罷，知不免禍，乃遣三子歸鄉里”，《華陽國志》卷一〇下
載“父爲梁冀所免，兄憲公、季公罷官歸”可證。故王先謙《後
漢書集解》引沈欽韓説，謂“‘郾’監本作‘偃’。按《傳》云遣
三子歸鄉里，又云下郡收固三子，則基、兹之死當在漢中本郡，云
郾城誤”。（第 833 頁）郾，大德本、殿本作“偃”。

[4]【李賢注】《爾雅》曰：“四達謂之衢。”郭璞注曰：“交
通四出者也。”

　　固弟子汝南郭亮，[1]年始成童，[2]遊學洛陽，乃左
提章鉞，[3]右秉鈇鑕，詣闕上書，乞收固屍。不許，因
往臨哭，陳辭於前，遂守喪不去。夏門亭長呵之曰：[4]
“李、杜二公爲大臣，不能安上納忠，而興造無端。卿
曹何等腐生，公犯詔書，干試有司乎？”[5]亮曰：“亮含
陰陽以生，戴乾履坤。義之所動，豈知性命，何爲以
死相懼？”亮長歎曰：[6]“居非命之世，[7]天高不敢不
跼，地厚不敢不蹐。[8]耳目適宜視聽，口不可以妄言
也。”太后聞而不誅。南陽人董班亦往哭固，而殉屍不
肯去。[9]太后憐之，乃聽得襚斂歸葬。[10]二人由此顯
名，三公並辟。班遂隱身，莫知所歸。固所著章、表、
奏、議、教令、對策、記、銘凡十一篇。[11]弟子趙承
等悲歎不已，乃共論固言迹，以爲《德行》一篇。[12]

　　[1]【李賢注】《謝承書》曰：“亮字恒直，朗陵人也。”【今

注】汝南：郡名。治平興縣（今河南平興縣北）。案，曹金華《後漢書稽疑》指出，王先謙《後漢書集解》引沈欽韓説，謂據《汝南先賢傳》"郭亮童幼之年，則有尚義之心，年十四始欲出學，聞潁川杜周甫開精黌於長社，亮造門而師學焉"，則亮非李固弟子，大概是博士弟子慕義者。又《藝文類聚》卷九七引《謝承書》謂"郭涼師事杜喬，李固之誅，詣闕上書"，與本傳亮"詣闕上書，乞收固屍"類同，疑"涼"乃"亮"之訛。（第833頁）

　　［2］【李賢注】成童，年十五也。《禮記》曰"十五成童，舞象"也。

　　［3］【李賢注】章謂所上章也。《蒼頡篇》曰（蒼，大德本作"倉"）："鉞，斧也。"

　　［4］【李賢注】洛陽北面西頭門，門外有萬壽亭。【今注】案，王先謙《後漢書集解》引杭世駿曰："夏門亭長即杜喬故掾陳留楊匡也。見下《喬傳》。"王補曰："案《杜喬傳》喬故掾陳留楊匡著故赤幘，託爲夏門亭吏。夫既曰託爲亭吏，則《李固傳》所謂夏門亭長者非即楊匡明矣，特此亭長亦非常人耳。味其所以呵止郭亮者，殆故謬爲是語以顯斥之。若誠守露尸禁臨之令不少寬假焉者，庶亮與董班得相踵守喪、殉尸而不去耳，意將如杵臼之詬程嬰乎？而史軼其名氏，惜哉！"

　　［5］【李賢注】腐生者，猶言腐儒也。

　　［6］【今注】案，亮，殿本作"亭"。

　　［7］【李賢注】非命謂衰亂之時，人多不得其死也。

　　［8］【李賢注】跼，曲也。蹐，累足也。言天高而有雷霆，地厚而有淪陷，上下皆可畏懼也。《詩》云"謂天蓋高，不敢不跼，謂地蓋厚，不敢不蹐"也。【今注】跼：音jú。　蹐：後脚緊跟着前脚走路。

　　［9］【李賢注】殉，巡也。《楚國先賢傳》曰："班字季，宛人也。少遊太學，宗事李固，才高行美，不交非類。常耦耕澤畔

（常，紹興本、殿本作'嘗'），惡衣蔬食。聞固死，乃星行奔赴，哭泣盡哀。司隸案狀奏聞，天子釋而不罪。班遂守尸積十日不去。桓帝嘉其義烈，聽許送喪到漢中，赴葬畢而還也。"

［10］【今注】襚斂：給死者穿衣入棺。

［11］【今注】教令：公文文體。教化與命令。《文心雕龍·詔策篇》："教，效也，出言而民效也。"《文心雕龍·書記篇》："令者，命也，出命申禁，有若自天；管仲下命如流水，使民從也。"

銘：文體。始於三代金石銘刻，後逐漸演變爲頌揚、鑒戒的文體。

［12］【李賢注】《謝承書》曰："固所授弟子，潁川杜訪、汝南鄭遂、河內趙承七十二人（紹興本、大德本、殿本'承'後有'等'字），相與哀歡悲憤，以爲眼不復瞻固形容，耳不復聞固嘉訓，乃共論集《德行》一篇。"

爕字德公。初，固既策罷，知不免禍，乃遣三子歸鄉里。時爕年十三，姊文姬爲同郡趙伯英妻，賢而有智，見二兄歸，具知事本，默然獨悲曰："李氏滅矣！自太公已來，積德累仁，何以遇此？"[1]密與二兄謀豫藏匿爕，託言還京師，人咸信之。有頃難作，下郡收固三子。二兄受害，文姬乃告父門生王成曰："君執義先公，[2]有古人之節。今委君以六尺之孤，[3]李氏存滅，其在君矣。"成感其義，乃將爕乘江東下，入徐州界內，令變名姓爲酒家傭，[4]而成賣卜於市。各爲異人，陰相往來。爕從受學，[5]酒家異之，意非恒人，以女妻爕。爕專精經學。

［1］【李賢注】太公謂祖父郃也。【今注】案，已，殿本作

"以"。

　　[2]【今注】執義：堅持符合道義之事。

　　[3]【李賢注】六尺謂年十五以下。

　　[4]【李賢注】《謝承書》曰："燮遠遁身於北海劇，託命滕
咨家以得免。"與此不同。【今注】案，曹金華《後漢書稽疑》指
出，《後漢紀》卷二一、《太平御覽》卷四二〇引《續漢書》、《華
陽國志》卷一〇上同本傳，而《李固別傳》作"臨淄界内"，與
《謝承書》近之（第834頁）。

　　[5]【今注】案，從受，大德本作"往從"。

　　十餘年間，梁冀既誅而灾眚屢見。明年，史官上
言宜有赦令，又當存録大臣冤死者子孫，於是大赦天
下，并求固後嗣。燮乃以本末告酒家，酒家具車重厚
遣之，皆不受，遂還鄉里，追服。[1]姊弟相見，悲感傍
人。既而戒燮曰："先公正直，爲漢忠臣，而遇朝廷傾
亂，梁冀肆虐，令吾宗祀血食將絶。[2]今弟幸而得濟，
豈非天邪！宜杜絶衆人，勿妄往來，慎無一言加於梁
氏。加梁氏則連主上，禍重至矣。唯引咎而已。"燮謹
從其誨。後王成卒，燮以禮葬之，感傷舊恩，每四節
爲設上賓之位而祠焉。[3]州郡禮命，四府並辟，[4]皆無
所就，後徵拜議郎。及其在位，廉方自守，所交皆舍
短取長，好成人之美。時潁川荀爽、賈彪，[5]雖俱知名
而不相能，燮並交二子，情無適莫，世稱其平正。[6]

　　[1]【今注】追服：追加服喪。

　　[2]【今注】血食：謂鬼神享受牲牢的祭祀。古代殺牲取血以
祭，故稱。

［3］【今注】四節：四季。案，曹金華《後漢書稽疑》："本傳謂燮赦後回歸鄉里，後王成卒云云，《御覽》卷四二〇引《續漢書》同，而《後漢紀》卷二一作'會赦得免，而成病卒，燮厚葬之'，然後方述歸鄉里事，與二書異。"（第834頁）

［4］【今注】四府：指太尉、司徒、司空、大將軍府。

［5］【今注】潁川：郡名。治陽翟縣（今河南禹州市）。案，潁，大德本誤作"穎"。下文同。　荀爽：字慈明，潁川潁陰（今河南許昌市）人。傳見本書卷六二。　賈彪：字偉節，潁川定陵（今河南舞陽縣東北）人。傳見本書卷六七。

［6］【李賢注】《論語》曰："君子之於天下也，無適也，無莫也，義之與比。"【今注】適莫：偏頗厚薄。適，厚；莫，薄。

　　靈帝時拜安平相。[1]先是安平王續爲張角賊所略，[2]國家贖王得還，朝廷議復其國。燮上奏曰："續在國無政，爲妖賊所虜，守藩不稱，損辱聖朝，不宜復國。"時議者不同，而續竟歸藩。燮以謗毀宗室，輸作左校。[3]未滿歲，王果坐不道被誅，乃拜燮爲議郎。京師語曰："父不肯立帝，子不肯立王。"擢遷河南尹。[4]時既以貨賂爲官，詔書復橫發錢三億，以實西園。[5]燮上書陳諫，辭義深切，帝乃止。[6]先是潁川甄邵諂附梁冀，爲鄴令。[7]有同歲生得罪於冀，亡奔邵，邵僞納而陰以告冀，冀即捕殺之。邵當遷爲郡守，會母亡，邵且埋屍於馬屋，[8]先受封，然後發喪。邵還至洛陽，燮行塗遇之，使卒投車於溝中，笞捶亂下，[9]大署帛於其背曰"諂貴賣友，[10]貪官埋母"。乃具表其狀。邵遂廢錮終身。燮在職二年卒，時人感其世忠正，咸傷惜焉。

[1]【今注】安平：諸侯王國名。都信都縣（今河北衡水市冀州區）。

[2]【今注】張角：鉅鹿郡（今河北寧晉縣）人。以符咒治病聚衆，號太平道。東漢靈帝時，自稱黄天，揭竿起義。徒衆皆著黄巾，時稱黄巾賊，起義不久就病逝。

[3]【今注】輸作：罰作勞役。　左校：官署名。屬將作大匠，長官爲左校令，本書《百官志四》："左校令一人，六百石。本注曰：掌左工徒。丞一人。"

[4]【今注】河南尹：東漢光武帝建武十五年（39）置。爲京都雒陽所在河南郡長官。主掌京都事務，春行屬縣，勸農桑，振乏絕；秋冬案訊囚徒，平其罪法；歲終遣吏上計；並舉孝廉，典禁兵。秩二千石。案，曹金華《後漢書稽疑》指出，"河南尹"疑作"京兆尹"。《後漢紀》卷二一、《藝文類聚》卷一九、《太平御覽》卷四六五引《續漢書》、《華陽國志》卷一〇下《先賢士女總贊》皆作"京兆尹"。（第834頁）京兆尹，西漢京畿地方行政長官之一。西漢武帝太初元年（前104）改右內史置，職掌如郡太守。其地屬京畿，爲"三輔"之一，故不稱郡。因治京師，又得參與朝政，故又有中央官性質。秩中二千石（一說秩二千石），地位高於郡守，位列九卿。東漢遷都雒陽，以三輔陵廟所在，故不改其號，唯改其秩爲二千石。

[5]【李賢注】事見《宦者傳》。【今注】案，本書卷八《靈帝紀》："初開西邸賣官，自關內侯、虎賁、羽林，入錢各有差。"李賢注引《山陽公載記》曰："時賣官，二千石二千萬，四百石四百萬，其以德次應選者半之，或三分之一，於西園立庫以貯之。"

[6]【今注】案，周天游《八家後漢書輯注》輯司馬彪《續漢書》卷四："李燮拜京兆尹，詔發西園錢，燮上封事，遂止不發。吏民愛敬，乃謠曰：'我府君，道教舉，恩如春，威如虎，剛不吐，弱不茹，愛如母，訓如父。'"（第455頁）

[7]【今注】鄴：縣名。治所在今河北臨漳縣西南。

[8]【今注】馬屋：馬厩。

[9]【今注】笞捶：以竹木之類的棍條抽打。

[10]【今注】案，惠棟《後漢書補注》引惠士奇："《周官》注曰，明刑書其罪惡於大方版，著其背。賈山云，衣赭衣書其背。漢之罪人如此。"署，大德本作"著"。

杜喬字叔榮，河內林慮人也。[1]少爲諸生，舉孝廉，辟司徒楊震府。[2]稍遷爲南郡太守，[3]轉東海相，[4]入拜侍中。漢安元年，[5]以喬守光禄大夫，[6]使徇察兖州。[7]表奏太山太守李固政爲天下第一；陳留太守梁讓、濟陰太守氾宮、濟北相崔瑗等臧罪千萬以上。[8]讓即大將軍梁冀季父，宮、瑗皆冀所善。還，拜太子太傅，[9]遷大司農。

[1]【李賢注】《續漢書》曰："累祖吏二千石（祖，大德本作'世'）。喬少好學，治《韓詩》《京氏易》《歐陽尚書》，以孝稱。雖二千石子，常步擔求師。"林慮，今相州縣也。【今注】林慮：縣名。治所在今河南林州市。

[2]【今注】楊震：字伯起，弘農華陰（今陝西華陰市東）人。傳見本書卷五四。

[3]【今注】南郡：治江陵縣（今湖北荆州市荆州城西北）。

[4]【今注】東海：諸侯王國名。治郯縣（今山東郯城縣西北）。

[5]【今注】漢安：東漢順帝劉保年號（142—144）。

[6]【今注】光禄大夫：官名。西漢武帝時改中大夫置，掌論議。屬光禄勳，秩比二千石。西漢晚期，多作爲貴戚重臣的加官。無員限。東漢時，因權臣不復冠此號，漸成閑散之職，雖仍掌顧問

4159

應對，但多用以拜假賵贈之使，及監護諸國嗣喪事。本書《百官志二》："光禄大夫，比二千石。本注曰：無員。凡大夫、議郎皆掌顧問應對，無常事，唯詔令所使。凡諸國嗣之喪，則光禄大夫掌弔。"

[7]【今注】徇察：巡行察訪。　兗州：西漢武帝時所置十三刺史部之一。下轄陳留、東郡、東平、任城、泰山、濟北、山陽、濟陰八郡。治所在昌邑縣（今山東巨野縣東南昌邑故城）。

[8]【今注】濟陰：郡名。治定陶縣（今山東菏澤市定陶區西北）。　濟北：諸侯王國名。治盧縣（今山東濟南市長清區西南）。崔瑗：字子玉，涿郡安平（今河北安平縣）人。傳見本書卷五二。

[9]【今注】太子太傅：官名。漢置。職掌保養、輔翼、教育、監護太子。秩二千石，位次太常。東漢秩中二千石。太傅，紹興本作"大傅"。

　　時梁冀子弟五人及中常侍等以無功並封，喬上書諫曰："陛下越從藩臣，龍飛即位，天人屬心，萬邦攸賴。不急忠賢之禮，而先左右之封，傷善害德，興長佞諛。臣聞古之明君，褒罰必以功過；末世闇主，[1]誅賞各緣其私。今梁氏一門，宦者微孽，[2]並帶無功之紱，[3]裂勞臣之土，其爲乖濫，胡可勝言！夫有功不賞，[4]爲善失其望；姦回不詰，[5]爲惡肆其凶。故陳資斧而人靡畏，班爵位而物無勸。[6]苟遂斯道，豈伊傷政，[7]爲亂而已，喪身亡國，可不慎哉！"書奏不省。益州刺史种暠舉劾永昌太守劉君世以金蛇遺梁冀，[8]事發覺，以蛇輸司農。冀從喬借觀之，喬不肯與，冀始爲恨。累遷大鴻臚。時冀小女死，令公卿會喪，喬獨不往，冀又銜之。[9]遷光禄勳。建和元年，[10]代胡廣爲太尉。

　　[1]【今注】闇：愚昧，糊塗。

　　[2]【李賢注】孼音魚列反。《公羊傳》曰：“臣僕庶孼之事。”何休注云：“孼，賤子也，猶樹之有孼生也。”

　　[3]【李賢注】《蒼頡篇》：“綏，綬也。”

　　[4]【今注】案，夫，紹興本作“天”。

　　[5]【今注】姦回：奸惡邪僻的人。　詰：追查，查辦。

　　[6]【李賢注】《易·旅卦》九四曰：“旅于處，得其資斧。”《前書音義》曰：“資，利也。”【今注】物：人。　勸：勉勵。

　　[7]【今注】伊：語氣助詞。

　　[8]【今注】益州：西漢武帝時所置十三刺史部之一。下轄漢中、巴郡、廣漢、蜀郡、犍爲、牂牁、越嶲、益州、永昌九郡。治雒縣（今四川廣漢市北）。　种暠：字景伯，河南洛陽（今河南洛陽市東北）人。傳見本書卷五六。　永昌：郡名。治不韋縣（今雲南保山市隆陽區）。

　　[9]【今注】銜：懷恨。

　　[10]【今注】建和：東漢桓帝劉志年號（147—149）。

　　桓帝將納梁冀妹，冀欲令以厚禮迎之，喬據執舊典，不聽。[1]又冀屬喬舉氾宮爲尚書，喬以宮臧罪明著，遂不肯用，因此日忤於冀。先是李固見廢，內外喪氣，群臣側足而立，唯喬正色無所回橈。[2]由是海內歎息，朝野瞻望焉。在位數月，以地震免。宦者唐衡、左悺等因共譖於帝曰：[3]“陛下前當即位，喬與李固抗議言上不堪奉漢宗祀。”[4]帝亦怨之。及清河王蒜事起，梁冀遂諷有司劾喬及李固與劉鮪等交通，請逮案罪。而梁太后素知喬忠，但策免而已。[5]冀愈怒，使人脅喬曰：“早從宜，妻子可得全。”[6]喬不肯。明日冀遣騎至其門，不聞哭者，遂白執繫之，死獄中。妻子歸故郡。與李固俱暴尸於城北，家屬故人莫敢視者。

[1]【李賢注】時有司奏曰：“《春秋》迎王后于紀，在塗則稱后。今大將軍冀女弟宜備禮章，時進徵幣。”奏可。於是悉依孝惠帝納后故事，聘黃金二萬斤（二，大德本、殿本作“一”），納采鴈璧乘馬，一依舊典（殿本“典”後有“也”字）。

[2]【李賢注】回，邪也。橈，曲也。

[3]【今注】唐衡：東漢宦官。潁川郾（今河南漯河市郾城區南）人。因誅殺外戚梁冀有功，封汝陽侯。　左悺：河南尹平陰縣（今河南孟津縣東北）人，因參與誅殺外戚梁冀，封上蔡侯。爲人專橫，有“左回天”之稱，生活奢靡，宗族子弟爲禍一方，後被司隸校尉韓演彈劾，自殺。

[4]【李賢注】抗，舉也。

[5]【李賢注】《續漢書》曰：“喬諸生耿伯嘗與鮪同止，冀諷吏執鮪爲喬門生。”

[6]【李賢注】從宜，令其自盡也。

喬故掾陳留楊匡聞之，號泣星行到洛陽，[1]乃著故赤幘，[2]託爲夏門亭吏，守衛尸喪，驅護蠅蟲，積十二日，都官從事執之以聞。梁太后義而不罪。[3]匡於是帶鈇鑕詣闕上書，并乞李、杜二公骸骨。太后許之。成禮殯殮，送喬喪還家，葬送行服，隱匿不仕。匡初好學，常在外黃大澤教授門徒。[4]補蘄長，[5]政有異績，遷平原令。[6]時國相徐曾，中常侍璜之兄也，[7]匡恥與接事，託疾牧豕云。[8]

[1]【今注】星行：連夜急行。

[2]【今注】幘：束髮的頭巾。

[3]【今注】案，大德本、殿本無“梁”字。

[4]【今注】外黃：縣名。治所在今河南蘭考縣東南。

[5]【李賢注】蘄，今徐州縣也，音機。【今注】蘄：縣名。治所在今安徽宿州市南四十里蘄縣鎮。蘄，大德本誤作“斬”。

[6]【今注】平原：縣名。治所在今山東平原縣南。

[7]【今注】璜：徐璜。東漢宦官。下邳良城（今江蘇邳州市東）人，因參與誅殺外戚梁冀，封武原侯。爲人專橫，有“徐臥虎”之稱，生活奢靡，宗族子弟爲禍一方。

[8]【李賢注】《袁山松書》，匡一名章，字叔康也。【今注】案，託，大德本誤作“記”。

論曰：夫稱仁人者，[1]其道弘矣![2]立言踐行，[3]豈徒徇名安己而已哉，[4]將以定去就之概，正天下之風，使生以理全，死與義合也。[5]夫專爲義則傷生，[6]專爲生則騫義，[7]專爲物則害智，[8]專爲己則損仁。若義重於生，舍生可也；生重於義，全生可也。[9]上以殘闇失君道，下以篤固盡臣節。臣節盡而死之，則爲殺身以成仁，去之不爲求生以害仁也。[10]順、桓之間，國統三絕，太后稱制，賊臣虎視。李固據位持重，以爭大義，確乎而不可奪。[11]豈不知守節之觸禍，恥夫覆折之傷任也。[12]觀其發正辭，及所遺梁冀書，雖機失謀乖，猶戀戀而不能已。至矣哉，社稷之心乎！其顧視胡廣、趙戒，猶糞土也。

[1]【今注】案，大德本、殿本無"人"字。

[2]【李賢注】弘，大也。言非一塗也。

[3]【李賢注】立其言，必踐而行之。

[4]【李賢注】徇，求也。

[5]【李賢注】概，節也。立身之道，唯孝與忠，全生死之義（生死，大德本、殿本作"死生"），須得其所。

[6]【李賢注】貴義則賤生也。

[7]【李賢注】騫，違也。【今注】騫：王先謙《後漢書集解》曰："騫，虧也。"

[8]【李賢注】爲物則役智，故爲害。

[9]【李賢注】孟子曰："魚我所欲，熊掌我所欲也。二者不可得兼，舍魚而取熊掌者也。生亦我所欲也，義亦我所欲也。二者不可得兼，舍生而取義者也。"

[10]【李賢注】《論語》："無求生以害仁，有殺身以成仁。"

[11]【李賢注】確，堅貌也。《易》曰："確乎其不可拔。"《論語》曰："臨大節而不可奪。"

[12]【李賢注】《易》曰："鼎折足，覆公餗。"言不勝其任（殿本"任"後有"也"字）。

　　贊曰：李、杜司職，朋心合力。[1]致主文、宣，抗情伊、稷。[2]道亡時晦，終離罔極。[3]燮同趙孤，[4]世載弦直。[5]

[1]【李賢注】朋猶同也。

[2]【李賢注】伊尹、后稷也。【今注】抗情：堅持高尚的情操。　伊：伊尹。名阿衡，一說名摯。相傳爲奴隸，有莘氏女嫁商湯，他作爲陪嫁媵臣事湯。後被任以國政，助湯攻滅夏桀，建立商朝。湯卒，立子外丙、中壬，後又佐湯孫太甲即位。太甲淫暴，他

放逐太甲，後太甲悔改，接回復位。沃丁時病卒。一説太甲潛歸，殺伊尹。　稷：后稷。周之始祖。名弃。其母有邰氏女，曰姜原。姜原爲帝嚳元妃。姜原在郊外，見巨人足迹，踐之而有孕，生弃。舜封弃於邰，號曰后稷，擅長播種百穀。別姓姬氏。

〔3〕【李賢注】離，被也。《毛詩》曰："讒人罔極。"【今注】罔極：無窮。借指讒言。

〔4〕【李賢注】趙朔之子趙武。《史記》曰，晉景公三年，大夫屠岸賈殺趙朔，朔客程嬰、公孫杵臼匿朔遺腹子於中山。居十五年，後景公與韓厥立趙孤，而攻滅屠岸賈也。

〔5〕【李賢注】載，行也。

後漢書　卷六四

列傳第五十四

吳祐　延篤　史弼　盧植　趙歧

　　吳祐字季英,[1]陳留長垣人也。[2]父恢,爲南海太守。[3]祐年十二,隨從到官。恢欲殺青簡以寫經書,[4]祐諫曰:"今大人踰越五領,[5]遠在海濱,其俗誠陋,然舊多珍怪,上爲國家所疑,下爲權戚所望。[6]此書若成,則載之兼兩。[7]昔馬援以薏苡興謗,王陽以衣囊徽名。[8]嫌疑之閒,誠先賢所慎也。"恢乃止,撫其首曰:"吳氏世不乏季子矣。"[9]及年二十,喪父,居無檐石,[10]而不受贍遺。常牧豕於長垣澤中,[11]行吟經書。遇父故人,謂曰:"卿二千石子而自業賤事,縱子無恥,奈先君何?"祐辭謝而已,守志如初。

　　[1]【李賢注】祐音又。《續漢書》作"佑"。
　　[2]【今注】陳留:郡名。治陳留縣(今河南開封市東南陳留鎮)。　長垣:縣名。治所在今河南長垣縣東北。

[3]【李賢注】"恢"或作"恔",音徒濫反。【今注】南海:郡名。治番禺縣（今廣東廣州市）。

[4]【李賢注】殺青者,以火炙簡令汗,取其青易書,復不蠹,謂之殺青,亦謂汗簡。義見劉向《別錄》也。【今注】案,惠棟《後漢書補注》云:"《續漢書》曰:'恢欲殺青簡,寫《尚書章句》。'"

[5]【李賢注】領者,西自衡山之南,東至于海,一山之限耳,別標名則有五焉（標,紹興本作"摽"）。裴氏《廣州記》云:"大庾、始安、臨賀、桂陽、揭陽,是爲五領。"鄧德明《南康記》曰:"大庾,一也;柱陽甲騎（柱,紹興本作'桂'）,二也;九真都龐,三也;臨賀萌渚,四也;始安越城,五也（五,大德本作'伍'）。"裴氏之説則爲審矣。【今注】五領:通"五嶺"。此指五處山間通道。即汀梅循道、大庾嶺道、騎田嶺道、萌渚嶺道、越城嶺道。在今湖南、江西、廣東、廣西等省邊界地區（參見趙炳林《秦代"五嶺之戍"述考——兼與林崗等先生商榷》,《中國邊疆史地研究》2018年第2期）。也有學者認爲是大庾、騎田、萌渚、都龐和越城等五座山嶺,劉新光以五嶺爲大庾嶺（位於今江西大余縣、廣東南雄市交界處）、騎田嶺（位於今湖南宜章縣、郴州市交界處）、都龐嶺（位於今湖南道縣、江永縣交界處）、萌渚嶺（位於今湖南江華縣、廣西賀州市交界處）及越城嶺（位於今湖南新寧縣、東安縣與廣西全州縣交界處）（參見劉新光《"五嶺"考辨》,《國學學刊》2009年第4期）。案,《説文》釋"嶺",指山道。《淮南子·人間》載"使尉屠睢發卒五十萬,爲五軍,一軍塞鐔城之領,一軍守九疑之塞,一軍處番禺之都,一軍守南野之界,一軍結餘干之水"。宋人周去非《嶺外代答》卷一《五嶺》亦説,五嶺乃山道。其一自福建之汀,入廣東之循、梅;其二自江西之南安,踰大庾入南雄;其三自湖南之郴入連;其四道入廣西之賀;其五自全入靜江。又案,《史記》卷六《秦始皇本紀》云,始

皇三十四年（前213），築長城及南越地。又案，有學者認爲，五嶺本當爲古越語的漢字記音地名，泛指大山。秦漢時期的"五嶺"或即"梅嶺"，即後來的大庾嶺（參見周宏偉《"五嶺"新解》，《湘南學院學報》2014年第4期）。

[6]【李賢注】希望其贈遺也。

[7]【李賢注】車有兩輪，故稱"兩"也。

[8]【李賢注】徼，要也，音工堯反（工，大德本、殿本作"江"）。《前書》曰，王陽好車馬，衣服鮮明，而遷徙轉移，所載不過囊橐。時人怪其奢，伏其儉，故俗傳王陽能作黃金。【今注】馬援：字文淵，扶風茂陵（今陝西興平市東北）人。傳見本書卷二四。 王陽：王吉，字子陽，西漢琅邪皋虞（今山東青島市即墨區東北）人。傳見《漢書》卷七二。

[9]【李賢注】季子謂季扎也（大德本、殿本"謂"後無"季"字；扎，大德本、殿本作"札"，是）。【今注】季子：即季札，春秋吳王壽夢第四子，稱"公子札"。傳爲避王位"弃其室而耕"，人稱"延陵季子"。

[10]【今注】案，檐，殿本作"擔"。

[11]【李賢注】《續漢書》曰"年四十餘，乃爲郡吏"也。

後舉孝廉，[1]將行，郡中爲祖道，祐越壇共小史雍丘黃真歡語移時，與結友而別。[2]功曹以祐倨，[3]請黜之。太守曰："吳季英有知人之明，卿且勿言。"真後亦舉孝廉，除新蔡長，世稱其清節。[4]時公沙穆來遊太學，[5]無資糧，乃變服客傭，[6]爲祐賃舂。祐與語大驚，遂共定交於杵臼之間。

[1]【李賢注】《陳留耆舊傳》曰："太守冷宏召補文學，宏

見異之，擢舉孝廉。"【今注】孝廉：漢代選官科目之一。由郡、國舉孝、廉各一人。孝指善事父母，廉指廉潔正直。

　　[2]【李賢注】祖道之禮，封土爲軷壇也。《五經要義》曰："祖道者，行祭爲道路祈也。"《周禮·太馭》（太，大德本、殿本作"大"）："掌王玉路以祀，及祀軷（祀，大德本、殿本作'犯'）。"注云："軷祀者（軷祀，大德本作'犯之'，殿本作'犯軷'），封土象山於路側，以菊棘柏爲神主祭之，以車轢軷而去。喻無險難。"【今注】雍丘：縣名。治所在今河南杞縣。　移時：時間良久。

　　[3]【今注】功曹：官署名。漢始設，爲地方官府職事機構。職掌選舉，兼參諸曹事務。其主者，司隸校尉府稱功曹從事，州府稱治中從事，郡稱功曹，縣稱功曹掾。

　　[4]【李賢注】《謝承書》曰："真字夏甫。"【今注】新蔡：縣名。治所在今河南新蔡縣。

　　[5]【今注】公沙穆：字文義，北海膠東（今山東平度市）人。傳見本書卷八二下。　太學：古代學校名稱。亦作"大學"。虞時的庠、夏的序、殷商的瞽宗、西周的辟雍，均爲古代大學。亦稱國學、國子學。

　　[6]【今注】變服客傭：改做傭工。

　　祐以光祿四行遷膠東侯相。[1]時濟北戴宏父爲縣丞，[2]宏年十六，從在丞舍。祐每行園，常聞諷誦之音，奇而厚之，亦與爲友，卒成儒宗，知名東夏，[3]官至酒泉太守。[4]祐政唯仁簡，以身率物。民有爭訴者，輒閉閤自責，然後斷其訟，[5]以道譬之。或身到閭里，[6]重相和解。自是之後，爭隙省息，吏人懷而不欺。嗇夫孫性私賦民錢，[7]市衣以進其父，父得而怒

曰："有君如是，何忍欺之！"促歸伏罪。性憋懼，詣
閣持衣自首。[8]祐屏左右問其故，性具談父言。祐曰：
"掾以親故，受污穢之名，所謂'觀過斯知仁矣'。"[9]
使歸謝其父，還以衣遺之。又安丘男子毋丘長與母俱
行市，[10]道遇醉客辱其母，長殺之而亡，安丘追蹤於
膠東得之。祐呼長謂曰："子母見辱，人情所恥。然孝
子忿必慮難，動不累親。[11]今若背親逞怒，[12]白日殺
人，赦若非義，刑若不忍，將如之何？"長以械自
繫，[13]曰："國家制法，囚身犯之。明府雖加哀矜，恩
無所施。"[14]祐問長有妻子乎？對曰："有妻未有子
也。"即移安丘逮長妻，妻到，解其桎梏，[15]使同宿獄
中，妻遂懷孕。至冬盡行刑，長泣謂母曰："負母應
死，當何以報吳君乎？"乃齧指而吞之，[16]含血言曰：
"妻若生子，名之'吳生'，言我臨死吞指爲誓，屬兒
以報吳君。"因投繯而死。[17]

[1]【李賢注】《漢官儀》曰"四行，敦厚、質樸、遜讓、節
儉"也。【今注】光禄四行：漢代選舉科目，即光禄勳舉有敦厚、
質樸、遜讓、節儉等四種品行的人爲官。　膠東：封國名。都即墨
縣（今山東平度市東南）。

[2]【今注】濟北：郡名。治博陽縣（今山東泰安市東南）。
　戴宏：字元襄，東漢中後期名儒，官至酒泉太守。　縣丞：官
名。戰國始置，爲縣令之副，助掌縣政。秦漢沿置，通常爲一員，
秩四百石至二百石，由朝廷任命，主掌文書及倉獄諸事。

[3]【李賢注】東夏，東方也。《尚書》曰"尹兹東夏"也。
【今注】案，宋文民《後漢書考釋》指出，成儒家者非謂祐。《藝

文類聚》卷六五、《太平御覽》卷八二四引謝承《後漢書》"卒"上有"宏"字。是當於"友"下"卒"上補"宏"字。（上海古籍出版社 1995 年版，第 263 頁）

　　[4]【李賢注】《濟北先賢傳》曰"宏字元襄，剛縣人也。年二十二（二十二，殿本作'三十二'），爲郡督郵，曾以職事見詰，府君欲撻之。宏曰：'今鄙郡遭明府，咸以爲仲尼之君，國小人少，以宏爲顏回，豈聞仲尼有撻顏回之義？'府君異其對，即日教署主簿"也。【今注】酒泉：郡名。治禄福縣（今甘肅酒泉市肅州區）。

　　[5]【今注】案，惠棟《後漢書補注》云："《東觀記》'斷'作'科'。《釋名》曰：'科，課也。課其不如法者罪責之也。'"

　　[6]【今注】閭里：里巷。平民聚居之處。

　　[7]【李賢注】《續漢書》曰："賦錢三百（三，紹興本、大德本、殿本作'五'），爲父市單衣。"【今注】嗇夫：鄉官名。掌管訴訟、賦稅。王先謙《漢書補注》指出，據《漢書·百官公卿表》，鄉有嗇夫之官，"職聽訟，收賦稅"。里耶秦簡、尹灣漢墓簡牘等出土文獻亦 多見"鄉嗇夫"。

　　[8]【今注】詣閤：到官署求見。

　　[9]【李賢注】《論語》載孔子之言也。【今注】掾：本義爲輔佐，後被用以統稱副官、佐吏等官署吏員。　案，仁，紹興本、大德本誤作"人"。

　　[10]【今注】安丘：縣名。治所在今山東安丘市西南。

　　[11]【李賢注】《論語》孔子曰："忿思難。"又曰："一朝之忿，忘其身以及其親，非惑與？"

　　[12]【李賢注】若，汝也。遑，快也。

　　[13]【李賢注】在手曰械（械，殿本作"戒"）。

　　[14]【今注】明府：漢魏以來，對太守、牧尹等地方行政長官稱府君或明府君，省稱爲明府。案，王先謙《後漢書集解》云：

"沈欽韓曰：'縣令爲明府，始見於此。'……明府亦稱明廷，見《張儉傳》。侯相稱明府，見《史弼傳》。太守稱明府見《劉寵》及《杜密傳》等。"

[15]【今注】桎梏：刑具，即手鐐脚銬。

[16]【今注】齧指：咬斷手指。

[17]【李賢注】謂以繩爲繯，投之而縊也。繯音胡大反（大，紹興本、大德本、殿本作"犬"，是）。

祐在膠東九年，[1]遷齊相，[2]大將軍梁冀表爲長史。[3]及冀誣奏太尉李固，[4]祐聞而請見，與冀爭之，不聽。時扶風馬融在坐，[5]爲冀章草，祐因謂融曰："李公之罪，成於卿手。李公即誅，卿何面目見天下之人乎？"冀怒而起入室，祐亦徑去。冀遂出祐爲河間相，[6]因自免歸家，不復仕，躬灌園蔬，以經書教授。年九十八卒。

[1]【李賢注】《陳留耆舊傳》曰："祐處同僚，無私書之問，上司無牋檄之敬。在膠東，書不入京師也。"

[2]【今注】齊：封國名。都臨淄縣（今山東淄博市東北）。

[3]【今注】梁冀：字伯卓，安定烏氏（今寧夏固原市東南）人。傳見本書卷三四。 長史：官名。漢代三公、將軍府皆設，爲諸掾史之長，秩千石。

[4]【今注】太尉：官名。秦置，金印紫綬，西漢武帝元狩四年（前119）改名大司馬，東漢光武帝建武二十七年（51）復稱太尉，與司徒、司空合稱三公。 李固：字子堅，漢中南鄭（今陝西漢中市）人。傳見本書卷六三。

[5]【今注】扶風：右扶風。漢置，掌治内史右地。秦及漢初

稱主爵中尉，西漢武帝時改名右扶風。掌治内史右地。與左馮翊、京兆尹合稱三輔。　馬融：字季長，扶風茂陵（今陝西興平市東北）人。傳見本書卷六〇上。

[6]【今注】河間：郡名。治樂成縣（今河北獻縣東南）。

　　長子鳳，官至樂浪太守，[1]少子愷，新息令；[2]鳳子馮，鮦陽侯相：[3]皆有名於世。[4]

　　[1]【今注】樂浪：郡名。治所一般認爲在朝鮮縣（今朝鮮平壤市土城里土城遺址）。

　　[2]【今注】新息：縣名。治所在今河南息縣。

　　[3]【李賢注】鮦陽，縣，屬汝南郡。音紂。【今注】鮦陽：縣名。治所在今安徽臨泉縣西。

　　[4]【李賢注】《陳留耆舊傳》曰：“鳳字君雅，馮字子高。”

　　延篤字叔堅，[1]南陽犨人也。[2]少從潁川唐溪典受《左氏傳》，[3]旬日能諷之，[4]典深敬焉。[5]又從馬融受業，博通經傳及百家之言，能著文章，有名京師。

　　[1]【今注】案，宋文民《後漢書考釋》指出，《北堂書鈔》卷五八引謝承《後漢書》“堅”亦作“固”，涉隋文帝諱改（第264頁）。

　　[2]【李賢注】犨音昌猶反，故城在汝州魯山縣東南也。【今注】南陽：郡名。治宛縣（今河南南陽市卧龍區）。　犨：縣名。治所在今河南魯山縣東南。

　　[3]【李賢注】《先賢行狀》曰：“典字季度，爲西鄂長。”《風俗通》曰：“吳夫槩王奔楚，封堂谿，因以爲氏。”典爲五官中

郎將。"唐"與"堂"同也。【今注】潁川：郡名。治陽翟縣（今河南禹州市）。 唐溪典：字季度，東漢時曾爲五官中郎將。

〔4〕【今注】案，諷，殿本作"諷誦"。

〔5〕【李賢注】《先賢行狀》曰："篤欲寫《左氏傳》，無紙，唐溪典以廢牋記與之。篤以牋記紙不可寫傳，乃借本諷之，糧盡辭歸。典曰：'卿欲寫傳，何故辭歸？'篤曰：'已諷之矣。'典聞之歎曰：'嗟乎延生（乎，紹興本、大德本作"呼"）！雖復端木聞一知二，未足爲喻。若使尼父更起於洙、泗，君當編名七十，與游、夏爭匹也。'"

舉孝廉，爲平陽侯相。[1]到官，表龔遂之墓，立銘祭祠，擢用其後於畎畝之閒。[2]以師喪弃官奔赴，五府並辟不就。[3]

〔1〕【今注】平陽：縣名。治所在今山東鄒城市。

〔2〕【李賢注】《前書》龔遂，山陽南平陽人，爲勃海太守（太，大德本作"本"）。南平陽故城今兗州鄒縣（大德本、殿本"今"前有"在"字）。【今注】立銘祭祠：立碑刻文、祭祀祠堂。

〔3〕【今注】五府：東漢時稱大將軍、太傅、太尉、司徒、司空爲五府。

桓帝以博士徵，[1]拜議郎，[2]與朱穆、邊韶共著作東觀。[3]稍遷侍中。[4]帝數問政事，篤詭辭密對，[5]動依典義。[6]遷左馮翊，[7]又徙京兆尹。[8]其政用寬仁，憂恤民黎，擢用長者，與參政事，郡中歡愛，三輔咨嗟焉。[9]先是陳留邊鳳爲京兆尹，[10]亦有能名，郡人爲之語曰："前有趙張三王，[11]後有邊延二君。"

[1]【今注】桓帝：東漢桓帝劉志，公元146年至167年在位。紀見本書卷七。　博士：學官名。始見於戰國，秦因之。漢代以徵拜、薦舉或考試入選。掌圖書、通古今，以備顧問。

[2]【今注】議郎：官名。郎官的一種。屬九卿之一的光禄勳，秩比六百石。

[3]【今注】朱穆：字公叔，南陽宛（今河南南陽市卧龍區）人。傳見本書卷四三。　邊韶：字孝先，陳留浚儀（今河南開封市）人。傳見本書卷八〇上。　東觀：東漢洛陽南宮内觀名。明帝詔班固等修撰《漢記》於此，書成名爲《東觀漢記》。章、和二帝時爲皇宮藏書之府。後因以稱國史修撰之所。

[4]【今注】侍中：秦朝始置，即原丞相史，往來殿中奏事，故名。西漢爲加官，凡列侯、將軍、卿大夫、將、都尉、尚書以至郎中，加此即可入侍宮禁，親近皇帝。

[5]【李賢注】《穀梁傳》曰：“故士造辟而言，詭辭而出。”范甯注云：“辟，君也。詭辭而出，不以實告人也。”

[6]【今注】動依典義：每每依據典籍之義行事。案，惠棟《後漢書補注》云：“《謝承書》曰：‘篤爲侍中，自在機密，常見進納。上殿問政事得失，以經義古典諫，帷幄之言不宜外也。’”

[7]【今注】左馮翊：西漢武帝時改左内史置。職掌相當於郡太守，轄區相當於一郡。因地屬畿輔，故不稱郡，爲三輔之一。治所在長安城。轄境範圍相當於今陝西渭河以北、涇河以東洛河中下游地區。《漢書·百官公卿表上》顏師古注云：“馮，輔也。翊，佐也。”

[8]【今注】京兆尹：官名。西漢武帝時以右内史東半部之地置京兆尹政區，與郡同級，爲三輔之一。長官稱京兆尹，職如郡太守，又因所治地區爲京畿所在，故兼有中央官員性質，地位高於郡太守。秩中二千石。

[9]【今注】三輔：政區名。西漢武帝太初元年（前104）分

右内史東半部置京兆尹，改右内史西半部置右扶風，改左内史爲左馮翊，合稱三輔。

[10]【今注】邊鳳：陳留（今河南開封市東南）人。爲京兆尹，有能名，時人稱賢。

[11]【李賢注】《前書》，趙廣漢、張敞、王尊（尊，紹興本、大德本、殿本作“遵”）、王章、王駿俱爲京兆尹也。【今注】案，《漢書》卷七六《趙尹韓張兩王傳贊》：“自孝武置左馮翊、右扶風、京兆尹，而吏民爲之語曰：‘前有趙、張，後有三王。’”

時皇子有疾，下郡縣出珍藥，而大將軍梁冀遣客齎書諸京兆，[1]并貨牛黃。[2]篤發書收客，曰：“大將軍椒房外家，[3]而皇子有疾，必應陳進醫方，豈當使客千里求利乎？”遂殺之。冀慙而不得言，有司承旨欲求其事。篤以病免歸，教授家巷。

[1]【今注】案，諸，紹興本、殿本作“詣”。

[2]【李賢注】吳普《本草》曰：“牛黃味苦，無毒，牛出入呻者有之（呻，大德本作‘神’）。夜有光走角中。牛死，入膽中，如雞子黃。”《神農本草》曰：“療驚癇，除邪逐鬼。”

[3]【今注】椒房：本爲皇后居住宮殿的名稱，常用來代指皇后。椒色濃而有辛香，以椒和泥塗壁，使屋内呈暖色，散清香，故名椒房。又取《詩·國風·唐風》“椒聊之實，蕃衍盈升”之意，喻子嗣繁盛。　外家：即外戚。

時人或疑仁孝前後之證，篤乃論之曰：“觀夫仁孝之辯，[1]紛然異端，互引典文，代取事據，[2]可謂篤論矣。[3]夫人二致同源，總率百行，[4]非復銖兩輕重，[5]必定前後之數也。而如欲分其大較，[6]體而名之，則孝在事親，仁施品物。施物則功濟於時，事親則德歸於己。於己則事寡，濟時則功多。[7]推此以言，仁則遠矣。然物有出微而著，事有由隱而章。近取諸身，則耳有聽受之用，目有察見之明，足有致遠之勞，手有飾衛之功，功雖顯外，本之者心也。遠取諸物，則草木之生，始於萌牙，終於彌蔓，枝葉扶疏，榮華紛縟，[8]末雖繁蔚，致之者根也。夫仁人之有孝，猶四體之有心腹，[9]枝葉之有本根也。[10]聖人知之，故曰：'夫孝，天之經也，地之義也，人之行也。'[11]'君子務本，本立而道生，孝悌也者，其爲仁之本與！'[12]然體大難備，物性好偏，故所施不同，事少兩兼者也。如必對其優劣，則仁以枝葉扶疏爲大，孝以心體本根爲先，可無訟也。或謂先孝後仁，非仲尼序回、參之意。[13]蓋以爲仁孝同質而生，純體之者，則互以爲稱，虞舜、顏回是也。[14]若偏而體之，則各有其目，公劉、曾參是也。[15]夫曾、閔以孝悌爲至德，[16]管仲以九合爲仁功，[17]未有論德不先曰、參，[18]考功不大夷吾。以此而言，各從其稱者也。"

[1]【李賢注】辯，爭也。

[2]【李賢注】代，更也。

[3]【李賢注】篤，厚也。

[4]【李賢注】二致，仁、孝也。《易·繫詞》曰"殊塗而同歸，百慮而一致"也（詞，大德本、殿本作"辭"，是；曰，大

德本作"也")。

[5]【今注】銖：衡制單位。二十四銖爲一兩。

[6]【李賢注】較猶略也。

[7]【今注】案，時，殿本作"事"。

[8]【李賢注】《説文》曰："縟，繁綵飾也。"

[9]【李賢注】四體謂手足也。

[10]【今注】案，本根，殿本作"根本"。

[11]【李賢注】《左氏傳》趙簡子問子太叔："何謂禮?"對曰："聞諸先大夫子産曰：'夫禮，天之經也，地之義也，人之行也。天地之經，人實則之，則天之明，因地之性（性，大德本、殿本作"利"）。'"孔子取爲《孝經》之詞也。

[12]【李賢注】《論語》載有若之詞也。

[13]【李賢注】《論語》孔子曰："參也魯，回也其庶乎?"言庶幾於善道也。魯，鈍也。言若先孝後仁，則曾參不得不賢於顔子。【今注】仲尼：孔子之字。　回：顔回。孔子弟子，因其德行、好學見稱，故最爲孔子喜愛。但天不假年，四十歲左右便去世了。顔回被後世尊稱爲"顔子"，追封爲"亞聖"。　參：曾參。字子輿。即曾子。春秋末期魯國南武城（今山東嘉祥縣）人。孔子弟子，儒家代表人物之一。後世稱"宗聖"。

[14]【李賢注】虞舜、顔回純德既備，或仁或孝（殿本"仁"後無"或"字），但隨其所稱爾。【今注】純體之者：能够做到全面體察的人。　虞舜：舜帝。傳説中的上古人物，五帝之一。媯姓，名重華。有虞氏部落首領，在位時放逐四凶（鯀、共工、驩兜和三苗），命禹治水，后稷掌農業，契行教化，益管山林，皋陶治法律。後死於蒼梧之野（今湖南寧遠縣南蒼梧山）。

[15]【李賢注】《史記》，公劉，后稷曾孫也。能修復后稷之業，務耕種，行地宜，百姓懷之，多從而保歸焉。故公劉以仁紀德，曾參以至孝稱賢，此則各自爲目，不能總兼其美也。【今注】

各有其目：各有其專名。　公劉：上古周族領袖，爲后稷之曾孫，姬姓。率周人遷居於豳，定居農耕，周族由此興盛。

[16]【李賢注】曾參、閔損也。【今注】閔：閔損。字子騫，春秋時魯國人，孔子弟子，以德行著稱。

[17]【李賢注】《論語》孔子曰："桓公九合諸侯，不以兵車，管仲之力，如其仁，如其仁。"九合者，謂再會於鄄，兩會于幽（于，紹興本作"干"），又會檉、首止、戴甯、毋洮、葵丘也。【今注】管仲：春秋齊國國相，被尊稱爲"仲父"。任職期間，對內大興改革、富國强兵；對外尊王攘夷、九合諸侯，輔佐齊桓公成爲春秋五霸之首。傳見《史記》卷六二。

[18]【今注】案，曰，紹興本、大德本作"回"，殿本作"囘"，是。

前越巂太守李文德素善於篤，[1]時在京師，謂公卿曰："延叔堅有王佐之才，奈何屈千里之足乎？"欲令引進之。篤聞，乃爲書止文德曰："夫道之將廢，所謂命也。[2]流聞乃欲相爲求還東觀，來命雖篤，所未敢當。吾嘗昧爽櫛梳，坐於客堂。[3]朝則誦義、文之《易》，虞、夏之《書》，歷公旦之典禮，覽仲尼之《春秋》。[4]夕則消摇内階，詠《詩》南軒。[5]百家衆氏，投間而作。[6]洋洋乎其盈耳也，[7]渙爛兮其溢目也，[8]紛紛欣欣兮其獨樂也。當此之時，不知天之爲蓋，地之爲輿；[9]不知世之有人，己之有軀也。雖漸離擊筑，傍若無人，[10]高鳳讀書，不知暴雨，[11]方之於吾，未足況也。且吾自束脩已來，[12]爲人臣不陷於不忠，爲人子不陷於不孝，上交不諂，下交不黷，[13]從此而歿，下見先君遠祖，可不愧赧。[14]如此而不以善

止者，恐如教羿射者也。^[15]慎勿迷其本，弃其生也。”^[16]

止者，恐如教羿射者也。[15]慎勿迷其本，弃其生也。”[16]

　　[1]【今注】越巂：郡名。治邛都縣（今四川西昌市東南）。

　　[2]【李賢注】《論語》孔子曰：“道之將行也與？命也。道之將廢也與？命也。”

　　[3]【李賢注】孔安國注《尚書》曰：“昧，暝也。爽，明也。”【今注】昧爽：拂曉。　櫛梳：梳篦，泛指梳妝打扮。

　　[4]【李賢注】周公攝政七年，制禮作樂。班固《東都賦》曰“今論者但知誦虞、夏之《書》，詠殷、周之《詩》，講義、文之《易》，論孔氏之《春秋》”也。【今注】夏：即夏禹。姒姓。據說堯、舜在位時發生大洪水，禹之父鯀奉命治水不成而爲舜所殺，禹繼之治水，歷盡艱辛，終獲成功，乃受舜禪位爲王，並大會諸侯於會稽。禹死後，其子啓繼位，結束禪讓制，開始家天下制度，建立夏朝。禹被後世視作夏朝的開國君主，所謂“三王”之一。　公旦：即周武王之弟周公旦，獲封於魯，不之國，而以其子伯禽就封。在武王去世後輔佐成王，任太師，攝政，東征平滅武王弟管叔、蔡叔與紂王子武庚的聯合叛亂，營建洛邑，設成周八師鎮撫東方。制禮作樂，確立周代諸項制度。在成王成年後，周公還政於成王。被後世視作賢臣代表、儒家聖人。

　　[5]【李賢注】《楚詞》：“高堂邃宇，鏤檻層軒（檻，大德本作‘監’）。”王逸注云：“軒，樓板也。”【今注】内階：内院。

　　[6]【李賢注】言誦經典之餘，投射間隙而翫百氏也。

　　[7]【李賢注】洋洋，美也。《論語》曰：“洋洋乎盈耳哉。”（殿本無“論語曰洋洋乎盈耳哉”數字）

　　[8]【李賢注】焕爛，文文貌也（文文，紹興本、大德本、殿本作“文章”，是）。

　　[9]【李賢注】宋玉《大言賦》曰“方地爲輿，員天爲蓋”

也。【今注】蓋：車蓋。　輿：乘輿。

[10]【李賢注】《説文》曰：“筑，五弦之樂也。”沈約《宋書》曰：“筑不知誰所造也。《史記》唯云高漸離擊筑。”案：今筑形似筝，有項有柱。《史記》，荆軻至燕，日與屠狗及高漸離擊筑，荆軻和而歌於市中，相樂，已而相泣，傍若無人。【今注】漸離：高漸離。荆軻好友，善擊筑。燕國滅亡後曾刺殺秦王政未果。

[11]【李賢注】事具《逸人傳》（紹興本“傳”後有“也”字）。【今注】高鳳：字文通，南陽葉（今河南葉縣）人。傳見本書卷八三。

[12]【李賢注】束脩謂束帶修飾。鄭玄注《論語》曰“謂年十五已上”也。【今注】束脩：本義指扎成一捆的乾肉。《論語·述而》有云：“子曰：‘自行束脩以上，吾未嘗無誨焉。’”是以又以束脩指入學或學生送給教師的酬金。

[13]【李賢注】《易·繫詞》之文也（詞，大德本、殿本作“辭”）。【今注】黷：輕侮。

[14]【李賢注】色塊曰赧，音女板反（板，殿本作“版”）。

[15]【李賢注】《史記》，有養由基者，善射者也，去柳葉百步而射之，百發而百中之。左右觀者數千人（數千，殿本作“百餘”），皆曰“善射”。有一人立其旁（旁，大德本作“傍”），曰：“善，可教射矣。”養由基怒，釋弓搤劍曰：“客安能教我射乎？”客曰：“非吾能教枝左詘右也。夫去柳葉百步而射之，百發百中之，不以善息，少焉氣衰力倦，弓撥矢鉤，一發不中者百發盡息。”此言羿者，蓋以俱善射而稱之焉（焉，大德本作“也”）。【今注】羿：即后羿。或作有窮后羿。夏代人。有窮氏之首領。傳善射。夏后太康不理民事，淫於狩獵。羿逐之而代爲君。亦喜田獵，信用寒浞，爲寒浞利用家衆所殺。

[16]【今注】生：本性。

後遭黨事禁錮。[1]永康元年,[2]卒于家。鄉里圖其
形于屈原之廟。[3]

　[1]【李賢注】錮謂閉塞。【今注】禁錮：禁止做官和參加政
治活動。

　[2]【今注】永康：東漢桓帝劉志年號（167）。

　[3]【李賢注】屈原，楚大夫，抱忠貞而死。篤有志行文彩
（彩，殿本作"章"），故圖其像而偶之焉。【今注】屈原：芈姓，
屈氏，名平，字原。楚國貴族。楚懷王時任左司徒、三閭大夫等
職。公元前 278 年，秦將白起攻破楚都郢（今湖北荆州市荆州區西
北）。之後，屈原投汨羅江而死。著有《離騷》《九歌》等。傳見
《史記》卷八四。

　篤論解經傳，多所駁正，後儒服虔等以爲折中。[1]
所著詩、論、銘、書、應訊、表、教令,[2]凡二十
篇云。

　[1]【今注】服虔：字子慎，河南滎陽（今河南滎陽市東北）
人。傳見本書卷七九下。

　[2]【李賢注】訊，問也。蓋答客難之類。

　史弼字公謙，陳留考城人也。[1]父敞，順帝時以佞
辯至尚書、郡守。[2]弼少篤學，聚徒數百。仕州郡,[3]
辟公府,[4]遷北軍中候。[5]

　[1]【今注】考城：縣名。治所在今河南民權縣東北。

　[2]【李賢注】《續漢書》曰"敞爲京兆尹，化有能名，尤善

條教，見稱於三輔”也。【今注】順帝：東漢順帝劉保，公元 125 年至 144 年在位。紀見本書卷六。　尚書：官名。戰國秦、齊等國始置，亦稱掌書，爲諸侯國君管理文書的小吏。秦朝由少府遣吏四人，在宮中收發文書，稱尚書，地位甚輕。設令、僕射、丞以主之。西漢初因之。自武帝至成帝初，置四員分曹治事，領諸郎，掌管機要，職權漸重，爲中朝重要宮官。成帝建始四年（前 29）增尚書爲五員，以保管文書檔案、傳達記録詔命章奏爲主，拆閲、裁決章奏之權歸領尚書事、尚書令、僕射。東漢尚書臺分六曹，各置尚書，秩六百石，位在令、僕射下，丞、郎上。身兼宮官、朝官雙重身份，既掌納奏擬詔出令，又可向公卿等行政機構直接下達政令，秩位雖輕，職權頗重。三國沿置，員數不等。

　　[3]【李賢注】《謝承書》曰：“弼年二十爲郡功曹，承前太守宋訢穢濁之後，悉條諸生聚斂姦吏百餘人，皆曰太守（曰，紹興本、大德本、殿本作‘白’，是），埽迹還縣，高名由此而興。”

　　[4]【今注】公府：東漢太尉、司徒、司空稱三公，其府稱公府。

　　[5]【今注】北軍中候：官名。東漢始置，掌監屯騎校尉、越騎校尉、步兵校尉、長水校尉、射聲校尉所領北軍五營，秩六百石。

　　是時桓帝弟渤海王悝素行險辟，[1]僭傲多不法。弼懼其驕悖爲亂，乃上封事曰：“臣聞帝王之於親戚，愛雖隆，必示之以威；體雖貴，必禁之以度。如是，和睦之道興，骨肉之恩遂。昔周襄王恣甘昭公，[2]孝景皇帝驕梁孝王，[3]而二弟階寵，終用敎慢，卒周有播蕩之禍，漢有爰盎之變。[4]竊聞勃海王悝，[5]憑至親之屬，恃偏私之愛，失奉上之節，有僭慢之心，外聚剽輕不逞之徒,^[6]內荒酒樂, 出入無常, 所與群居, 皆有口無行,^[7]或家之弃子, 或朝之斥臣, 必有羊勝、伍被之變。^[8]州司不敢彈糾, 傅相不能匡輔。^[9]陛下隆於友于, 不忍過絕。^[10]恐遂滋蔓, 爲害彌大。^[11]乞露臣奏,^[12]宣示百僚, 使臣得於清朝明言其失, 然後詔公卿平處其法。法決罪定, 乃下不忍之詔。臣下固執, 然後少有所許。如是, 則聖朝無傷親之譏, 勃海有享國之慶。不然, 懼大獄將興, 使者相望於路矣。臣職典禁兵, 備禦非常, 而妄知藩國, 于犯至戚,^[13]罪不容誅。不勝憤懣, 謹冒死以聞。"帝以至親, 不忍下其事。後悝竟坐逆謀, 貶爲癭陶王。

[1]【今注】渤海: 封國名。都南皮縣(今河北南皮縣東北)。悝: 劉悝。東漢宗室。蠡吾侯劉翼之子, 桓帝之弟。初襲父爵, 後封勃海王。耽於淫樂, 行多不法。以謀逆貶爲癭陶王。

[2]【李賢注】甘昭公王子帶, 周襄王弟也, 食邑於甘, 謚曰昭。《左傳》曰, 初, 甘昭公有寵於惠后, 后將立之, 未及而卒。昭公奔齊。王復之, 遂以狄師攻王, 王出適鄭也。【今注】周襄王: 名鄭。周惠王子。繼位三年, 異母弟叔帶聯合戎、翟謀作亂, 發覺, 叔帶逃至齊。齊管仲率兵助周王室平亂。後叔帶返周, 又與翟人作亂, 襄王被迫奔鄭。次年, 晉文公舉兵平亂, 誅帶, 復位。周承認晉文公爲霸主, 以河內地與晉。 甘昭公: 又稱叔帶、太叔帶。春秋時周惠王之子, 襄王之弟。食邑於甘, 故又稱甘昭公。

[3]【李賢注】梁孝王, 景帝弟, 竇太后少子, 愛之, 賜天子旌旗, 出警入蹕。景帝嘗與王宴太后前(嘗, 大德本、殿本作"常"), 曰: "千秋萬歲後傳王。"爰盎諫不許, 遂令人刺殺盎

也。【今注】孝景皇帝：西漢景帝劉啓，公元前 157 年至前 141 年在位。文帝子。紀見《史記》卷一一、《漢書》卷五。　梁孝王：劉武。西漢文帝次子，母竇太后。文帝時先後受封代王、淮陽王。文帝十二年（前 168），徙爲梁王，領四十餘城，居天下膏腴之地。吳楚七國反，因堅守睢陽（今河南商丘市南）有功，又爲太后少子，賞賜無數，於封國大治宮室苑囿，招延四方豪傑，出入儀從比於天子。及栗太子廢，太后欲立之爲帝嗣，因大臣爰盎等反對未果。遂使人刺殺爰盎及議臣十餘人，以此遭景帝疑忌。立三十五年病卒。藏府尚餘黃金四十餘萬斤，其他財物不計其數。謚孝王。傳見《漢書》卷四七。

[4]【今注】爰盎：字絲，西漢内史安陵（今陝西咸陽市東北）人。文帝時爲郎中，歷任隴西都尉、齊相、吳相。素與晁錯交惡。景帝時，錯爲御史大夫，使吏案其受吳王財物事，遂被廢爲庶人。吳楚七國反，密勸景帝斬錯以謝吳，旋爲太常使吳，吳王濞欲殺之，得脫逃歸。後因諫止立梁孝王爲帝嗣，被梁刺客所殺。傳見《漢書》卷四九。

[5]【今注】案，勃，大德本、殿本作“渤”，是。

[6]【李賢注】剽，悍也。逞，快也。謂被侵枉不快之人也（被，殿本作“彼”）。《左傳》曰：“率群不逞之人。”剽音匹妙反。

[7]【李賢注】有虛言無實行也。

[8]【李賢注】《前書》羊勝勸梁王求漢嗣，伍被勸淮南王謀反誅也（王，紹興本作“子”）。【今注】羊勝：西漢時人。景帝時，曾鼓動梁孝王謀求帝位。　伍被：西漢時人。景帝時，因慫恿淮南王劉安謀反而被誅殺。

[9]【今注】傅相：此指輔佐渤海王劉悝的官吏。

[10]【李賢注】友，親也。《尚書》曰：“淮孝友于兄弟（淮，紹興本、大德本、殿本作‘惟’，是）。”【今注】隆於友于：

以友愛兄弟爲崇高。案，干，紹興本、大德本、殿本作"于"，是。

[11]【李賢注】滋，長；蔓，延也。《左氏傳》："無使滋蔓，蔓，難圖也。"（殿本無"左氏傳無使滋蔓蔓難圖也"數字）

[12]【今注】露：公布。

[13]【今注】案，于，紹興本、大德本、殿本作"干"，是。

　　弼遷尚書，出爲平原相。[1]時詔書下舉鈎黨，[2]郡國所奏相連及者多至數百，唯弼獨無所上。詔書前後切却州郡，[3]髡笞掾史。[4]從事坐傳責曰：[5]"詔書疾惡黨人，旨意懇惻。青州六郡，其五有黨，[6]近國甘陵，亦考南北部，[7]平原何理而得獨無？"弼曰："先王疆理天下，畫界分境，[8]水土異齊，風俗不同，[9]它郡自有，平原自無，胡可相比？若承望上司，誣陷良善，淫刑濫罰，以逞非理，則平原之人，户可爲黨。相有死而已，所不能也。"從事大怒，即收郡僚職送獄，[10]遂舉奏弼。會黨禁中解，弼以俸贖罪得免，[11]濟活者千餘人。

[1]【今注】平原：封國名。都平原縣（今山東平原縣南）。

[2]【李賢注】鈎謂相連也。

[3]【李賢注】切，急也。却，退也。

[4]【今注】髡笞：刑罰名。剃去鬚髮，鞭笞身體。

[5]【李賢注】《續漢志》每州皆有從事史及諸曹掾史。傳，客舍也，音知戀反。坐傳舍召弼而責。【今注】從事：漢三公府至州郡自辟僚屬，多以從事爲稱。州府有別駕從事史、治中從事史、簿曹從事史、兵曹從事史、部郡國從事史，秩百石。

[6]【李賢注】濟南、樂安、齊國、東萊、平原、北海六郡，

青州所管也。青州在齊國臨淄，見《漢官儀》。【今注】青州：西漢武帝時所置十三刺史部之一。轄境約當今山東德州市、平原縣、高唐縣以東，河北吳橋縣及山東馬頰河以南，濟南、安邑、高密、萊陽、棲霞、乳山等市縣以北地。

[7]【李賢注】桓帝爲蠡吾侯，受學於甘陵周福，及帝即位，擢福爲尚書。時同郡河南尹房植有名當朝，二家賓客互相譏揣，遂各樹朋徒，漸成尤隙，由是甘陵有南北部（由，大德本、殿本作“自”）。見《黨人篇序》（紹興本、大德本、殿本“序”後均有“也”字）。【今注】甘陵：封國名。治甘陵縣（今山東臨清市東北）。

[8]【李賢注】疆（疆，殿本作“彊”），界也。理，正也。《左傳》曰“先王疆理天下，物土之宜而布其利”也（土，紹興本作“上”）。

[9]【李賢注】《前書》曰“凡人函五常之性，而其剛柔緩急，音聲不同。繫水土之風氣，故謂之風。好惡取舍，動靜無常，隨君上之情欲，故謂之俗”也。

[10]【今注】僚職：屬官。

[11]【李賢注】奉音扶用反（奉，大德本、殿本作“俸”，是）。

　　弼爲政特挫抑彊豪，其小民有罪，多所容貸。[1]遷河東太守，[2]被一切詔書當舉孝廉。[3]弼知多權貴請託，乃豫勑斷絕書屬。[4]中常侍侯覽果遣諸生齎書請之，[5]并求假鹽稅，[6]積日不得通。生乃説以它事謁弼，[7]而因達覽書。弼大怒曰[8]：“太守忝荷重任，當選士報國，爾何人而僞詐無狀！”命左右引出，楚捶數百，[9]府丞、掾史十餘人皆諫於廷，[10]弼不對。遂付安邑獄,^[11]即日考殺之。侯覽大怨,遂詐作飛章下司隸,^[12]誣弼誹謗,檻車徵。^[13]吏人莫敢近者,唯前孝廉裴瑜送到崤澠之閒,^[14]大言於道傍曰:"明府摧折虐臣,^[15]選德報國,如其獲罪,足以垂名竹帛,願不憂不懼。"弼曰:"'誰謂荼苦,其甘如薺,'^[16]昔人刎頸,九死不恨。"^[17]及下廷尉詔獄,^[18]平原吏人奔走詣闕訟之。又前孝廉魏劭毀變形服,詐爲家僮,瞻護於弼。弼遂受誣,事當弃市。^[19]劭與同郡人賣郡邸,^[20]行賂於侯覽,得減死罪一等,論輸左校。^[21]時人或譏曰:"平原行貨以免君,無乃蚩乎!"陶丘洪曰:^[22]"昔文王牖里,閎、散懷金。^[23]史弼遭患,義夫獻寶。亦何疑焉!"於是議者乃息。刑竟歸田里,稱病閉門不出。數爲公卿所薦,議郎何休又訟弼有幹國之器,^[24]宜登台相,^[25]徵拜議郎。侯覽等惡之。光和中,^[26]出爲彭城相,^[27]會病卒。裴瑜位至尚書。^[28]

[1]【今注】容貸:優待,恕免。

[2]【今注】河東:郡名。治安邑縣(今山西夏縣西北)。

[3]【今注】案,沈欽韓《後漢書疏證》謂大郡太守視事未及一期,皆得舉孝廉。小郡亦得歲舉也。本書卷六六《陳蕃傳》"詔下州郡,一切皆得舉孝廉",桓帝時如此詔書非一度也。被,接收。一切,所有。

[4]【李賢注】屬音之欲反。

[5]【今注】中常侍:官名。秦置中常侍官,參用士人,皆銀璫左貂,給事殿省。西漢沿置,出入宮廷,侍從皇帝,爲列侯至郎中的加官。東漢時,中常侍成爲有具體職掌的官職,本無員數,明

帝永平中定爲四人，明帝以後，員數稍增，改以金璫右貂，兼領卿署之職。自和熹太后以女主稱制，不接公卿，乃以閹人爲常侍、小黃門，通命兩宫，自此以來，悉用閹人。東漢後期，中常侍把持朝政，權勢極盛。　　侯覽：山陽防東（今山東單縣東北）人。宦官。傳見本書卷七八。

［6］【今注】案，沈欽韓《後漢書疏證》謂河東有兩鹽池，則後漢仍榷其稅。

［7］【今注】案，宋文民《後漢書考釋》指出，《北堂書鈔》卷三七引《續漢書》"說"字作"托"（第 264 頁）。

［8］【今注】案，大德本、殿本"大"前有"乃"字。

［9］【今注】楚捶：用杖策拷掠。

［10］【今注】案，十，大德本作"千"。

［11］【今注】安邑：縣名。治所在今山西夏縣西北。

［12］【今注】飛章：匿名誣陷他人的文書。　　司隸：官名。爲司隸校尉的省稱。西漢武帝征和四年（前 89）始置，秩二千石。成帝元延四年（前 9）省，哀帝即位後復置，改名司隸，隸大司空，位比司直。東漢仍名司隸校尉，秩比二千石，威權尤重。凡宫廷内外，皇親貴戚，京都百官，無所不糾，兼領兵，有檢敕、捕殺罪犯之權，並爲司隸州行政長官，治所在今河南洛陽市。光武帝特詔朝會時與御史中丞、尚書令並專席而坐，時號"三獨坐"。

［13］【今注】檻車：用柵欄封閉的車。用於囚禁犯人或猛獸。

［14］【今注】裴瑜：字雉璜。聰明敏達，舉孝廉。後位至尚書。　　崤：崤山。又稱嶔崟山。在今河南洛寧縣西北。　　澠：澠池，又作"黽池"。縣名。治所在今河南澠池縣西。

［15］【今注】案，摧，紹興本作"榷"。

［16］【李賢注】《詩·衛風》也。荼，苦菜也。

［17］【李賢注】刿，割也。《楚詞》曰"雖九死其猶未悔"也（詞，殿本作"辭"）。

[18]【今注】廷尉詔獄：由廷尉具體管理、由皇帝直接掌握的監獄。主要囚禁犯罪的公卿外戚。

[19]【今注】弃市：刑罰名。在鬧市執行死刑，暴尸街頭，言與衆人共棄之。

[20]【李賢注】郡邸，若今之寺邸也。【今注】案，惠棟《後漢書補注》引惠士奇云："觀此則東漢郡邸乃郡守自爲之，否則安得擅賣。"

[21]【今注】左校：官名。秦漢皆置左、右校，其長官稱令，分掌左工徒和右工徒，屬將作大匠。掌修建宗廟、路寢、宮室、陵園等土木工程，秩六百石。官吏犯法，常輸左校爲工徒。

[22]【李賢注】《青州先賢傳》曰："洪字子林（林，大德本、殿本作‘休’），平原人也。清達博辯（辯，大德本作‘辨’），文冠當代。舉孝廉，不行，辟太尉府。年三十卒。"

[23]【李賢注】牖里，殷獄名。或作"羑"，亦名羑城，在今相州湯陰縣北。《帝王紀》："散宜生、南宮括、閎夭學乎吕尚。尚知三人賢，結朋友之交。及紂囚文王，乃以黄金千鎰與宜生，令求諸物與紂。"《史記》曰"閎夭之徒乃求有莘美女（美，殿本作‘氏’），驪戎文馬，有熊九駟，它奇怪物，因殷嬖臣費仲獻之於紂，紂大説，乃赦之"也。【今注】文王：姬姓，名昌，商朝末年周族領袖。爲西伯。建豐邑（今陝西西安市西南）爲都。　牖里：即"羑里"。今河南湯陰縣北有羑里城遺址，據説爲殷紂王囚拘西伯姬昌之處。　閎：閎夭。原以捕獵爲業，周文王聞其賢，用以輔政。商紂囚文王於羑里，他以美女、重寶賂商紂，使文王得釋。武王伐紂滅商後，受命修整擴大比干之墓，以安殷人。　散：散宜生。相傳曾受學於太公望，歸周後輔文王、武王。商紂囚文王，與閎夭等求美女、重寶賂紂，使文王得釋。後助武王伐紂滅商。

[24]【今注】何休：字邵公，任城樊（今山東濟寧市兗州區

西南）人。東漢著名經學家。傳見本書卷七九下。

　　[25]【今注】台相：指三公之位。

　　[26]【今注】光和：東漢靈帝劉宏年號（178—184）。

　　[27]【今注】彭城：封國名。都彭城縣（今江蘇徐州市）。

　　[28]【李賢注】《先賢行狀》曰“瑜字雄璜。聰明敏達，觀物無滯。清論所加，必爲成器；醜議所指，没齒無怨”也。

　　論曰：夫剛烈表性，鮮能優寬；仁柔用情，多乏貞直。吳季英視人畏傷，發言烝烝，[1]似夫懦者；而懷憤激揚，折讓權枉，[2]又何壯也！仁以矜物，義以退身，君子哉！[3]語曰：“活千人者子孫必封。”[4]史弼頡頏嚴吏，[5]終全平原之黨，而其後不大，[6]斯亦未可論也。

　　[1]【李賢注】烝烝猶仍也。【今注】視人畏傷：謂待人唯恐傷害到他人。

　　[2]【今注】案，權，大德本作“摧”。

　　[3]【李賢注】《法言》曰：“君子於仁也柔，於義也剛。”

　　[4]【李賢注】《前書》王翁孺曰：“聞活千人者有封孫（殿本‘孫’前有‘子’字）。吾所活者千人，世其興乎（殿本‘世’前有‘後’字）？”

　　[5]【李賢注】頡頏猶上下也。

　　[6]【李賢注】不大謂子孫衰替也。《左傳》晉卜偃曰：“畢萬之後必大。”（殿本無“左傳晉卜偃曰畢萬之後必大”數字）

　　盧植字子幹，涿郡涿人也。[1]身長八尺二寸，音聲如鍾。少與鄭玄俱事馬融，[2]能通古今學，[3]好研精而不守章句。融外戚豪家，[4]多列女倡歌舞於前。植侍講積年，未嘗轉眄，[5]融以是敬之。學終辭歸，闔門教授。性剛毅有大節，常懷濟世志，不好辭賦，能飲酒一石。

[1]【今注】涿郡：郡名。治涿縣（今河北涿州市）。

[2]【今注】鄭玄：字康成，北海高密（今山東高密市西南）人。傳見本書卷三五。案，惠棟《後漢書補注》引《續漢書》云："（盧植）與鄭玄同門相友。"

[3]【今注】古今學：研究儒家經傳的兩大學派。亦稱今文家和古文家。

[4]【李賢注】融，明德皇后之從姪也。

[5]【今注】眄：斜眼瞟看。

　　時皇后父大將軍竇武援立靈帝，[1]初秉機政，朝議欲加封爵。植雖布衣，以武素有名譽，乃獻書以規之曰："植聞嫠有不恤緯之事，[2]漆室有倚楹之戚，[3]憂深思遠，君子之情。[4]夫士立爭友，義貴切磋。[5]《書》陳'謀及庶人'，[6]《詩》詠'詢于芻蕘'。[7]植誦先王之書久矣，敢愛其瞽言哉！[8]今足下之於漢朝，猶旦、奭之在周室，[9]建立聖主，四海有繫。論者以為吾子之功，於斯為重。天下聚目而視，攢耳而聽，[10]謂準之前事，將有景風之祚。[11]尋《春秋》之義，王后無嗣，擇立親長，年均以德，德均則決之卜筮。[12]今同宗相後，[13]披圖案牒，[14]以次建之，何勳之有？豈橫叨天功以為己力乎！[15]宜辭大賞，以全身名。又比世祚不競，[16]仍外求嗣，可謂危矣。而四方未寧，盜賊伺隙，恒岳、勃碣，[17]特多姦盜，將有楚人脅比，尹氏立朝之變。[18]宜依古禮，置諸子之官，徵王侯愛子，宗室賢才，外崇訓道之義，内息貪利之心，簡其良能，隨用爵之，彊幹弱枝之道也。"[19]武並不能用。

[1]【今注】竇武：字游平，扶風平陵（今陝西咸陽市西北）人。傳見本書卷六九。　靈帝：東漢靈帝劉宏，公元 168 年至 189 年在位。紀見本書卷八。

[2]【李賢注】《左傳》曰，范獻子曰："人亦有言，嫠不恤其緯而憂宗周之隕，爲將及焉。"杜預注曰："嫠，寡婦也。織者常苦緯少，寡婦所宜憂也。"

[3]【李賢注】《琴操》曰："魯漆室女猗柱悲吟而嘯（猗，紹興本、大德本、殿本作'倚'），鄰人見其心之不樂也，進而問之曰：'有淫心欲嫁之念耶，何吟之悲？'漆室女曰：'嗟乎！嗟乎！子無志，不知人之甚也。昔者楚人得罪於其君，走逃吾東家，馬逸，蹢吾園葵，使吾終年不饜菜；吾西鄰人失羊不還，請吾兄追之，霧濁水出，使吾兄溺死，終身無兄。政之所致也。吾憂國傷人，心悲而嘯，豈欲嫁哉！'自傷懷結而爲人所疑，於是褰裳入山林之中，見女貞之木，喟然歎息，援琴而弦歌以女貞之辭，自經而死（經，大德本作'縊'）。"

[4]【李賢注】《詩序》曰："憂深思遠，儉而用禮，乃有堯之遺風焉（焉，大德本作'馬'）。"

[5]【李賢注】《孝經》曰："士有爭友，身不陷於不義。"《詩》云："如切如磋。"鄭玄注云："骨曰切，象曰磋。言友之相規誡，如骨象之見切磋。"

[6]【李賢注】《尚書·洪範》曰"謀及卿士，謀及庶人"也。

[7]【李賢注】《詩·大雅》曰："先人有言，詢于芻蕘。"毛

甚注云（注，紹興本作"汪"）："芻蕘，採薪者也。"

　　[8]【李賢注】無目眴曰瞽。眴音直忍反。【今注】瞽：目盲。

　　[9]【今注】奭：周武王之弟姬奭。因食邑於召，故稱召公。
周滅商，受封於燕，爲燕國始祖。因本人留鎬京輔政，遣其長子
就封。

　　[10]【李賢注】《前書》賈山曰"使天下戴目而視，傾耳而
聽"也。

　　[11]【李賢注】景風，解見《和紀》（和紀，大德本、殿本
作"和帝紀"）。

　　[12]【李賢注】《左傳》王子朝曰："先王之命，王后無嫡，
則擇立長。年鈞以德，德鈞以卜，古之制也。"

　　[13]【今注】案，令，紹興本、大德本、殿本作"今"，是。

　　[14]【今注】披圖案牒：案查簿册。

　　[15]【李賢注】叨，貪也。《左傳》曰"貪天之功，以爲己
力"也。

　　[16]【李賢注】競，彊也。

　　[17]【李賢注】勃，勃海也。碣，碣石山也。

　　[18]【李賢注】《左傳》曰，楚公子比，恭王之子也。靈王
立，子比奔晉。靈王卒，子比自晉歸楚，立爲君。比弟公子弃疾
欲簒其位，夜乃使人周走呼曰："王至矣。"國人大驚，子比乃自
殺。王子朝，周景王之庶子。景王卒，子猛立。尹氏，周卿士，
立子朝，奪猛位也。

　　[19]【李賢注】以樹爲喻也。謂京師爲幹，四方爲枝。《前
書》曰："漢興，立都長安，徒齊諸田、楚昭、屈、景及諸功臣家
於長陵。蓋以彊幹弱枝，非獨爲奉山園也。"

　　州郡數命，植皆不就。建寧中，[1]徵爲博士，乃始
起焉。熹平四年，[2]九江蠻反，[3]四府選植才兼文

武，[4]拜九江太守，蠻寇賓服。以疾去官。

　　[1]【今注】建寧：東漢靈帝劉宏年號（168—172）。
　　[2]【今注】熹平：東漢靈帝劉宏年號（172—178）。
　　[3]【今注】九江：郡名。治壽春縣（今安徽壽縣）。
　　[4]【今注】四府：指大將軍府、太尉府、司空府和司徒府。

　　作《尚書章句》《三禮解詁》。[1]時始立太學《石經》，[2]以正《五經》文字，[3]植乃上書曰："臣少從通儒故南郡太守馬融受古學，[4]頗知今之《禮記》特多回宂。[5]臣前以《周禮》諸經，發起粃謬，[6]敢率愚淺，爲之解詁，而家乏，無力供繕寫上。[7]願得將能書生二人，共詣東觀，就官財糧，專心研精，合《尚書》章句，考《禮記》失得，庶裁定聖典，刊正碑文。古文科斗，近於爲實，而厭抑流俗，降在小學。[8]中興以來，[9]通儒達士班固、賈逵、鄭興父子，並敦悅之。[10]今《毛詩》《左氏》《周禮》各有傳記，其與《春秋》共相表裏，[11]宜置博士，爲立學官，以助後來，以廣聖意。"

　　[1]【李賢注】詁，事也。言解其事意。【今注】案，惠棟《後漢書補注》引《續漢書》云："作《尚書章句》《禮記解詁》。"又引《隋書·經籍志一》，謂"植注《禮記》十卷"。
　　[2]【今注】石經：東漢靈帝熹平年間刻石的儒家經典。亦稱漢石經或一字石經。漢代博士傳經，各依家法師法，章句互有異同，再加以年深月久，輾轉傳抄，文字多謬。熹平四年（175），郎

中蔡邕和楊賜等人上書，奏求正《六經》文字，得漢靈帝允許。蔡
邕等參校各家諸體文字的經書，用朱筆以隸書體，使工匠雕刻，樹
立於太學門外，成爲我國最早的官定儒家經本。

[3]【今注】五經：儒家的五部經典，即《周易》《尚書》《詩
經》《儀禮》《春秋》。

[4]【今注】南郡：治江陵縣（今湖北荆州市荆州城西北）。
案，太，紹興本作“大”。

[5]【李賢注】回宄猶紆曲也（紆，紹興本、大德本、殿本
作“紆”，是）。

[6]【李賢注】秕，粟不成。諭義之乖僻也（諭，大德本、
殿本作“喻”）。

[7]【李賢注】繕，善也。言家貧不能善寫而上也（善，大
德本、殿本作“繕”）。　【今注】案，紹興本“繕”後無
“寫”字。

[8]【李賢注】古文謂孔子壁中書也。形似科斗，因以爲名。
《前書》謂文字爲“小學”也。【今注】古文：指漢隸以前的文
字，如六國古文字、小篆、大篆、金文之類。　小學：研究文字字
形、字義及字音的學問，包括文字學、音韻學及訓詁學等。

[9]【今注】中興：謂光武中興。

[10]【李賢注】興子衆也，自有傳。《左傳》曰“郤縠悦禮
樂而敦《詩》《書》”也。【今注】班固：字孟堅，扶風安陵（今
陝西咸陽市東北）人。傳見本書卷四〇。　賈逵：字景伯，扶風平
陵（今陝西咸陽市）人。傳見本書卷三六。　鄭興父子：父鄭興，
子鄭衆。傳俱見本書卷三六。

[11]【李賢注】表裏言義相須而成也。《前書》云：“《河圖》
《洛書》相爲經緯，八卦、九章相爲表裏。”

會南夷反叛，以植嘗在九江有恩信，拜爲廬江太

守。[1]植深達政宜，務存清静，弘大體而已。

[1]【今注】廬江：郡名。治舒縣（今安徽廬江縣西南）。

　　歲餘，復徵拜議郎，與諫議大夫馬日磾、議郎蔡邕、楊彪、韓説等並在東觀，[1]校中書《五經》記傳，補續《漢記》。[2]帝以非急務，轉爲侍中，遷尚書。光和元年，有日食之異，植上封事諫曰：[3]“臣聞《五行傳》‘日晦而月見謂之朓，王侯其舒’。[4]此謂君政舒緩，故日食晦也。《春秋傳》曰‘天子避位移時’，[5]言其相掩不過移時。而間者日食自巳過午，既食之後，[6]雲霧晻曖。[7]比年地震，彗孛互見。[8]臣聞漢以火德，[9]化當寬明。近色信讒，忌之甚者，如火畏水故也。案今年之變，皆陽失陰侵，消禦災凶，宜有其道。謹略陳八事：一曰用良，二曰原禁，[10]三曰禦癘，[11]四曰備寇，五曰修禮，六曰遵堯，七曰御下，八曰散利。用良者，宜使州郡覈舉賢良，[12]隨方委用，責求選舉。原禁者，凡諸黨錮，多非其罪，可加赦恕，申宥回枉。[13]禦癘者，宋后家屬，[14]並以無辜委骸橫尸，不得收葬，疫癘之來，皆由於此。宜勅收拾，以安遊魂。[15]備寇者，侯王之家，賦税減削，愁窮思亂，必致非常，宜使給足，以防未然。脩禮者，應徵有道之人，若鄭玄之徒，陳明《洪範》，[16]攘服災咎。[17]遵堯者，今郡守刺史一月數遷，[18]宜依黜陟，以章能否，縱不九載，可滿三歲。[19]御下者，謂謁希爵，[20]一宜

禁塞，遷舉之事，責成主者。散利者，天子之體，理
無私積，宜弘大務，蠲略細微。"[21]帝不省。

　　[1]【今注】諫議大夫：惠棟《後漢書補注》引《齊職儀》
曰："秦置諫大夫，屬郎中令，無常員，多至數十人，掌論議，漢
初不置，至武帝始因秦置之，無常員，皆名儒宿德爲之。光武增
‘議’字爲諫議大夫，置三十人。"　　馬日磾：字翁叔。馬融族子。
少傳融業，以才學進。與楊彪、盧植、蔡邕等典校中書，歷位九
卿，東漢獻帝時爲太傅。　　蔡邕：字伯喈，陳留圉（今河南杞縣）
人。傳見本書卷六〇下。　　楊彪：字文先，弘農華陰（今陝西華陰
市東）人。傳見本書卷五四。　　韓説：字叔儒，會稽山陰（今浙江
紹興市）人。傳見本書卷八二下。

　　[2]【李賢注】言中書以別於外也。【今注】漢記：又名《東
觀漢記》。東漢官修的本朝紀傳體史書，明帝時創修，先後有班固、
劉珍、李尤、崔寔、盧植、馬日磾、蔡邕等人參加編修。但因董卓
之亂，全書未能最後完成。東漢初著述在蘭臺，章帝、和帝以後，
圖籍藏於南宮之東觀，並在此修史，故名《東觀漢記》。

　　[3]【今注】案，殿本"上"前無"植"字。

　　[4]【李賢注】《五行傳》，劉向所著。朓者，月行速在日前
（大德本、殿本"行"前無"月"字；日，紹興本作"目"），
故早見。劉向以爲君舒緩則臣嬌慢（嬌，殿本作"驕"），故日
行遲而月行速也。

　　[5]【李賢注】《左氏傳》曰："日過分未至三辰有災，於是
平君不舉（平，紹興本、大德本、殿本作‘乎’，是），避移時。"
杜預注曰："避正寢，過日食時也。"

　　[6]【今注】既食：日全食。

　　[7]【今注】晻曖：昏暗狀。

　　[8]【今注】彗孛互見：彗星交替出現。

[9]【今注】火德：五德之一。戰國末期，陰陽家鄒衍創五德終始説，宣稱土、木、金、火、水五德相勝的循環變化，以五行中的火來附會王朝曆運的稱火德。

[10]【李賢注】原其所禁而宥之也。

[11]【李賢注】防禦疫癘之氣。

[12]【李賢注】敤，實也。

[13]【李賢注】回，邪也。

[14]【今注】宋后：東漢靈帝皇后宋氏。紀見本書卷一〇下。

[15]【李賢注】后以王甫（甫，紹興本作“封”）、程阿所構，憂死，父及兄弟並被誅。靈帝後夢見桓帝怒曰“宋皇后何罪而絶其命？已訴於天，上帝震怒，罪在難救”也。

[16]【今注】洪範：《尚書》篇名。洪，大。範，法。爲箕子向周武王陳述“統治大法”的篇章。一般認爲是戰國儒家創作的篇章。

[17]【今注】案，攘，殿本作“禳”。

[18]【今注】刺史：西漢武帝元封五年（前106），置刺史部十三州，初無治所，掌奉詔六條察州，所察對象主要爲二千石官吏、强宗豪右及諸侯王等。成帝綏和元年（前8）更爲牧，秩二千石。哀帝建平二年（前5）罷州牧，復刺史。元壽二年（前1）復爲牧。東漢光武帝建武十一年（35）省。建武十八年復爲刺史，有常治所，奏事遣計吏代行，不復自往。靈帝中平五年（188），劉焉謂四方兵寇，由刺史權輕，宜改置牧，選重臣爲之。自此，刺史權力增大，除監察權外，還有選舉、劾奏之權，干預地方行政及領兵之權，原作爲監察區劃的“州”逐漸轉化爲“郡”之上的地方行政機構，州、郡、縣三級制隨之形成。

[19]【李賢注】《書》曰：“三載考績，黜陟幽明。”孔安國注曰：“三年考功，三考九年，能否幽明有別，升進其明者，黜退其幽者。”此皆唐堯之法也。

[20]【李賢注】希，求也。

[21]【李賢注】蠲，除也。

中平元年，[1] 黃巾賊起，[2] 四府舉植，拜北中郎將，[3] 持節，[4] 以護烏桓中郎將宗員副，[5] 將北軍五校士，[6] 發天下諸郡兵征之。連戰破賊帥張角，[7] 斬獲萬餘人。角等走保廣宗，[8] 植築圍鑿塹，造作雲梯，垂當拔之。帝遣小黃門左豐詣軍觀賊形埶，[9] 或勸植以賂送豐，植不肯。豐還言於帝曰：“廣宗賊易破耳。盧中郎固壘息軍，以待天誅。”[10] 帝怒，遂檻車徵植，減死罪一等。及車騎將車皇甫嵩討平黃巾，[11] 盛稱植行師方略，嵩皆資用規謀，濟成其功。以其年復爲尚書。

[1]【今注】中平：東漢靈帝劉宏年號（184—189）。

[2]【今注】黃巾：東漢末年張角領導的農民起義。起義軍以黃巾裹頭，故名。

[3]【今注】北中郎將：官名。漢置，掌帥軍征伐。東漢末有左、右、南、北四中郎將，皇甫嵩爲左中郎將，朱儁爲右中郎將，曹植爲南中郎將，盧植爲北中郎將。

[4]【今注】持節：官員或使臣外出時持皇帝所授節杖，以示威權。本書卷一上《光武帝紀上》：“持節北渡河。”李賢注：“節，所以爲信也，以竹爲之，柄長八尺，以旄牛尾爲其眊三重。”

[5]【今注】烏桓：北方少數民族名。原是東胡族的一支，西漢初被匈奴擊敗，遷至烏桓山，因以爲名。以游牧射獵爲生。西漢武帝時，遷至上谷、漁陽、右北平、遼西、遼東五郡塞外，在今內蒙古錫林郭勒盟、赤峰市、通遼市南部長城以北地。東漢初入居塞內，置護烏桓校尉管理，駐寧城（今河北張家口市萬全區）。

[6]【今注】五校士：五校士即五校兵。五校尉所掌管的宿衞兵稱士。步兵、屯騎、長水、越騎、射聲五校尉合稱五校。

[7]【今注】張角：鉅鹿郡（今河北寧晉縣西南）人。奉事黄老，創太平道，自稱“大賢良師”。靈帝時，借治病傳教，十餘年間徒衆達數十萬人。靈帝中平元年起義，稱天公將軍，提出“蒼天已死，黄天當立”，以頭纏黄巾爲標志，稱黄巾軍。與弟張梁率幽、冀兩州黄巾軍，擊破北中郎將盧植、東中郎將董卓。後病死。

[8]【今注】廣宗：縣名。治所在今河北廣宗縣。

[9]【今注】小黄門：官名。東漢始置，皆由宦官充任。東漢明帝時期員額十人，和帝後增至二十人。和熹太后稱制後，不接公卿，乃以閹人爲常侍，小黄門通命兩宮。桓帝時期，初以小黄門爲守宮令。靈帝時期小黄門蹇碩任上軍校尉，典禁軍，用事於中，權任漸重。

[10]【今注】天誅：自然滅亡。

[11]【今注】皇甫嵩：字義真，安定朝那（今寧夏彭陽縣東）人。傳見本書卷七一。

　　帝崩，大將軍何進謀誅中官，[1]乃召并州牧董卓，[2]以懼太后。植知卓凶悍難制，必生後患，固止之。進不從。及卓至，果陵虐朝廷，乃大會百官於朝堂，議欲廢立。群僚無敢言，植獨抗議不同。[3]卓怒罷會，將誅植，語在《卓傳》。植素善蔡邕，邕前徙朔方，[4]植獨上書請之。邕時見親於卓，故往請植事。又議郎彭伯諫卓曰：“盧尚書海内大儒，人之望也。今先害，天下震怖。”卓乃止，但免植官而已。

[1]【今注】何進：字遂高，南陽宛（今河南南陽市卧龍區）

人。傳見本書卷六九。　中官：即宦官，以閹人給事於禁中故名。

　　[2]【今注】并州：西漢武帝時所置十三刺史部之一，監察太原、上黨、雲中、定襄、雁門、代郡，相當於今山西大部和河北、內蒙古的一部分。　董卓：字仲穎，隴西臨洮（今甘肅岷縣）人。傳見本書卷七二。

　　[3]【今注】抗議不同：直言反對意見。

　　[4]【今注】朔方：郡名。西漢治朔方縣（今內蒙古杭錦旗東北），東漢治臨戎縣（今內蒙古磴口縣北）。

　　植以老病求歸，懼不免禍，乃詭道從轘轅出。[1]卓果使人追之，到懷，不及。遂隱於上谷，不交人事。冀州牧袁紹請爲軍師。[2]初平三年卒。[3]臨困，勑其子儉葬於土穴，不用棺椁，附體單帛而已。所著碑、誄、表、記凡六篇。

　　[1]【李賢注】詭，詐也。轘轅道在今洛州緱氏縣東南也。【今注】轘轅：山名。在今河南偃師市東南。

　　[2]【今注】冀州：西漢武帝時所置十三刺史部之一。領有安平郡、常山郡、中山郡、魏郡等九個郡，約百餘個侯國（縣）。袁紹：字本初，汝南汝陽（今河南商水縣西北）人。傳見本書卷七四上。

　　[3]【今注】初平：東漢獻帝劉協年號（190—193）。

　　建安中，曹操北討柳城，過涿郡，[1]告守令曰：“故北中郎將盧植，名著海內，學爲儒宗，士之楷模，[2]國之楨幹也。昔武王入殷，封商容之閭；[3]鄭喪子産，仲尼隕涕。[4]孤到此州，嘉其餘風。《春秋》之義，賢者之後，宜有殊禮。[5] 亟遣丞掾除其墳墓，[6] 存其子孫，并致薄酹，[7] 以彰厥德。"子毓，知名。[8]

[1]【李賢注】《魏志》曰，建安十二年，操北征烏凡（凡，紹興本、大德本、殿本作"桓"），涉鮮卑，討柳城，登白狼山也。【今注】建安：東漢獻帝劉協年號（196—220）。 曹操：字孟德，沛國譙（今安徽亳州市）人。初舉孝廉爲郎，後以鎮壓潁川黃巾遷爲濟南相。初平年間參與討伐董卓之役，並擊敗、收編青州黃巾軍，建立青州兵。建安元年迎漢獻帝都許。先後擊敗袁術、呂布、袁紹、劉表等割據勢力，並北征烏丸，逐漸統一北方。十三年，赤壁之戰失敗。十六年，進位丞相，又相繼晉封魏公、魏王，是東漢王朝末期的實際當政者。執政期間，唯才是舉，打擊豪強，提倡節儉，推行屯田，頒布戶調制，興修水利，恢復發展生產。好文學，喜詩歌，開一代文風。二十五年病卒，後諡魏武帝，廟號太祖。紀見《三國志》卷一。 柳城：縣名。治所在今遼寧朝陽市西南。

[2]【今注】案，楷模，紹興本作"揩摸"。

[3]【今注】武王：周王朝建立者，姓姬，名發。聯合諸侯，經牧野之戰，滅商，興周，都於鎬。 殷：商王朝自盤庚至紂的都城。在今河南安陽市西北小屯村。 商容：商末賢臣，爲百姓所愛戴，被紂王廢黜。周武王滅商之後，在商容所居里門標榜題名，以示表彰。

[4]【李賢注】《左傳》曰："仲尼聞子產死，出涕曰：'古之遺愛也。'"【今注】鄭：西周分封的諸侯國。姬姓。周宣王二十二年（前806）封其庶弟姬友於鄭（今陝西渭南市華州區）。鄭武公時，都新鄭（今河南新鄭市）。公元前375年，爲韓國所滅。子產：名僑，字子產，又字子美。春秋時期著名政治家。鄭穆公之孫，公元前543年執政，歷史典籍以其字"子產"爲通稱。

　　［5］【李賢注】《公羊傳》曰："君子之善善也長，惡惡也短。惡惡止其身，善善及子孫。賢者子孫，故君子爲之諱也。"

　　［6］【李賢注】亟，急也。

　　［7］【李賢注】醊，祭酹也。音張芮反。

　　［8］【李賢注】《魏志》曰："毓字子家，十歲而孤，以學行稱，仕魏至侍中、吏部尚書。時舉中書郎（大德本、殿本無'書'字），詔曰：'得其人與不，在盧生耳。選舉莫取有名，如畫地爲餅，不可（紹興本、大德本、殿本"可"後有"啖也"二字，可從）。'毓對曰：'名不足以致異人，而可以得常士。常士畏教慕善，然後有名也。'"

　　論曰：風霜以別草木之性，[1]危亂而見貞良之節，[2]則盧公之心可知矣。夫螽螽起懷，[3]雷霆駭耳，雖賁、育、荊、諸之倫，[4]未有不尢豫奪常者也。[5]當植抽白刃嚴閤之下，追帝河津之間，排戈刃，赴戕折，[6]豈先計哉？君子之於忠義，造次必於是，顛沛必於是也。[7]

　　［1］【李賢注】《論語》曰："歲寒然後知松柏之後彫也（彫，大德本、殿本作'凋'）。"

　　［2］【李賢注】《老子》曰："國家昏亂有忠臣。"

　　［3］【今注】螽螽起懷：形容發生意想不到的突然事件。　案，螽，紹興本、大德本、殿本作"螫"。

　　［4］【李賢注】孟賁，多力者也；夏育，勇者也：並衞人。荊，荊軻也。諸，專諸也。

　　［5］【李賢注】尢，人行貌也，音淫。言尢豫不能自定也。奪謂易其常分者也。

　　［6］【李賢注】事見《何進傳》。杜預注《左傳》曰："戎者，卒暴之名也。"【今注】河津：即平陰津。在今河南孟津縣東。

　　［7］【李賢注】孔子曰："君子無終食之間違仁，造次必於是，顛沛必於是。"馬融注云（殿本無"馬融注云"四字）："造次，急遽也。顛沛，僵仆也。雖急遽僵仆，不違仁也。"

　　趙歧字邠卿，[1]京兆長陵人也。[2]初名嘉，生於御史臺，因字臺卿，[3]後避難，故自改名字，示不忘本土也。歧少明經，有才藝，娶扶風馬融兄女。融外戚豪家，歧常鄙之，不與融相見。[4]仕州郡，以廉直疾惡見憚。年三十餘，有重疾，臥蓐七年，[5]自慮奄忽，乃爲遺令勑兄子曰："大丈夫生世，遯無箕山之操，[6]仕無伊、呂之勳，[7]天不我與，復何言哉！可立一員石於吾墓前，刻之曰：'漢有逸人，姓趙名嘉。有志無時，命也奈何！'"其後疾瘳。

　　［1］【今注】案，歧，殿本作"岐"，以下皆同。

　　［2］【今注】長陵：縣名。以漢高祖劉邦的陵墓而得名。治所在今陝西咸陽市東北。

　　［3］【李賢注】以其祖爲御史，故生於臺也。【今注】御史臺：官署名。東漢始置，設於禁中蘭臺，別稱蘭臺、憲臺，與尚書、謁者臺並稱"三臺"，名義上隷少府。職掌保管宮廷所藏圖籍秘書、文書律令檔案，監察、彈劾百官，復查疑獄。

　　［4］【李賢注】《三輔決録注》曰："歧娶馬敦女宗姜爲妻。敦兄子融嘗至歧家，多從賓與從妹宴飲作樂，日夕乃出。過問趙處士所在。歧亦屬節，不以妹壻之故屈志於融也。與其友書曰：'馬季長雖有名當世，而不持士節，三輔高士未曾以衣裾襒其門

也。'歧曾讀《周官》二義不通，一往造之，賤融如此（紹興本、大德本、殿本'此'後有'也'字）。"

[5]【李賢注】蓐，寢蓐也。《聲類》曰："蓐，薦也。"

[6]【李賢注】《易》曰："遯而亨，君子以遠小人。"王弼注："遯之義，避內而之外者也。"箕山，許由所隱處也。【今注】箕山：山名。位於今河南登封市東南，相傳堯時巢父許由隱居在此。

[7]【今注】伊：伊尹。名阿衡，一說名摯。相傳爲奴隸，有莘氏女嫁商湯，他作爲陪嫁媵臣事湯。後被任以國政，助湯攻滅夏桀，建立商朝。湯卒，立其子外丙、中壬，後又佐湯孫太甲即位。太甲淫暴，他放逐太甲，後太甲悔改，接回復位。沃丁時病卒。一說太甲潛歸，殺伊尹。　呂：呂望。西周初政治家。周代齊國的始祖。姜姓，呂氏，名望，或說字子牙。西周初年任太師，故亦作師尚父、呂尚、太公望，俗稱姜太公、姜子牙。得到周文王重用，輔佐武王滅商，封於齊。

永興二年，[1]辟司空掾，[2]議二千石得去官爲親行服，朝廷從之。其後爲大將軍梁冀所辟，爲陳損益求賢之策，冀不納。舉理劇，爲皮氏長。[3]會河東太守劉祐去郡，[4]而中常侍左悺兄勝代之，[5]歧恥疾宦官，即日西歸。京兆尹延篤復以爲功曹。

[1]【今注】永興：東漢桓帝劉志年號（153—154）。

[2]【今注】司空掾：司空屬官。

[3]【李賢注】皮氏故城在今絳州龍門縣西。《決錄》曰"歧爲長，抑彊討姦，大興學校"也。【今注】皮氏：縣名。治所在今山西河津市。

[4]【今注】劉祐：字伯祖，中山安國（今河北博野縣東南）人。傳見本書卷六七。

[5]【今注】左悺：宦官。桓帝初爲小黄門史。與單超等五人佐助桓帝誅殺外戚梁冀兄弟，以功封上蔡侯，食邑一萬三千户。是東漢時專權朝政的主要宦官之一。後被大臣劾奏，畏罪自殺。

先是中常侍唐衡兄玹爲京兆虎牙都尉，[1]郡人以玹進不由德，皆輕侮之。歧及從兄襲又數爲貶議，玹深毒恨。[2]延熹元年，[3]玹爲京兆尹，歧懼禍及，乃與從子戩逃避之。玹果收歧家屬宗親，陷以重法，盡殺之。[4]歧遂逃難四方，江、淮、海、岱，[5]靡所不歷。自匿姓名，賣餅北海市中。[6]時安丘孫嵩年二十餘，遊市見歧，察非常人，停車呼與共載。歧懼失色，嵩乃下帷，令騎屏行人。密問歧曰：“視子非賣餅者，又相問而色動，不有重怨，即亡命乎？我北海孫賓石，闔門百口，孰能相濟。”歧素聞嵩名，即以實告之，遂以俱歸。嵩先入白母曰：“出行，乃得死友。”[7]迎入上堂，饗之極歡。藏歧複壁中數年，[8]歧作《厄屯歌》二十三章。

[1]【李賢注】玹音玄。【今注】唐衡：宦官。東漢桓帝時爲小黄門史，因與單超等誅梁冀，遷中常侍，封汝陽侯。　虎牙都尉：官名。又名京兆虎牙都尉，居長安，掌駐軍守護三輔陵園。

[2]【李賢注】《決録注》：“襲字元嗣。先是杜伯度、崔子玉以工草書稱于前代，襲與羅暉拙書，見蚩於張伯英。英頗自矜高，與朱賜書云‘上比崔、杜不足，下方羅、趙有餘’”也。

[3]【今注】延熹：東漢桓帝劉志年號（158—167）。

[4]【李賢注】《決録注》曰：“歧長兄磐，州都官從事，早亡。次兄無忌，字世卿，部河東從事，爲玹所殺。”戩音翦。

[5]【今注】江淮海岱：指長江、淮河、海河、泰山。

[6]【今注】北海：封國名。都劇縣（今山東昌樂縣西北）。

[7]【今注】死友：以命相託之友。

[8]【今注】複壁：中空的夾墻，可藏物或匿人。

後諸唐死滅，[1]因赦乃出。三府聞之，同時並辟。九年，乃應司徒胡廣之命。[2]會南匈奴、烏桓、鮮卑反叛，[3]公卿舉歧，擢拜并州刺史。歧欲奏守邊之策，未及上，會坐黨事免，因撰次以爲《禦寇論》。[4]

[1]【今注】諸唐：指唐衡、唐玹等人。

[2]【今注】司徒：官名。西周置，掌治理民事、户口、官司籍田、徵發徒役、收納財賦。秦罷司徒置丞相。西漢哀帝元壽二年（前1）改丞相爲大司徒。東漢改司徒。獻帝建安十三年（208）罷司徒，置丞相。　胡廣：字伯始，南郡華容（今湖北潛江市西南）人。傳見本書卷四四。

[3]【今注】南匈奴：東漢初匈奴分裂後南遷入塞附漢的匈奴人。　鮮卑：東胡的一支。秦漢時，游牧於今内蒙古西拉木倫河及洮兒河之間。附於匈奴。北匈奴西遷後，進入匈奴故地，併其餘衆，勢力漸盛。

[4]【李賢注】《決錄注》曰："是時綱維不攝，閹豎專權，歧擬前代連珠之書四十章上之，留中不出。"

靈帝初，復遭黨錮十餘歲。中平元年，四方兵起，詔選故刺史、二千石有文武才用者，徵歧拜議郎。車騎將軍張温西征關中，[1]請補長史，[2]別屯安定。[3]大將軍何進舉爲敦煌太守，行至襄武，[4]歧與新除諸郡太守數人俱爲賊邊章等所執。賊欲脅以爲帥，歧詭辭得免，展轉還長安。[5]

[1]【今注】張溫：東漢靈帝時爲車騎將軍，後爲董卓所殺。

[2]【今注】長史：官名。東漢三公、將軍府皆設，爲幕府諸掾史之長，秩千石。

[3]【今注】安定：郡名。治高平縣（今寧夏固原市）。

[4]【李賢注】縣名，屬隴西郡。【今注】敦煌：郡名。治敦煌縣（今甘肅敦煌市西）。　襄武：縣名。治所在今甘肅隴西縣東。

[5]【李賢注】《決錄注》曰“歧還至陳倉，復遇亂兵，裸身得免，在草中十二日不食”也。【今注】長安：縣名。治所在今陝西西安市西北。

及獻帝西都，[1]復拜議郎，稍遷太僕。[2]及李傕專政，[3]使太傅馬日磾撫慰天下，[4]以歧爲副。日磾行至洛陽，[5]表別遣歧宣揚國命，所到郡縣，百姓皆喜曰：“今日乃復見使者車騎。”

[1]【今注】獻帝：東漢獻帝劉協，公元 189 至 220 年在位。紀見本書卷九。

[2]【今注】太僕：官名。秦漢列卿之一，除掌管皇帝輿馬之外，還兼主馬政，秩中二千石。案，太，大德本作“大”。

[3]【今注】李傕：字稚然，東漢獻帝時爲董卓部將，及董卓被誅，與郭汜、樊稠、張濟等陷長安，自爲將軍，殺司隷校尉黃琬、司徒王允等，專擅朝綱。

[4]【今注】太傅：官名。古三公之一，周置。西漢高后元年（前 187）置太傅，後省。哀帝元壽二年（前 1）復置。

[5]【今注】洛陽：縣名。治所在今河南洛陽市東北。

是時袁紹、曹操與公孫瓚爭冀州，[1]紹及操聞歧至，皆自將兵數百里奉迎，歧深陳天子恩德，宜罷兵安人之道，又移書公孫瓚，爲言利害。紹等各引兵去，皆與歧期會洛陽，奉迎車駕。歧南到陳留，得篤疾，經涉二年，期者遂不至。

[1]【今注】公孫瓚：字伯珪，遼西令支（今河北遷安市西）人。傳見本書卷七三。

興平元年，[1]詔書徵歧，會帝當還洛陽，先遣衞將軍董承修理宮室。[2]歧謂承曰：“今海内分崩，唯有荆州境廣地勝，[3]西通巴蜀，[4]南當交阯，[5]年穀獨登，兵人差全。歧雖迫大命，猶志報國家，欲自乘牛車，南説劉表，[6]可使其身自將兵來衞朝廷，與將軍并心同力，共獎王室。此安上救人之策也。”承即表遣歧使荆州，督租糧。歧至，劉表即遣兵詣洛陽助修宮室，軍資委輸，前後不絶。時孫嵩亦寓於表，表不爲禮，歧乃稱嵩素行篤烈，因共上爲青州刺史。歧以老病，遂留荆州。

[1]【今注】興平：東漢獻帝劉協年號（194—195）。
[2]【今注】董承：獻帝舅。與偏將軍王服、越騎校尉种輯等稱受密詔以謀誅曹操，事泄被殺。
[3]【今注】荆州：西漢武帝時所置十三刺史部之一。轄境約

當今湖北、湖南二省及河南、貴州、廣西、廣東等省部分地區。

[4]【今注】巴蜀：二郡名。巴郡治江州縣（今重慶市嘉陵江北岸），蜀郡治成都縣（今四川成都市）。

[5]【今注】交阯：郡名。治嬴陵縣（今越南河内市西北）。案，阯，大德本、殿本作“趾”。

[6]【今注】劉表：字景升，山陽高平（今山東鄒城市西南）人。傳見本書卷七四下。

曹操時爲司空，[1]舉以自代。光禄勳桓典、少府孔融上書薦之，[2]於是就拜歧爲太常。[3]年九十餘，建安六年卒。先自爲壽藏，[4]圖季扎、子産、晏嬰、叔向四像居賓位，[5]又自畫其像居主位，皆爲讚頌。勅其子曰：“我死之日，墓中聚沙爲牀，布簟白衣，[6]散髮其上，覆以單被，即日便下，下訖便掩。”歧多所述作，著《孟子章句》《三輔決録》傳於時。[7]

[1]【今注】司空：官名。三公之一。西漢成帝時改御史大夫爲大司空。東漢光武帝改司空，與太尉、司徒並爲三公。秩萬石。

[2]【今注】光禄勳：官名。秦稱郎中令，漢因之，武帝時更名光禄勳，掌宮殿掖門户。秩中二千石，位列九卿。 桓典：字公雅，沛郡龍亢（今安徽懷遠縣西北）人。傳見本書卷三七。 少府：官名。漢代中央諸卿之一。爲皇帝私府，專管帝室財政及生活諸事。機構龐大，屬官繁多。秩中二千石。 孔融：字文舉，魯國（今山東曲阜市）人。傳見本書卷七〇。

[3]【今注】太常：官名。漢初名奉常，景帝時改名太常，掌宗廟禮儀。位列九卿之首，秩中二千石。

[4]【李賢注】壽藏謂塚壙也。稱壽者，取其久遠之意也。

猶如壽宮、壽器之類。冢在今荊州古鄢城中也。

　　〔5〕【今注】案，扎，殿本作“札”，是。　　晏嬰：字平仲。春秋時齊國大夫。　　叔向：名肸，字叔向。一名叔肸。春秋時晉國大夫。

　　〔6〕【今注】簟：竹席。

　　〔7〕【李賢注】《決録序》曰：“三輔者，本雍州之地，世世徙公卿吏二千石及高訾，皆以陪諸陵。五方之俗雜會，非一國之風，不但繫於《詩·秦》《豳》也。其爲士好高尚義，貴於名行。其俗失則趣埶進權，唯利是視。余以不才，生於西土，耳能聽而聞故老之言，目能視而見衣冠之疇（紹興本、大德本、殿本皆無‘而’字），心能識而觀其賢愚。常以玄冬，夢黄髮之士，姓玄名明，字子真，與余寤言，言必有中，善否之間，無所依違，命操筆者書之。近從建武以來，暨于斯今，其人既亡，行乃可書，玉石朱紫，由此定矣，故謂之《決録》矣。”【今注】案，孟，殿本作“要”。

　　贊曰：吳翁温愛，義干剛烈。[1]延、史字人，[2]風和恩結。梁使顯刑，誣黨潛絶。子幹兼姿，逢掖臨師。[3]邠卿出疆，專命朝威。[4]

　　〔1〕【李賢注】謂以義干梁冀争李固也。

　　〔2〕【今注】字：宋文民《後漢書考釋》引《左傳》成公十一年：“又不能字人之孤而殺之。”杜注云：“字，愛也。”（第266頁）

　　〔3〕【李賢注】《禮記》孔子曰：“丘少居魯，衣逢掖之衣。”鄭玄注曰：“逢猶大也。爲大掖之衣，此君子有道藝者所衣也。”相承本作縫，義亦通。【今注】臨師：從師就學。

　　〔4〕【李賢注】疆，界也。《左傳》曰：“大夫出疆，苟利社稷，專之可也。”

後漢書　卷六五

列傳第五十五

皇甫規　張奐　段熲

　　皇甫規字威明，安定朝那人世。[1]祖父棱，度遼將軍。[2]父旗，扶風都尉。[3]

　　[1]【今注】安定：郡名。治高平縣（今寧夏固原市）。　朝那：縣名。治所在今寧夏彭陽縣東。　案，世，紹興本、大德本、殿本均作"也"，是。
　　[2]【今注】度遼將軍：官名。因度遼水而得名。本書卷五《安帝紀》引《漢官儀》曰："度遼將軍屯五原曼柏縣。"
　　[3]【今注】扶風都尉：官名。西漢武帝置，爲三輔都尉之一。掌領兵駐守防盜賊，主地方治安。東漢初年，省諸郡都尉。安帝永初四年（110），因羌人起義，三輔有陵園之守，乃復置扶風都尉。與京兆虎牙都尉並稱二營。

　　永和六年，[1]西羌大寇三輔，[2]圍安定，征西將軍馬賢將諸郡兵擊之，[3]不能克。規雖在布衣，見賢不卹軍事，[4]審其必敗，乃上書言狀。尋而賢果爲羌所没。郡將知規有兵略，乃命爲功曹，[5]使率甲士八百，與羌交戰，斬首數級，賊遂退卻。舉規上計掾。其後羌衆大合，攻燒隴西，[6]朝廷患之。規乃上疏求乞自效，[7]曰："臣比年以來，數陳便宜。羌戎未動，策其將反，馬賢始出，頗知必敗。誤中之言，在可考校。臣每惟賢等擁衆四年，未有成功，懸師之費且百億計，[8]出於平人，[9]回入姦吏。[10]故江湖之人，群爲盜賊，青、徐荒飢，[11]襁負流散。[12]夫羌戎潰叛，不由承平，皆因邊將失於綏御。乘常守安，則加侵暴，苟競小利，則致大害，微勝則虛張首級，軍敗則隱匿不言。軍士勞怨，困於猾吏，進不得快戰以徼功，退不得溫飽以全命，餓死溝渠，暴骨中原。[13]徒見王師之出，不聞振旅之聲。[14]酋豪泣血，驚懼生變。是以安不能久，敗則經年。臣所以搏手叩心而增歎者也。願假臣兩營二郡，[15]屯列坐食之兵五千，[16]出其不意，與護羌校尉趙沖共相首尾。[17]土地山谷，臣所曉習；兵埶巧便，臣已更之。可不煩方寸之印，尺帛之賜，高可以滌患，下可以納降。若謂臣年少官輕，不足用者，凡諸敗將，非官爵之不高，年齒之不邁。[18]臣不勝至誠，没死自陳。"[19]時帝不能用。

　　[1]【今注】永和：東漢順帝劉保年號（136—141）。

　　[2]【今注】西羌：羌，西北古族名。西漢主要分布在今青藏高原邊緣的青海、甘肅及四川等地，以游牧爲主業，兼務農作。部族衆多，不相統屬。東漢中央政府多次鎮壓羌人起義，使其内徙，

稱徙居金城、隴西、漢陽等郡者爲西羌，稱東遷安定、北地、西河、上郡、三輔一帶者爲東羌。　三輔：政區名。西漢武帝太初元年（前104）分右内史東半部置京兆尹，改右内史西半部置右扶風，改左内史爲左馮翊，治所均在長安，合稱三輔。

〔3〕【今注】征西將軍：官名。東漢永元年間置。同雜、偏、裨等號將軍。建安間曹操主持國政，列爲四征將軍之一，地位提高，秩二千石。　馬賢：漢安帝時任騎都尉，後調任護羌校尉。順帝時爲征西將軍，統兵討伐西羌。

〔4〕【今注】不卹：不慎重。

〔5〕【今注】功曹：官署名。漢始設，爲地方官府職事機構。職掌選舉，兼參諸曹事務。其主者，司隸校尉府稱功曹從事，州府稱治中從事，郡稱功曹，縣稱功曹掾。

〔6〕【今注】隴西：郡名。治狄道縣（今甘肅臨洮縣南）。

〔7〕【今注】案，大德本、殿本無“乞”字。

〔8〕【李賢注】懸猶停也。

〔9〕【李賢注】平人，齊人也。

〔10〕【今注】回入：轉入。

〔11〕【今注】青：青州。西漢武帝時所置十三刺史部之一。轄境約當今山東德州市、平原縣、高唐縣以東，河北吳橋縣及山東馬頰河以南，濟南、安邑、高密、萊陽、棲霞、乳山等市縣以北地。　徐：徐州。西漢武帝時所置十三刺史部之一。轄境相當於今山東東南部和江蘇長江以北地區。

〔12〕【今注】襁負：用布幅將嬰兒兜負在背上。

〔13〕【今注】中原：荒原。

〔14〕【李賢注】振，整；旅，衆也。《穀梁傳》曰“出曰治兵，入曰振旅”也（殿本無“也”字）。

〔15〕【李賢注】兩營謂馬賢及趙沖等。二郡，安定、隴西也。

[16]【今注】屯列坐食之兵：謂駐守布列的不勞而食的部隊。

[17]【今注】護羌校尉：官名。西漢武帝始置，掌西羌事務，秩比二千石，治護羌城（今青海湟源縣西），擁節，不常置。東漢光武帝建武六年（30）復置，都隴西令居縣（今甘肅永登縣西北），後時置時廢。章帝建初元年（76）至靈帝中平元年（184）遂爲常職，屬員有長史、司馬、從事等。　趙沖：東漢順帝時爲武威太守，後調任護羌校尉。順帝建康元年（144）爲叛胡所殺。案，王先謙《後漢書集解》引《通鑑考異》，謂《西羌傳》沖時爲武威太守，傳誤。又引惠棟《後漢書補注》，謂護羌校尉或是沖之兼官。

[18]【李賢注】邁，往也（殿本無此注）。

[19]【今注】没死：冒死。

　　沖質之間，[1]梁太后臨朝，[2]規舉賢良方正。[3]對策曰：[4]

[1]【今注】沖質之間：即漢沖帝和漢質帝在位期間。沖帝劉炳，順帝子，二歲即位，一年即夭亡。質帝劉纘，章帝玄孫。八歲繼沖帝位，一年後被梁冀鴆殺。

[2]【今注】梁太后：漢順帝皇后梁妠。紀見本書卷一〇下。

[3]【今注】賢良方正：漢代選拔官吏的科目之一。西漢文帝前元二年（前178），詔舉賢良方正能直言極諫者。賢良，指德才兼備。方正，指處事正直。

[4]【今注】對策：就政事、經義等設問，由應試者對答。自西漢起作爲取士考試的一種形式。

　　伏惟孝順皇帝，[1]初勤王政，紀綱四方，幾以獲安。後遭姦僞，威分近習，[2]畜貨聚馬，戲謔是聞；又因緣嬖倖，[3]受賂賣爵，輕使賓客，交錯其間，天下擾擾，從亂如歸，[4]故每有征戰，鮮不挫傷，官民並竭，上下窮虛。臣在關西，竊聽風聲，未聞國家有所先後，[5]而威福之來，咸歸權倖。陛下體兼乾坤，聰哲純茂。攝政之初，拔用忠貞，[6]其餘維綱，多所改正。遠近翕然，[7]望見太平。而地震之後，[8]霧氣白濁，日月不光，旱魃爲虐，[9]大賊從橫，流血川野，[10]庶品不安，譴誡累至，殆以姦臣權重之所致也。其常侍尤無狀者，亟便黜遣，[11]披埽凶黨，[12]收入財賄，[13]以塞痛怨，以答天誡。

[1]【今注】孝順皇帝：東漢順帝劉保，公元 125 年至 144 年在位。紀見本書卷六。

[2]【李賢注】近習，謂佞倖親近小人也（謂，紹興本作"諸"）。《禮記》曰："雖有貴戚近習。"

[3]【今注】嬖倖：受寵幸的小人。

[4]【李賢注】《左傳》曰"人患王之無厭也，故從亂如歸"也。

[5]【李賢注】先後謂進退也。言國家不妄有褒貶進退，而權倖之徒反爲禍福也。

[6]【今注】案，本書卷一〇下《皇后紀下》曰："建康元年，帝崩。（梁）后無子，美人虞氏子炳立，是爲沖帝。尊后爲皇太后，太后臨朝。沖帝尋崩，復立質帝，猶秉朝政……太后夙夜勤勞，推心杖賢，委任太尉李固等，拔用忠良，務崇節儉。其貪叨罪惡，多見誅廢。分兵討伐，群寇消夷。故海內肅然，宗廟以寧。"

[7]【今注】翕然：和順安定。

[8]【今注】地震之後：本書卷六《沖帝紀》載漢沖帝建康元

年（144）九月丙午"京師及太原、雁門地震，三郡水涌土裂"。

[9]【李賢注】《詩·大雅》曰："旱魃爲虐，如惔如焚。"魃，旱神也。

[10]【今注】案，川，紹興本、大德本作"丹"。

[11]【李賢注】無狀者，讀無善狀（讀，紹興本、大德本、殿本作"謂"，是）。

[12]【今注】披掃：揭露並掃除。

[13]【今注】案，王先謙《後漢書集解》謂《後漢紀》作"蕩滌其賄"。

　　今大將軍梁冀、河南尹不疑，[1]處周、邵之任，[2]爲社稷之鎮，加與王室世爲姻族，[3]今日立號雖尊可也，[4]實宜增脩謙節，輔以儒術，省去遊娛不急之務，割減廬第無益之飾。[5]夫君者舟也，人者水也。[6]群臣乘舟者也，將軍兄弟操檝者也。若能平志畢力，以度元元，所謂福也。如其怠弛，將淪波濤。可不慎乎！夫德不稱祿，猶鑿墉之趾，[7]以益其高。豈量力審功安固之道哉？凡諸宿猾、酒徒、戲客，皆耳納邪聲，口出諂言，甘心逸遊，唱造不義。亦宜貶斥，以懲不軌。令冀等深思得賢之福，失人之累。又在位素餐，尚書怠職，有司依違，莫肯糾察，故使陛下專受諂諛之言，不聞戶牖之外。[8]臣誠知阿諛有福，深言近禍，豈敢隱心以避誅責乎！臣生長邊遠，希涉紫庭，[9]怖慴失守，[10]言不盡心。

[1]【今注】大將軍：武官名。西漢武帝起領尚書事，爲中朝官領袖，地位因人而異，與三公相上下。　梁冀：字伯卓，安定烏氏（今寧夏固原市東南）人。傳見本書卷三四。　不疑：梁不疑，梁冀弟。順帝時官至河南尹。　案，疑，大德本誤作“凝”。

[2]【今注】周：周公。周武王之弟，名旦，獲封於魯，不之國，而以其子伯禽就封。在武王去世後輔佐成王，任太師，攝政，東征平滅武王弟管叔、蔡叔與紂王子武庚的聯合叛亂，營建洛邑，設成周八師鎮撫東方。制禮作樂，確立周代諸項制度。在成王成年後，周公還政於成王。被後世視作賢臣代表、儒家聖人。　邵：召公。周武王之弟，名奭。因食邑於召，故稱召公。周滅商，受封於燕，爲燕國始祖。本人留鎬京輔政，遣其長子就封。

[3]【李賢注】梁商女爲順帝后，后女弟又爲桓帝后。冀即商子，故曰代姻也。

[4]【李賢注】可猶宜也。

[5]【今注】廬第：房屋府第。

[6]【李賢注】《家語》孔子曰：“夫君者舟也，人者水也。水可載舟，亦以覆舟。君以此思危，則可知也。”

[7]【今注】鑿墉之趾：鑿去墻壁的基脚。

[8]【今注】案，惠棟《後漢書補注》謂老子云：“不出戶知天下，不窺牖知天道。”

[9]【今注】紫庭：此指紫宮，即中宮、紫微垣，星官名。指以北極星爲中心的若干顆星。代表天帝所居之所，象徵皇宮。

[10]【今注】怖憎：惶恐。

梁冀忿其刺己，以規爲下第，[1]拜郎中。託疾免歸，州郡承冀旨，幾陷死者再三。遂以《詩》《易》教授，門徒三百餘人，積十四年。後梁冀被誅，旬月之閒，禮命五至，[2]皆不就。

　　[1]【今注】下第：對策的評定爲下等。

　　[2]【今注】禮命：君王的禮聘和任命。

　　時太山賊叔孫無忌侵亂郡縣，[1]中郎將宗資討之未服。[2]公車特徵規，[3]拜大山太守。[4]規到官，廣設方略，寇賊悉平。[5]延熹四年秋，[6]叛羌零吾等與先零別種寇鈔關中，[7]護羌校尉段潁坐徵。[8]後先零諸種陸梁，覆没營塢。[9]規素悉羌事，志自奮効，乃上疏曰："自臣受任，志竭愚鈍，實賴兗州刺史牽顥之清猛，[10]中郎將宗資之信義，得承節度，幸無咎譽。今猾賊就滅，太山略平，復聞群羌並皆反逆。臣生長邠岐，年五十有九，昔爲郡吏，再更叛羌，豫籌其事，[11]有誤中之言。臣素有固疾，恐犬馬齒窮，不報大恩，願乞冗官，備單車一介之使，勞來三輔，宣國威澤，以所習地形兵執，佐助諸軍。臣窮居孤危之中，坐觀郡將，已數十年矣。自鳥鼠至于東岱，其病一也。[12]力求猛敵，不如清平；勤明吴、孫，未若奉法。[13]前變未遠，臣誠戚之。[14]是以越職，盡其區區。"

　　[1]【今注】太山：即"泰山"。郡名。治奉高邑（今山東泰安市東）。　叔孫無忌：東漢後期在泰山郡發動起義的領導者。

　　[2]【今注】中郎將：秦、西漢爲中郎長官，秩比二千石，隸郎中令（光禄勳）。職掌宫禁宿衛，隨行護駕，協助郎中令（光禄勳）考核選拔郎官及從官，亦常奉詔出使，職位清要。後又專設五官、左、右中郎將分領中郎、常侍侍郎，謁者。期門（虎賁）、羽林郎等禁衛軍亦專設中郎將統領。其職多由外戚及親近官員擔任，

加中朝官號。東漢省併郎署，中郎、侍郎、郎中悉歸五官、左、右三署，作爲後備官員。五官、左、右中郎將仍隷光禄勳，職掌訓練考核選拔郎官。宮禁宿衛侍從之職歸虎賁、羽林中郎將。別設使匈奴中郎將管理南匈奴事務。亦有單稱中郎將者。　宗資：字叔都，南陽安衆縣（今河南鄧州市東北）人，曾任汝南太守。東漢名臣。

[3]【今注】公車：官署名。衛尉下屬設公車令，掌宮殿司馬門的警衛。天下上計事及徵召等，經由此處受理。

[4]【今注】案，大，紹興本、大德本、殿本均作“太”。

[5]【今注】案，賊，大德本、殿本作“虜”。

[6]【今注】延熹：東漢桓帝劉志年號（158—167）。

[7]【今注】零吾：西羌部落首領之一。　先零：漢時西羌的一支。東漢初，被馬援等擊平，徙於隴西、天水、右扶風等地，餘部遷往塞外。安帝永初元年（107）先零別部首領滇零領導諸羌起義，建立政權，在北地郡稱天子。漢以後，先零羌漸與漢族及西北其他民族逐漸相融合。　鈔：掠奪。

[8]【李賢注】潁擊羌，坐爲涼州刺史郭閎留兵不進下獄。

[9]【李賢注】《説文》曰：“塢，小障也。一曰庳城也。”音烏古反。【今注】陸梁：猶“跳樑”，爲蠢動之義。　營塢：營壘。

[10]【今注】兗州：西漢武帝時所置十三刺史部之一。約當今山東西南部及河南東部地區。　刺史：西漢武帝元封五年（前106），置刺史部十三州，初無治所，掌奉詔六條察州，所察對象主要爲二千石官吏、强宗豪右及諸侯王等。成帝綏和元年（前8）更爲牧，秩二千石。哀帝建平二年（前5）罷州牧，復刺史。元壽二年（前1）復爲牧。東漢建武十一年（35）省。建武十八年復爲刺史，有常治所，奏事遣計吏代行，不復自往。靈帝中平五年（188），劉焉謂四方兵寇，由刺史權輕，宜改置牧，選重臣爲之。自此，刺史權力增大，除監察權外，還有選舉、劾奏之權，干預地方行政及領兵之權，原作爲監察區劃的“州”逐漸轉化爲“郡”

之上的地方行政機構，州、郡、縣三級制隨之形成。

　　［11］【今注】案，豫，大德本、殿本作"預"。

　　［12］【李賢注】郡將，郡守也。鳥鼠，山名，在今謂州西（謂，紹興本、大德本、殿本作"渭"，是），即先零羌病即處也（病即，紹興本、大德本、殿本作"寇鈔"）。東岱謂泰山，叔孫無忌反處也。皆由郡守不加綏撫，致使反叛，其疾同也。【今注】鳥鼠：山名。在今甘肅渭源縣西南。　東岱：泰山。

　　［13］【李賢注】吳起，魏將也。孫武，吳將也。言若求猛敵（敵，殿本作"將"），不如撫以清平之政；明習兵書，不如郡守奉法，使之無反也。

　　［14］【李賢注】戚，憂也。前變謂羌反。

　　至冬，羌遂大合，朝廷爲憂。三公舉規爲中郎將，持節監關西兵，[1]討零吾等，破之，斬首八百級。先零諸種羌慕規威信，相勸降者十餘萬。明年，規因發其騎共討隴右，[2]而道路隔絕，軍中大疫，死者十三四。規親入菴廬，[3]巡視將士，三軍感悅。[4]東羌遂遣使乞降，涼州復通。[5]

　　［1］【今注】持節：官員或使臣外出時持皇帝所授節杖，以示威權。本書卷一上《光武帝紀上》："持節北度河。"李賢注："節，所以爲信也，以竹爲之，柄長八尺，以旄牛尾爲其眊三重。"

　　［2］【今注】隴右：泛指隴山以西地區，在今甘肅隴山、六盤山以西，黃河以東一帶。

　　［3］【今注】菴廬：行軍營帳。

　　［4］【今注】案，感，殿本作"咸"。

　　［5］【今注】涼州：西漢武帝時所置十三刺史部之一。轄境相

當於今甘肅、寧夏、青海三省區湟水流域以及陝西和内蒙古部分地區。

先是安定太守孫儁受取狼籍，[1]屬國都尉李翕、督軍御史張稟多殺降羌，[2]涼州刺史郭閎、漢陽太守趙熹並老弱不堪任職，[3]而皆倚恃權貴，不遵法度。規到州界，悉條奏其罪，或免或誅。羌人聞之，翕然反善。沈氏大豪滇昌、飢恬等十餘萬口，[4]復詣規降。

[1]【今注】狼籍：此指聲名敗壞。

[2]【今注】屬國都尉：官名。西漢武帝時期，設置於西北邊郡少數民族地區的行政長官，職如郡守，秩比二千石，屬官有丞、候、千人等。東漢諸邊郡（西北、東北、西南等）皆分置，以安置降附、内屬匈奴、胡、羌、鮮卑等少數民族。　督軍御史：官名。東漢光武始置，即侍御史奉命臨時督軍者，掌監察軍隊。

[3]【今注】郭閎：東漢桓帝時爲涼州刺史，曾因羌人反叛事陷罪段熲。　漢陽：郡名。治冀縣（今甘肅甘谷縣東）。　趙熹：東漢桓帝時爲漢陽太守，其時熹與郭閎皆因年老不堪任職，爲皇甫嵩彈劾。

[4]【今注】案，氏，紹興本、大德本、殿本作“氏”，是。又，十餘萬口，惠棟《後漢書補注》謂《後漢紀》作“二十餘萬口”。

規出身數年，[1]持節爲將，擁衆立功，還督鄉里，既無它私惠，而多所舉奏，又惡絶宦官，[2]不與交通，於是中外並怨，[3]遂共誣規貨賂群羌，令其文降。[4]天子璽書誚讓相屬。[5]規懼不免，上疏自訟曰：“四年之

秋，戎醜蠢戾，[6] 爰自西州，侵及涇陽，[7] 舊都懼
駭，[8] 朝廷西顧。明詔不以臣愚駑，急使軍就道。[9] 幸
蒙威靈，遂振國命，羌戎諸種，[10] 大小稽首，輒移書
營郡，以訪誅納，[11] 所省之費，一億以上。以爲忠臣
之義，不敢告勞，[12] 故恥以片言自及微効。然比方先
事，庶免罪悔。[13] 前踐州界，先奏郡守孫儁，次及屬
國都尉李翕、督軍御史張稟；旋師南征，又上涼州刺
史郭閎、漢陽太守趙熹，陳其過惡，執據大辟。凡此
五臣，支黨半國，[14] 其餘墨綬，[15] 下至小吏，所連及
者，復有百餘。吏託報將之怨，子思復父之恥，載贄
馳車，[16] 懷糧步走，交搆豪門，競流謗讟，[17] 云臣私
報諸羌，謝其錢貨。[18] 若臣以私財，則家無擔石；如
物出於官，則文簿易考。就臣愚惑，信如言者，前世
尚遺匈奴以宮姬，[19] 鎮烏孫以公主。[20] 今臣但費千萬，
以懷叛羌。則良臣之才略，兵家之所貴，將有何罪，
負義違理乎？自永初以來，將出不少，覆軍有五，動
資巨億。有旋車完封，寫之權門，[21] 而名成功立，厚
加爵封。今臣還督本土，紏舉諸郡，[22] 絕交離親，戮
辱舊故，衆謗陰害，固其宜也。臣雖汙穢，廉絜無
聞，[23] 今見覆没，恥痛實深。傳稱‘鹿死不擇音’，謹
冒昧略上。”[24]

[1]【今注】出身：此指出來爲官。

[2]【今注】惡絕：極爲痛恨。　案，宦，大德本誤作“官”。

[3]【今注】中外：朝廷內外。

[4]【李賢注】以文簿虛降，非真心也。

[5]【今注】璽書：皇帝的詔敕。古代將文書書寫於簡牘上，兩片合一，以繩縛之。在繩結上用泥密封，鈐以印璽，稱爲璽書。春秋戰國時，國君大夫之印稱璽，秦以後則爲皇帝專用。

[6]【李賢注】蠢，動也。戾，乖也。

[7]【李賢注】縣名，屬安定郡，其故城在今原州平源縣南也。【今注】涇陽：縣名。治所在今甘肅平涼市西北。

[8]【今注】舊都：長安。西漢建都長安，東漢建都洛陽，故稱長安爲舊都。

[9]【李賢注】就猶上也。

[10]【今注】羌戎諸種：指羌族的各支各部。

[11]【李賢注】訪，問也。規言羌種既服，臣即移書軍營及郡，勘問誅殺并納受多少之數目也。

[12]【李賢注】《詩·小雅》曰："密勿從事，不敢告勞。無罪無辜，讒口嗸嗸。"

[13]【李賢注】先事謂前輩敗將也。

[14]【今注】支黨半國：黨羽遍及半個國家，極言黨羽之多。

[15]【今注】墨綬：黑色綬帶。秩比六百石以上至比二千石以下皆銅印墨綬。郡丞、郡都尉丞、王國長史、王國內史丞等郡國高級佐官及縣令皆屬墨綬。

[16]【今注】贄：見人時所贈送的財物。

[17]【今注】讟：誹謗。

[18]【李賢注】謝猶讎也。

[19]【李賢注】元帝賜呼韓邪單于待詔掖庭王嬙爲閼氏也。

[20]【李賢注】武帝以江都王建女細君妻烏孫王昆莫爲夫人也。【今注】烏孫：西域國名。王治赤谷城（今吉爾吉斯斯坦伊塞克湖州東南伊什提克）。

[21]【李賢注】言覆軍之將，旋師之日，多載珍寶，封印完全，便入權門。

　　[22]【今注】紏舉：同“糾舉”。

　　[23]【今注】廉絜無聞：指沒有公正清廉的名聲。

　　[24]【李賢注】《左傳》曰“鹿死不擇音，斑而走險，急何能擇”也（斑，紹興本、大德本、殿本作“挺”，是）。

　　其年冬，徵還拜議郎。[1]論功當封。而中常侍徐璜、左悺欲從求貨，[2]數遣賓客就問功狀，規終不答。璜等忿怒，陷以前事，下之於吏。官屬欲賦斂請謝，規誓而不聽，遂以餘寇不絕，坐繫廷尉，論輸左校。[3]諸公及太學生張鳳等三百餘人詣闕訟之。[4]會赦，歸家。

　　[1]【今注】議郎：《北堂書鈔》卷五六引《漢官儀》：“議郎、郎中，秦官也。議郎秩比六百石，特徵賢良方正敦朴有道。”兩漢沿置，侍從皇帝左右，掌顧問應對。

　　[2]【今注】中常侍：官名。秦置中常侍官，參用士人，皆銀璫左貂，給事殿省。西漢沿置，出入宮廷，侍從皇帝，爲列侯至郎中的加官。東漢時，中常侍成爲有具體職掌的官職，本無員數，明帝永平中定爲四人，明帝以後，員數稍增，改以金璫右貂，兼領卿署之職。自和熹太后以女主稱制，不接公卿，乃以閹人爲常侍、小黃門，通命兩宮，自此以來，悉用閹人。東漢後期，中常侍把持朝政，權勢極盛。　徐璜：宦官。東漢桓帝初爲中常侍。與單超等五人佐助桓帝定謀誅殺外戚梁冀兄弟，以功封武原侯，食邑一萬五千户。是東漢專權朝政的主要宦官之一。　左悺：宦官。東漢桓帝初爲小黃門史。與單超等五人佐助桓帝誅殺外戚梁冀兄弟，以功封上蔡侯，食邑一萬三千户。是東漢專權朝政的主要宦官之一。後被大臣劾奏，畏罪自殺。

[3]【李賢注】《漢官儀》曰，左校署屬將作大匠也。【今注】廷尉：官名。本是秦官，位列九卿，主掌司法審判，秩中二千石。有正、左右監，秩皆千石。西漢景帝中元六年（前144）更名大理，武帝建元四年（前137）復爲廷尉。宣帝地節三年（前67）初置左右平，秩皆六百石。哀帝元壽二年（前1）復爲大理。王莽改曰作士。東漢以後，或稱廷尉，或稱大理，或稱廷尉卿。省右平、右監。重大案件由御史中丞、司隸校尉、廷尉會審。　左校：官名。秦漢皆置左、右校，其長官稱令，分掌左工徒和右工徒，屬將作大匠，掌修建宗廟、路寢、宮室、陵園等土木工程，秩六百石。官吏犯法，常輸左校爲工徒。

[4]【今注】太學：古代學校名稱。亦作“大學”。虞時的庠、夏的序、殷商的瞽宗、西周的辟雍，均爲古代大學。亦稱國學、國子學。

　　徵拜度遼將軍，至營數月，上書薦中郎將張奐以自代。曰：“臣聞人無常俗，而政有治亂；兵無強弱，而將有能否。伏見中郎將張奐，才略兼優，宜正元帥，以從眾望。若猶謂愚臣宜充軍事者，願乞冗官，以爲奐副。”朝廷從之，[1]以奐代爲度遼將軍，規爲使匈奴中郎將。及奐遷大司農，[2]規復代爲度遼將軍。

　　[1]【今注】案，廷，紹興本作“庭”。
　　[2]【今注】大司農：官名。秦及西漢前期稱治粟內史，西漢景帝後元元年（前143）更名大農令，武帝太初元年（前104）更名大司農。掌國家錢穀租稅等財政收支。位列九卿，秩中二千石。

　　規爲人多意筭，[1]自以連在大位，欲退身避第，[2]

數上病，不見聽。會友人上郡太守王旻喪還，[3]規縞素越界，到下亭迎之。[4]因令客密告并州刺史胡芳，[5]言規擅遠軍營，公違禁憲，當急舉奏。芳曰："威明欲避第仕塗，故激發我耳。[6]吾當爲朝廷愛才，何能申此子計邪！"[7]遂無所問。及黨事大起，[8]天下名賢多見染逮，[9]規雖爲名將，素譽不高。自以西州豪桀，恥不得豫，乃先自上言："臣前薦故大司農張奐，是附黨也。又臣昔論輸左校時，太學生張鳳等上書訟臣，是爲黨人所附也。臣宜坐之。"朝廷知而不問，時人以爲規賢。[10]

[1]【今注】意筭：計謀。

[2]【今注】案，王先謙《後漢書集解》云："錢大昕曰：‘"第"當作"弟"，避弟謂已避位而第得辟召也。此事見《風俗通·過譽篇》。下文避第仕塗，亦弟字之譌。章懷注謂欲歸第避仕宦之塗，誤矣。’"惠棟《後漢書補注》亦認爲"第"當作"弟"。

[3]【今注】上郡：治膚施縣（今陝西榆林市東南）。

[4]【今注】下亭：驛道上供人歇息的亭子。

[5]【今注】并州：西漢武帝時所置十三刺史部之一，監察太原、上黨、雲中、定襄、雁門、代郡，相當於今山西大部和河北、內蒙古的一部分。

[6]【李賢注】言欲歸第避仕宦之塗也。

[7]【今注】案，惠棟《後漢書補注》謂《風俗通》載芳語曰："我爲朝廷惜其功用，何能爲此私家計邪！"

[8]【今注】黨事：東漢桓帝時禁錮黨人之事。

[9]【今注】染逮：株連沾染。案，惠棟《後漢書補注》謂《續漢書》"染"作"連"。

[10]【今注】案,《後漢書考正》劉攽稱"以爲規賢"非是,當云"以規爲賢"。

在事數歲,北邊威服。永康元年,[1]徵爲尚書。[2]其夏日食,詔公卿舉賢良方正,下問得失。規對曰:"天之於王者,如君之於臣,父之於子也。誠以災妖,使從福祥。陛下八年之中,三斷大獄,[3]一除内嬖,[4]再誅外臣。[5]而災異猶見,人情未安者,殆賢愚進退,威刑所加,有非其理也。前太尉陳蕃、劉矩,[6]忠謀高世,廢在里巷;劉祐、馮緄、[7]趙典、尹勳,[8]正直多怨,流放家門;李膺、王暢、孔翊,[9]絜身守禮,終無宰相之階。至於鉤黨之釁,事起無端,[10]虐賢傷善,哀及無辜。今興改善政,易於覆手,而群臣杜口,鑒畏前害,互相瞻顧,莫肯正言。伏願陛下暫留聖明,容受謇直,[11]則前責可弭,後福必降。"對奏,不省。

[1]【今注】永康:東漢桓帝劉志年號(167)。
[2]【今注】尚書:官名。戰國秦、齊等國始置,亦稱掌書,爲諸侯國君管理文書的小吏。秦朝由少府遣吏四人,在宮中收發文書,稱尚書,地位甚輕。設令、僕射、丞以主之。西漢初因之。自武帝至成帝初,置四員分曹治事,領諸郎,掌管機要,職權漸重,爲中朝重要宮官。成帝建始四年(前29)增尚書爲五員,以保管文書檔案、傳達記録詔命章奏爲主,拆閲、裁決章奏之權歸領尚書事、尚書令、僕射。東漢尚書臺分六曹,各置尚書,秩六百石,位在令、僕射下,丞、郎上。身兼宮官、朝官雙重身份,既掌納奏擬詔出令,又可向公卿等行政機構直接下達政令,秩位雖輕,職權頗重。三國沿置,員數不等。

［3］【李賢注】謂誅梁冀，誅鄧萬、鄧會，誅李膺等黨事也。
【今注】八年之中三斷大獄：自東漢桓帝延熹二年（159）至永康
元年，前後八年時間。延熹二年秋八月誅梁氏外戚；延熹八年春二
月，廢皇后鄧氏，清除鄧氏外戚；延熹九年冬十二月，誅李膺等
黨人。

［4］【李賢注】無德而寵曰嬖，謂廢鄧皇后也。

［5］【李賢注】殺桂陽太守任胤，殺南陽太守成瑨、太原太
守劉質等也。

［6］【李賢注】《漢官儀》曰：“矩字叔方（矩，大德本誤作
‘無’）。”【今注】太尉：官名。秦置，金印紫綬，西漢武帝元狩
四年（前119）改名大司馬，東漢光武帝建武二十七年（51）復稱
太尉，與司徒、司空合稱三公。　陳蕃：字仲舉，汝南平輿（今河
南平輿縣北）人。傳見本書卷六六。　劉矩：字叔方，沛國蕭（今
安徽蕭縣西北）人。傳見本書卷七六。

［7］【李賢注】古本反。【今注】劉祐：字伯祖，中山安國
（今河北博野縣東南）人。傳見本書卷六七。　馮緄：字鴻卿，巴
郡宕渠（今四川渠縣東北）人。傳見本書卷三八。

［8］【今注】趙典：字仲經，蜀郡成都（今四川成都市）人。
傳見本書卷二七。　尹勳：字伯元，河南鞏（今河南鞏義市西南）
人。傳見本書卷六七。

［9］【今注】李膺：字元禮，穎川襄城（今河南襄城縣）人。
傳見本書卷六七。　王暢：字叔茂，山陽高平（今山東鄒城市西
南）人。傳見本書卷五六。　孔翊：惠棟《後漢書補注》謂《黨
錮傳》有孔昱，昱字元世。韓敕碑有御史孔翊元世，則翊即昱。
《魯國先賢傳》載翊爲洛陽令，與傳合，而傳不言爲御史，史闕
文也。

［10］【李賢注】鉤，引也。謂李膺等事也。

［11］【今注】謇直：忠誠正直。

遷規弘農太守，[1]封壽成亭侯，邑二百户，讓封不
受。再轉爲護羌校尉。熹平三年，[2]以疾召還，未至，
卒于穀城，[3]年七十一。所著賦、銘、碑、讚、禱文、
弔、章表、教令、書、檄、牋記，凡二十七篇。

　　[1]【今注】弘農：郡名。治弘農縣（今河南靈寶市東北故函
谷關城）。

　　[2]【今注】熹平：東漢靈帝劉宏年號（172—178）。

　　[3]【今注】穀城：縣名。治所在今山東平陰縣西南。

　　論曰：孔子稱"其言之不怍，則其爲之也難"。[1]
察皇甫規之言，其心不怍哉！夫其審己則干禄，[2]見賢
則委位，故干禄不爲貪，而委位不求讓；稱己不疑伐，
而讓人無懼情。故能功成於戎狄，身全於邦家也。

　　[1]【李賢注】怍，慙也（殿本無此注）。

　　[2]【今注】干禄：求取官位。

　　張奐字然明，敦煌酒泉人也。[1]父惇，爲漢陽太
守。奐少遊三輔，師事太尉朱寵，學歐陽《尚書》。[2]
初，《牟氏章句》浮辭繁多，[3]有四十五萬餘言，奐減
爲九萬言。後辟大將軍梁冀府，乃上書桓帝，[4]奏其
《章句》，詔下東觀。[5]以疾去官，復舉賢良，對策第
一，擢拜議郎。

　　[1]【李賢注】酒泉，縣名，地多泉水（泉，大德本作

"酒"），故城在今永州晉昌縣東北也（永，紹興本、殿本作
"陽"）。【今注】敦煌：郡名。治敦煌縣（今甘肅敦煌市西）。
酒泉：錢大昕《廿二史考異》卷一二《後漢書三》謂酒泉爲郡名，
非縣名。當作"淵泉"。淵泉縣，治所在今甘肅瓜州縣東。

　　[2]【今注】歐陽尚書：漢代今文《尚書》學派之一。因歐陽
氏傳授，故名。

　　[3]【李賢注】時牟卿受《書》於張堪，爲博士，故有《牟
氏章句》。【今注】牟氏章句：牟長所著《尚書章句》，俗號《牟氏
章句》。牟長，東漢光武帝時歷任博士、河內太守、中散大夫等職。
精通《歐陽尚書》，弟子多至萬人。

　　[4]【今注】桓帝：東漢桓帝劉志，公元 146 年至 167 年在位。
紀見本書卷七。

　　[5]【今注】東觀：東漢洛陽南宮內觀名。明帝詔班固等修撰
《漢記》於此，書成名爲《東觀漢記》。章、和二帝時爲皇宮藏書
之府。後因以稱國史修撰之所。

　　永壽元年，[1] 遷安定屬國都尉。初到職，而南匈奴
左奧鞬臺耆、且渠伯德等七千餘人寇美稷，[2] 東羌復舉
種應之，而免壁唯有二百許人，聞即勒兵而出。軍吏
以爲力不敵，叩頭爭止之。免不聽，遂進屯長城，收
集兵士，遣將王衛招誘東羌，因據龜兹，[3] 使南匈奴不
得交通東羌。諸豪遂相率與免和親，共擊奧鞬等，連
戰破之。伯德惶恐，將其眾降，郡界以寧。[4]

　　[1]【今注】永壽：東漢桓帝劉志年號（155—158）。
　　[2]【今注】南匈奴：東漢初匈奴分裂後南遷入塞附漢的匈奴
人。　案，左奧鞬、且渠，皆匈奴職官名。又，千，殿本作"十"。

美稷：縣名。治所在今內蒙古准格爾旗沙圪堵鎮納林村古城。西河屬國都尉治所。案，或以爲美稷縣西漢時爲西河屬國都尉駐地，東漢建武年間又爲南匈奴屬國的單于庭駐地和使匈奴中郎將治所，既是高級軍政機構駐地，也是南匈奴貴族居住地，更是屯駐重兵之地，其城建規模必定遠大於一般縣城。考古所見納林古城占地面積較小，古城內外遺物較少，文化層較淺，與史書對美稷故城的記載並不符合，故推斷納林古城以西暖水鄉榆樹壕村古城可能爲美稷縣故址（詳見王興鋒《漢代美稷古城新考》，《中國邊疆史地研究》2016 年第 1 期）。

[3]【李賢注】龜兹音丘慈，縣名，屬上郡。《前書音義》曰"龜兹國人來降之，因以名縣"也。【今注】龜兹：縣名。治所在今陝西榆林市北、榆溪河東岸。

[4]【今注】郡界以寧：郡境從此平靜下來。

羌豪帥感奐恩德，上馬二十匹，先零酋長又遺金鐻八枚。奐並受之，[1]而召主簿於諸羌前，[2]以酒酹地曰：[3]"使馬如羊，不以入厩；使金如粟，不以入懷。"悉以金馬還之。[4]羌性貪而貴吏清，前有八都尉率好財貨，爲所患苦，及奐正身絜己，威化大行。

[1]【李賢注】郭璞注《山海經》云："鐻音渠，金食器名。"未詳形制也（形，大德本作"所"）。【今注】案，惠棟《後漢書補注》謂《續漢書》"鐻"作"渠"。

[2]【今注】主簿：官名。漢各級衙署多置。其職責爲主管文書，辦理事務。

[3]【李賢注】以酒決地謂之酹（決，紹興本、大德本、殿本作"沃"，可從）。音力外反。

[4]【李賢注】如羊如粟，喻名也（名，紹興本、大德本、

殿本作"多",是)。

　　遷使匈奴中郎將。時休屠各[1]及朔方烏桓並同反叛,[2]燒度遼將軍門,[3]引屯赤阬,烟火相望。兵眾大恐,各欲亡去。奐安坐帷中,與弟子講誦自若,軍士稍安。乃潛誘烏桓陰與和通,遂使斬屠各渠帥,襲破其眾。諸胡悉降。[4]

　　[1]【李賢注】屠音直於反。【今注】休屠各:即屠各,當時匈奴部落之一。

　　[2]【今注】朔方:郡名。西漢治朔方縣 (今內蒙古杭錦旗東北),東漢治臨戎縣 (今內蒙古磴口縣北)。　烏桓:北方少數民族名。原是東胡族的一支,西漢初被匈奴擊敗,遷至烏桓山,因以爲名。以游牧射獵爲生。西漢武帝時,遷至上谷、漁陽、右北平、遼西、遼東五郡塞外,在今內蒙古錫林郭勒盟、赤峰市、通遼市南部長城以北地。東漢初入居塞內,置護烏桓校尉管理,駐寧城 (今河北萬全縣)。

　　[3]【李賢注】時度遼將軍屯王原 (王,紹興本、大德本、殿本作"五",是)。

　　[4]【今注】案,惠棟《後漢書補注》引謝承《後漢書》:"奐率步騎二萬,廣宣方略,大破鮮卑。匈奴惶懼,詣奐乞降。"

　　延熹元年,鮮卑寇邊,[1]奐率南單于擊之,斬首數百級。

　　[1]【今注】鮮卑:東胡的一支。秦漢時,游牧於今內蒙古西拉木倫河及洮兒河之間。附於匈奴。北匈奴西遷後,進入匈奴故

地，併其餘衆，勢力漸盛。

明年，梁冀被誅，奐以故吏免官禁錮。[1]奐與皇甫
規友善，奐既被錮，凡諸交舊莫敢爲言，唯規薦舉前
後七上。在家四歲，復拜武威太守。[2]平均徭賦，率屬
散敗，常爲諸郡最，河西由是而全。其俗多妖忌，凡
二月、五月産子及與父母同月生者，悉殺之。奐示以
義方，[3]嚴加賞罰，風俗遂改，百姓生爲立祠。舉尤
異，遷度遼將軍。數載間，幽、并清静。

[1]【今注】故吏：舊時僚屬。東漢時多指被貴戚官僚薦舉、
辟用的官吏。大官僚往往擁有衆多故吏，形成社會政治勢力。　禁
錮：禁止做官和參加政治活動。
[2]【今注】武威：郡名。治姑臧縣（今甘肅武威市西北）。
[3]【今注】義方：仁義之道。

九年春，[1]徵拜大司農。鮮卑聞奐去，其夏，遂招
結南匈奴、烏桓數道入塞，或五六千騎，或三四千騎，
寇掠緣邊九部，殺略百姓。秋，鮮卑復率八九千騎入
塞，誘引東羌與共盟詛。[2]於是上郡沈氏、安定先零諸
種共寇武威、張掖，[3]緣邊大被其毒。朝廷以爲憂，復
拜奐爲護匈奴中郎將，以九卿秩督幽、并、涼三州及
度遼、烏桓二營，[4]兼察刺史、二千石能否，賞賜甚
厚。匈奴、烏桓聞奐至，因相率還降，凡二十萬口。
奐但誅其首惡，餘皆慰納之。唯鮮卑出塞去。

[1]【今注】九年：指延熹九年（166）。

[2]【今注】盟詛：盟誓。

[3]【今注】案，大德本、殿本無“定”字。　張掖：郡名。治所初在張掖縣，後移至觻得縣（今甘肅張掖市甘州區西北）。

[4]【李賢注】明帝永平八年，初置度遼將軍，屯五原郡曼相縣（相，紹興本、大德本、殿本作“栢”），《漢官儀》曰“烏丸校尉屯上谷郡甯縣”（丸，大德本、殿本作“桓”），故曰二營。【今注】九卿：秦漢時期中央官職的總稱，包括奉常（後改太常）、郎中令（後改光禄勳）、衞尉、太僕、廷尉、典客（後改大鴻臚）、宗正、少府、治粟内史（後改大司農）等。此處泛指中央高級官吏。　幽：幽州。西漢武帝時所置十三刺史部之一。轄境相當於今北京市、河北北部、遼寧大部、天津市海河以北及朝鮮大同江流域。

永康元年春，東羌、先零五六千騎寇關中，圍歿詡，掠雲陽。[1]夏，復攻没兩營，殺千餘人。冬，羌岸尾、摩螫等[2]脅同種復鈔三輔。歿遣司馬尹端、董卓並擊，[3]大破之，斬其酋豪，首虜萬餘人，三州清定。論功當封，歿不事宦官，[4]故賞遂不行，唯賜錢二十萬，除家一人爲郎。並辭不受，而願徙屬弘農華陰。[5]舊制邊人不得内移，唯歿因功特聽，故始爲弘農人焉。

[1]【今注】歿詡：縣名。治所在今陝西銅川市耀州區東。雲陽：縣名。治所在今陝西淳化縣西北。

[2]【李賢注】螫音必薛反。

[3]【今注】尹端：張歿軍中部將。時爲司馬，係軍中屬官。董卓：字仲穎，隴西臨洮（今甘肅岷縣）人。傳見本書卷七二。

［4］【今注】案，官官，紹興本、大德本、殿本作"宦官"，是。

　　［5］【今注】華陰：縣名。治所在今陝西華陰市東。

　　建寧元年，[1]振旅而還。時竇太后臨朝，[2]大將軍竇武與太傅陳蕃謀誅宦官，[3]事泄，中常侍曹節等於中作亂，[4]以奐新徵，[5]不知本謀，矯制使奐與少府周靖率五營士圍武。[6]武自殺，蕃因見害。奐遷少府，又拜大司農，以功封侯。奐深病爲節所賣，上書固讓，封還印綬，卒不肯當。

　　［1］【今注】建寧：東漢靈帝劉宏年號（168—172）。

　　［2］【今注】竇太后：竇妙，東漢桓帝皇后。紀見本書卷一〇下。

　　［3］【今注】竇武：字游平，扶風平陵（今陝西咸陽市西北）人。傳見本書卷六九。　　太傅：官名。古三公之一，周置。西漢高后元年（前187）置太傅，後省。哀帝元壽二年（前1）復置。

　　［4］【今注】曹節：字漢豐，南陽新野（今河南新野縣）人。傳見本書卷七八。

　　［5］【今注】新徵：新近徵召回朝。

　　［6］【今注】矯制：詐稱妄託或不執行皇帝詔令的行爲。漢代將矯制行爲視爲重罪，旨在防範和懲治臣子借用皇帝的名義行事。事發後根據"害"與"不害"（即是否損害國家利益）靈活處罰：害大者可處死；害小者可贖免；無害者罰金或免處（參見孫家洲、李宜春《西漢矯制考論》，《中國史研究》1998年第1期；孫家洲《再論"矯制"——讀〈張家山漢墓竹簡〉札記》，《南都學壇》2003年第4期）。　　少府：官名。戰國三晉和秦均有設置，漢因之。應劭曰："掌山澤陂池之稅，名曰禁錢，以給私養，自別爲藏。少

者小也，故稱少府。”顏師古曰：“大司農供軍國之用，少府以養天子也。”見《漢書·百官公卿表上》。

　　明年夏，青蛇見於御坐軒前，[1]又大風雨雹，霹靂拔樹，詔使百僚各言災應。奐上疏曰：“臣聞風爲號令，動物通氣。[2]木生於火，相須乃明。[3]蛇能屈申，配龍騰蟄。[4]順至爲休徵，逆來爲殃咎。陰氣專用，則凝精爲雹。故大將軍竇武、太傅陳蕃，或志寧社稷，或方直不回，前以讒勝，並伏誅戮，海內默默，人懷震憤。昔周公葬不如禮，天乃動威。[5]今武、蕃忠貞，未被明宥，妖眚之來，[6]皆爲此也。宜急爲改葬，徙還家屬。其從坐禁錮，一切蠲除。又皇太后雖居南宮，而恩禮不接，朝臣莫言，遠近失望。宜思大義顧復之報。”[7]天子深納奐言，以問諸黃門常侍，左右皆惡之，帝不得自從。

　　[1]【李賢注】軒，殿檻闌板也。
　　[2]【李賢注】《翼氏風角》曰：“凡風者天之號令，所以譴告人君者也。”
　　[3]【今注】相須：相互配合與依賴。
　　[4]【李賢注】《易》曰：“龍蛇之蟄，以存身也。”《慎子》曰“騰蛇游霧，飛龍乘雲，雲罷霧散，與蚯蚓同”也。【今注】案，此以龍蛇相對，比喻君臣上下之間的關係。
　　[5]【李賢注】《尚書大傳》：“周公薨，成王欲葬之於成周，天乃雷雨以風（雨，大德本、殿本作‘電’），禾即盡偃，大木斯拔，國人大恐。王葬周公於畢，示不敢臣也。”
　　[6]【今注】妖眚：怪異之事。

[7]【李賢注】顧，旋視也。復，反覆也。《小雅》曰："父
兮生我，母兮鞠我，顧我復我，出入腹我。"

轉奐太常，[1]與尚書劉猛、刁韙、衛良同薦王暢、
李膺可參三公之選，[2]而曹節等彌疾其言，遂下詔切責
之。奐等皆自囚廷尉，數日乃得出，並以三月俸贖罪。
司隸校尉王寓，[3]出於宦官，欲借寵公卿，以求薦舉，
百僚畏憚，莫不許諾，唯奐獨拒之。寓怒，因此遂陷
以黨罪，禁錮歸田里。

[1]【今注】太常：官名。西漢初名奉常，景帝時改名太常，
掌宗廟禮儀。位列九卿之首，秩中二千石。案，惠棟《後漢書補
注》引《續漢書》云："奐拜太常，設官科限，素有清節，當可否
之間，強禦不可奪也。"宋文民《後漢書考釋》謂《太平御覽》卷
二三八引《續漢書》，"太常"當作"太常卿"，故置於《職官部·
太常卿》下，惠氏因范文而省卿字。又，《太平御覽》無"設官科
限"四字，《北堂書鈔》卷五三有"設職官糧限施行"七字。（上
海古籍出版社1995年版，第268頁）

[2]【今注】劉猛刁韙衛良：三人俱爲漢靈帝時尚書。

[3]【今注】司隸校尉：官名。西漢武帝征和四年（前89）始
置，秩二千石。成帝元延四年（前9）省，哀帝即位後復置，改名
司隸，隸大司空，位比司直。東漢仍名司隸校尉，秩比二千石，威
權尤重。凡宮廷內外，皇親貴戚，京都百官，無所不糾，兼領兵，
有檢敕、捕殺罪犯之權，並爲司隸州行政長官，治所在今河南洛陽
市。光武帝特詔朝會時與御史中丞、尚書令並專席而坐，時號"三
獨坐"。

奐前爲度遼將軍，與段潁爭擊羌，不相平。及潁爲司隸校尉，欲逐奐歸敦煌，將害之。奐憂懼，奏記謝潁曰："小人不明，得過州將，千里委命，以情相歸。[1]足下仁篤，照其辛苦，使人未反，復獲郵書。恩詔分明，前以寫白，而州期切促，[2]郡縣惶懼，屛營延企，[3]側待歸命。父母朽骨，孤魂相託，若蒙矜憐，壹惠咳唾，則澤流黄泉，施及冥寞，非奐生死所能報塞。夫無毛髮之勞，而欲求人丘山之用，此淳于髠所以拍髀仰天而笑者也。[4]誠知言必見譏，然猶未能無望。何者？朽骨無益於人，而文王葬之；[5]死馬無所復用，而燕昭寶之。[6]黨同文、昭之德，豈不大哉！[7]凡人之情，冤則呼天，窮則叩心。今呼天不聞，叩心無益，誠自傷痛。俱生聖世，獨爲匪人。[8]孤微之人，無所告訴。如不哀憐，便爲魚肉。[9]企心東望，無所復言。"潁雖剛猛，省書哀之，卒不忍也。時禁錮者多不能守靜，或死或徙。奐閉門不出，養徒千人，著《尚書記難》三十餘萬言。

[1]【李賢注】《漢官儀》曰："司隸州部河南雒陽，管三輔、三河、弘農七郡。"所以奐屈於潁，稱曰"州將"焉。【今注】以情相歸：此指將心情如實告知對方。

[2]【今注】州期切促：州府限定的期限迫促。

[3]【今注】延企：伸長脖子，踮起腳尖，形容盼望的樣子。

[4]【李賢注】拍音片百反。髀音步弟反。《史記》，楚發兵伐齊，齊威王使淳于髠齎百金，車馬十駟，之趙請救。髠仰天大笑，冠纓索絕。王曰："先生少之乎？"髠曰："今者臣從東方來，

見道傍有禳田者，操一豚蹄，酒一盂，而祝曰：‘甌窶滿篝（窶，紹興本、大德本、殿本均作“寠”，是），汙邪滿車，五穀蕃熟，禳禳滿家（禳禳，殿本作“穰穰”）。’臣見其所持者狹（持，大德本作‘拍’），所求者奢，故笑。”於是王乃益以黃金千鎰（大德本、殿本無“以”字）、白璧十雙、車馬百駟也。【今注】淳于髡：戰國時齊國學者、大夫，博學多辯，善於以滑稽的方式進諫。

[5]【李賢注】《新序》曰：“文王作靈臺，掘得死人骨，吏以聞（以，大德本作‘之’）。文王曰：‘葬之。’吏曰：‘此無主矣。’文王曰：‘有天下者，天下之主也；有一國者，一國之主也。寡人固其主焉。’令吏以棺葬之。天下聞之，曰：‘文王賢矣，澤及朽骨，又況人乎。’”【今注】文王：姬姓，名昌，商朝末年周族領袖。爲西伯。建豐邑（今陝西西安市西南）爲都。

[6]【李賢注】《新序》曰：“燕昭王即位，卑身求賢。謂郭隗曰：‘齊因孤國之亂而襲燕，然得賢士與共國（然，殿本作“欲”），以雪先王之醜，孤之願也。先生視可者，得身事之。’隗曰：‘臣聞古之人君，有以千金求千里馬者，三年不得，涓人言於君請求之（君，大德本作“若”），君遣焉（君，大德本作“若”）。三月，得千里馬，馬已死，乃以五百金買其首以報。君大怒曰：“所求者生馬，安市死馬而捐五百金乎？”對曰：“死馬且市之，況生馬乎？天下必以王爲能市馬，馬今至矣。”不出期年，千里馬至者二。今王誠欲必致士，從隗始。隗且見事，況賢於隗者乎？’於是王爲隗築宮而師之。樂毅自魏往，鄒衍自齊往，劇辛自趙往，士爭歸燕焉。”【今注】燕昭：戰國時燕國國君。公元前311年至前279年在位。燕王噲庶子。初流亡在韓。即位後，卑身厚幣招納賢士，師事郭隗，士人爭相趨燕。外用蘇秦，內用樂毅，經過長期休養生息，國家殷富，士卒效命。燕昭王二十八年（前284），遣樂毅率軍聯合三晉及秦楚之師攻齊，大破齊軍，占領齊國城邑七十餘座，齊湣王敗死。燕國進入鼎盛時期。

[7]【李賢注】黨音佗朗反。【今注】黨：通“倘”，倘若。

[8]【李賢注】《詩·小雅》曰“哀我征夫，獨爲匪人”也。

[9]【李賢注】言將爲人所吞噬也。

奐少立志節，嘗與士友言曰：“大丈夫處世，當爲國家立功邊境。”及爲將帥，果有勳名。董卓慕之，使其兄遺縑百匹。奐惡卓爲人，絶而不受。光和四年卒，[1]年七十八。遺命曰：“吾前後仕進，十要銀艾，[2]不能和光同塵，爲讒邪所忌。[3]通塞命也，[4]始終常也。但地底冥冥，長無曉期，而復纏以纊緜，牢以釘密，爲不喜耳。幸有前宂，[5]朝殞夕下，措屍靈牀，幅巾而已。奢非晉文，[6]儉非王孫，[7]推情從意，庶無咎吝。”諸子從之。武威多爲立祠，世世不絶。所著銘、頌、書、教、誡述、志、對策、章表二十四篇。

[1]【今注】光和：東漢靈帝劉宏年號（178—184）。

[2]【李賢注】銀印綠綬也，以艾草染之，故曰艾也。

[3]【李賢注】《老子》曰“和其光，同其塵”也。

[4]【今注】通塞：指境遇的順利與坎坷。

[5]【今注】宂：墓穴。

[6]【李賢注】陸翽《鄴中記》曰：“永嘉末，發齊桓公墓，得水銀池金蠶數十箔，珠襦、玉匣、繒綵不可勝數（玉，大德本作‘三’）。”《左傳》曰：“晉文公朝王，請隧。王不許，曰：‘王章也，未有代德而有二王，亦叔父之所惡也。’”晉文既臣，請用王禮，是其奢也。【今注】晉文：春秋時期晉公國君，名重耳。公元前636年至前628年在位。在位期間，晉國日強，成爲諸侯霸主。事見《史記》卷三九《晉世家》。

［7］【李賢注】武帝時，楊王孫死（楊，大德本、殿本作"揚"），誡其子爲布囊盛屍，入地七尺，脫去其囊，以身親土。【今注】王孫：楊王孫。西漢人。家業千金，厚自養生。臨終遺囑裸葬，以布囊盛屍，然後脫囊，傾埋土中。有《裸葬書》，反對厚葬，指出人死不爲鬼，其尸抉然獨處而無知。傳見《漢書》卷六七。

長子芝，字伯英，最知名。[1]芝及弟昶，[2]字文舒，並善草書，至今稱傳之。

［1］【李賢注】王愔《文志》曰（殿本"文"後有"字"字）："芝少持高操，以名臣子勤學，文爲儒宗，武爲將表。太尉辟，公車有道徵，皆不至，號張有道。尤好草書，學崔、杜之法，家之衣帛，必書而後練。臨池學書，水爲之黑。下筆則爲楷則，號忽忽不暇草書，爲世所寶，寸紙不遺，韋仲將謂之'草聖'也。"
［2］【今注】案，宋文民《後漢書考釋》謂此處多一"及"字，否則文理不通（第269頁）。

初，奐爲武威太守，其妻懷孕，夢帶奐印綬登樓而歌。訊之占者，曰："必將生男，復臨茲邦，命終此樓。"既而生予猛，[1]以建安中爲武威太守，[2]殺刺史邯鄲商，[3]州兵圍之急，猛恥見擒，乃登樓自燒而死，卒如占云。

［1］【今注】案，予，紹興本、大德本、殿本作"子"，是。
［2］【今注】建安：東漢獻帝劉協年號（196—220）。

［3］【今注】邯鄲商：惠棟《後漢書補注》謂《風俗通》有"邯鄲氏以國爲姓"，杜預《釋例·世族譜》趙夙之孫穿，別爲邯鄲氏。趙施、趙勝、邯鄲午，是其後也。

論曰：自鄭鄉之封，中官世盛，[1]暴恣數十年閒，四海之内，莫不切齒憤盈，願投兵於其族。陳蕃、竇武奮義草謀，徵會天下，名士有識所共聞也，而張奐見欺豎子，[2]揚戈以斷忠烈。[3]雖恨毒在心，辭爵謝咎。《詩》云："啜其泣矣，何嗟及矣！"[4]

［1］【李賢注】宦者鄭衆封鄭鄉侯也。
［2］【今注】豎子：對人的鄙稱。猶今言"小子"。
［3］【李賢注】奐被曹節等矯制，使率五營士圍殺陳蕃、竇武等。【今注】案，揚，大德本作"楊"。
［4］【李賢注】《詩·國風》也。啜，泣貌也，音知劣反。

段熲字紀明，武威姑臧人也。[1]其先出鄭共叔段，西域都護會宗之從曾孫也。[2]熲少便習弓馬，尚遊俠，[3]輕財賄，長乃折節好古學。初舉孝廉，爲憲陵園丞、陽陵令，[4]所在能政。

［1］【今注】姑臧：縣名。治所在今甘肅武威市西北。
［2］【李賢注】宗字子松（大德本、殿本"宗"前有"會"字，是），天水上邽人，元帝時爲西域都護。死，城郭諸國爲發喪立祠。【今注】西域都護：官名。又稱都護西域、使西域都護，西漢宣帝地節二年（前68）初置。西漢時爲加官，以騎都尉、諫大夫等身份使護西域三十六國，秩比二千石。　從曾孫：兄弟的曾

孫，即侄曾孫。

　　［3］【今注】尚遊俠：尚俠行義。

　　［4］【李賢注】憲陵，順帝陵；陽陵，景帝陵。《漢官儀》曰"丞秩三百石，令秩六百石"也。

　　遷遼東屬國都尉。時鮮卑犯塞，潁即率所領馳赴之。既而恐賊驚去，乃使驛騎詐齎璽書詔潁，[1]潁於道僞退，潛於還路設伏。虜以爲信然，乃入追潁。潁因大縱兵，悉斬獲之。坐詐璽書伏重刑，以有功論司寇。[2]刑竟，徵拜議郎。

　　［1］【今注】驛騎：驛站中用於傳遞文書的馬匹。

　　［2］【今注】司寇：徒刑名。將犯人罰至邊地，一面服役，一面禦寇。睡虎地秦簡《法律答問》："當耐爲侯（候）罪誣人，可（何）論？當耐爲司寇。"漢代司寇爲二歲刑。《漢舊儀》："司寇，男備守，女爲作如司寇，皆作二歲。"

　　時太山、琅邪賊東郭竇、公孫舉等聚衆三萬人，[1]破壞郡縣，遣兵討之，連年不克。永壽二年，桓帝詔公卿選將有文武者，司徒尹頌薦潁，[2]乃拜爲中郎將。擊竇、舉等，大破斬之，獲首萬餘級，餘黨降散。[3]封潁爲列侯，[4]賜錢五十萬，除一子爲郎中。

　　［1］【今注】東郭竇公孫舉：東漢後期泰山、琅琊地區起義的發動者。

　　［2］【李賢注】《漢官儀》曰："頌字公孫，鞏人也。"【今注】司徒：官名。西周置，掌治理民事、户口、官司籍田、徵發徒役、

收納財賦。秦罷司徒置丞相。西漢哀帝元壽二年（前1）改丞相爲大司徒。東漢改司徒。獻帝建安十三年（208）罷司徒，置丞相。

[3]【今注】案，《東觀漢記》卷一七《段熲傳》云："熲到所，設施方略，糾舉通急，行古司馬兵法、孫吳之術，旬月群盜悉破。"

[4]【今注】列侯：爵名。漢代二十等爵制之第二十級，爲最高一級。本爲徹侯，爲避漢武帝劉徹名諱而改稱通侯，亦稱列侯。有封國，食邑少者數百戶，多者達萬戶，且有侯國相、家丞等官屬。

延熹二年，遷護羌校尉。會燒當、燒何、當煎、勒姐等八種羌[1]寇隴西、金城塞，[2]熲將兵及湟中義從羌萬二千騎出湟谷，[3]擊破之。追討南度河，[4]使軍吏田晏、夏育募先登，[5]縣索相引，[6]復戰於羅亭，大破之，斬其酋豪以下二千級，獲生口萬餘人，虜皆奔走。

[1]【李賢注】姐音紫且反。

[2]【今注】金城：郡名。西漢昭帝始元六年（前81）置，始置當在金城縣（今甘肅蘭州市西），後西遷至允吾縣（今甘肅永靖縣西北）。

[3]【今注】湟谷：湟水中游地區。地理範圍西起青海湖東岸，東至今青海民和縣轄區。時爲羌、小月氏及漢人雜居之處。義從羌：指已歸順漢朝並追隨漢軍出征的羌人。

[4]【今注】案，度，殿本作"渡"。

[5]【今注】田晏：東漢靈帝時段熲部將，遷護羌校尉，破鮮卑中郎將，後戰敗下獄，贖爲庶人。　夏育：東漢靈帝時段熲部將，遷任北地太守，護烏桓校尉。後同田晏同在平鮮卑時戰敗下獄，贖爲庶人。

[6]【今注】懸索相引：用繩子繫於兩岸，懸於河面上，以接引軍隊渡河。

　　明年春，餘羌復與燒何大豪寇張掖，攻没鉅鹿塢，殺屬國吏民，又招同種千餘落，并兵晨奔潁軍。[1]潁下馬大戰，至日中，刀折矢盡，虜亦引退。潁追之，且鬭且行，晝夜相攻，割肉食雪，四十餘日，遂至河首積石山，[2]出塞二千餘里，斬燒何大帥，首虜五十餘人。又分兵擊石城羌，斬首溺死者千六百人。燒當種九十餘口詣潁降。[3]又雜種羌屯聚白石，[4]潁復進擊，首虜三千餘人。冬，勒姐、零吾種圍允街，[5]殺略吏民，潁排營救之，斬獲數百人。

[1]【今注】案，并，大德本作“井”。

[2]【今注】積石山：山名。在今甘肅臨夏回族自治州西。

[3]【今注】案，《後漢書考正》劉攽謂燒當一種不止九十餘口，其所云九十口降亦不足記，當作“千”字。又，當，大德本作“常”。

[4]【李賢注】白石，山，在今蘭州狄道縣東。【今注】白石：山名。在今甘肅臨夏回族自治州西南。

[5]【李賢注】允音鈆。街音階。

　　四年冬，上郡沈氏、隴西牢姐、烏吾諸種羌共寇并涼二州，潁將湟中義從討之。涼州刺史郭閎貪共其功，稽固潁軍，[1]使不得進。義從役久，戀鄉舊，皆悉反叛。郭閎歸罪於潁，潁坐徵下獄，輸作左校。羌遂

陸梁，覆没營塢，轉相招結，唐突諸郡，[2]於是吏人守
闕訟頻以千數。[3]朝廷知頻爲郭閎所誣，詔問其狀。頻
但謝罪，不敢言枉，京師稱爲長者。起於徒中，[4]復拜
議郎，遷并州刺史。

[1]【李賢注】稽固猶停留也。
[2]【今注】唐突：橫衝直撞。
[3]【今注】守闕訟頻：堅守在朝廷替段頻申訴。
[4]【今注】起於徒中：從刑徒中起用。

時滇那等諸種羌五六千人寇武威、張掖、酒泉，
燒人廬舍。六年，寇執轉盛，涼州幾亡。冬，復以頻
爲護羌校尉，乘驛之職。[1]明年春，羌封僇、良多、滇
那等[2]酋豪三百五十五人率三千落詣頻降。當煎、勒
姐種猶自屯結。冬，頻將萬餘人擊破之，斬其酋豪，
首虜四千餘人。

[1]【今注】乘驛之職：騎驛站的馬匹到職。
[2]【李賢注】僇音良逐反，又力救反。

八年春，頻復擊勒姐種，斬首四百餘級，降者二
千餘人。夏，進軍擊當煎種於湟中，頻兵敗，被圍三
日，用隱士樊志張策，潛師夜出，鳴鼓還戰，大破之，
首虜數千人。頻遂窮追，展轉山谷閒，[1]自春及秋，無
日不戰，虜遂飢困敗散，北略武威閒。

[1]【今注】展轉：即輾轉，轉移不定。

潁凡破西羌，斬首三萬三千級，[1]獲生口數萬人，馬牛羊八百萬頭，降者萬餘落。封潁都鄉侯，邑五百户。

[1]【今注】案，三，紹興本、大德本、殿本均作“二”。

永康元年，當煎諸種復反，合四千餘人，欲攻武威，潁復追擊於鸞鳥，[1]大破之，殺其渠帥，斬首三千餘級，西羌於此弭定。

[1]【李賢注】鳥音爵，縣名，屬武威郡，故城在今涼州昌松縣北也。【今注】鸞鳥：縣名。治所舊説不一。懸泉漢簡“里程簡”中有“倉松去鸞鳥六十五里”“鸞鳥去小張掖六十里”，據此判斷縣治在今甘肅古浪縣古浪鎮小橋堡村一帶（詳見郝樹聲、張德芳《懸泉漢簡研究》，甘肅文化出版社 2009 年版，第 113—116 頁）。

而東羌先零等，自覆没征西將軍馬賢後，朝廷不能討，遂數寇擾三輔。其後度遼將軍皇甫規、中郎將張奐招之連年，[1]既降又叛。桓帝詔問潁曰：“先零東羌造惡反逆，而皇甫規、張奐各擁強衆，不時輯定。欲潁移兵東討，未識其宜，可參思術略。”潁因上言曰：“臣伏見先零東羌雖數叛逆，而降於皇甫規者，已二萬許落，[2]善惡既分，餘寇無幾。今張奐躊躇久不進者，當慮外離内合，兵往必驚。且自冬踐春，屯結不散，人畜疲羸，自亡之埶，[3]徒更招降，坐制強敵耳。臣以爲狼子野心，難以恩納，[4]埶窮雖服，[5]兵去復動。唯當長矛挾脅，白刃加頸耳。計東種所餘三萬餘落，[6]居近塞內，路無險折，非有燕、齊、秦、趙從橫之埶，而久亂并、涼，累侵三輔，西河、上郡已各內徙，安定、北地復至單危，[7]自雲中、五原西至漢陽二千餘里，[8]匈奴、種羌，並擅其地，是爲癰疽伏疾，[9]留滯脅下，如不加誅，轉就滋大。今若以騎五千，步萬人，車三千兩，三冬二夏，足以破定，無慮用費爲錢五十四億。[10]如此，則可令群羌破盡，匈奴長服，內徙郡縣，得反本土。伏計永初中，[11]諸羌反叛，十有四年，用二百四十億；永和之末，復經七年，用八十餘億。費耗若此，猶不誅盡，餘孽復起，于茲作害。今不暫疲人，[12]則永寧無期。臣庶竭駑劣，伏待節度。”帝許之，悉聽如所上。

[1]【今注】招之連年：連年進行招降。

[2]【今注】許：表述約數。

[3]【今注】案，埶，大德本作“勢”。

[4]【李賢注】《左傳》晉叔向母曰“狼子野心”也。

[5]【今注】案，埶，大德本、殿本作“勢”。

[6]【今注】東種：謂東羌諸種族。

[7]【今注】西河：郡名。治平定縣（今內蒙古伊金霍洛旗東南）。　北地：郡名。治富平縣（今寧夏吳忠市西南）。

[8]【今注】雲中：郡名。治雲中縣（今內蒙古托克托縣東北）。

[9]【今注】案，癰，大德本、殿本作“癱”。

[10]【李賢注】無慮，都凡也。

[11]【今注】永初：東漢安帝劉祜年號（107—113）。

[12]【今注】不暫疲人：不暫時勞累人們，謂不做短期的努力。

建寧元年春，[1]熲將兵萬餘人，齎十五日糧，從彭陽直指高平，[2]與先零諸種戰於逢義山。[3]虜兵盛，熲衆恐。熲乃令軍中張鏃利刃，長矛三重，挾以強弩，列輕騎爲左右翼。激怒兵將曰：“今去家數千里，進則事成，走必盡死，努力共功名！”因大呼，衆皆應聲騰赴，熲馳騎於傍，突而擊之，虜衆大潰，斬首八千餘級，獲牛馬羊二十八萬頭。

[1]【今注】建寧：東漢靈帝劉宏年號（168—172）。

[2]【李賢注】彭陽、高平，並縣名，屬安定郡。彭陽縣即今原州彭原縣也。高平縣今原州也。【今注】彭陽：縣名。治所在今甘肅鎮原縣東。 高平：縣名。治所在今寧夏固原市。

[3]【今注】逢義山：在今甘肅鎮原縣北。

時竇太后臨朝，下詔曰：“先零東羌歷載爲患，熲前陳狀，欲必埽滅。[1]涉履霜雪，兼行晨夜，身當矢石，感厲吏士。曾未浹日，[2]凶醜奔破，連尸積俘，掠獲無筭。洗雪百年之逋負，[3]以慰忠將之亡魂。[4]功用顯著，朕甚嘉之。須東羌盡定，當并錄功勤。今且賜熲錢二十萬，以家一人爲郎中。”勅中藏府調金錢綵物，[5]增助軍費。拜潁破羌將軍。[6]

[1]【今注】案，埽，大德本、殿本作"掃"。

[2]【李賢注】浹，帀也（帀，紹興本作"帀"，大德本作"市"）。浹音子牒反。謂帀十二辰也（帀，大德本作"市"，殿本作"匝"）。【今注】浹日：古代以天干、地支紀日，自甲至癸一周十日爲"浹日"。

[3]【今注】逋負：原指拖欠的稅賦。後泛指各類未償還的債務或仇恨。

[4]【李賢注】《東觀記》曰，太后詔云"此以慰种光、馬賢等亡魂"也。

[5]【今注】中藏府：官署名，掌宮中幣帛金銀等貨物。其長官稱令，有丞一人，屬員十九人。　綵物：泛指錢帛財物。

[6]【今注】案，潁，紹興本、大德本作"頴"。

夏，潁復追羌出橋門，至走馬水上。[1]尋聞虜在奢延澤，[2]乃將輕兵兼行，一日一夜二百餘里，晨及賊，擊破之。餘虜走向落川，復相屯結。潁乃分遣騎司馬田晏將五千人出其東，假司馬夏育將二千人繞其西。羌分六七千人攻圍晏等，晏等與戰，羌潰走。潁急進，與晏等共追之於令鮮水上。[3]潁士卒飢渴，乃勒衆推方奪其水，[4]虜復散走。潁遂與相連綴，[5]且鬥且引，及於靈武谷。[6]潁乃被甲先登，士卒無敢後者。羌遂大敗，弃兵而走。追之三日三夜，士皆重繭。[7]既到涇陽，[8]餘寇四千落，悉散入漢陽山谷間。

[1]【李賢注】《東觀記·段潁傳》曰（傳曰，底本原作"曰

傳", 據大德本、紹興本、殿本改) "出橋門谷" 也。【今注】走馬水: 古水名。即今淮寧河。源出今陝西子長市西北, 東流至綏德縣, 南入無定河。

[2]【李賢注】即上郡奢延縣界也。【今注】奢延澤: 在今内蒙古烏審旗西南。漢有奢延縣, 澤以此爲名, 已乾涸。

[3]【李賢注】令鮮, 水名, 在今甘州張掖縣界。一名合黎水, 一名羌谷水也。

[4]【李賢注】推方謂方頭競進也。

[5]【今注】相連綴: 緊緊追擊敵人而不相脱離。

[6]【李賢注】靈武, 縣名, 有谷, 在今靈州懷遠縣西北。【今注】靈武: 縣名。治所在今寧夏青銅峽市西北邵崗堡西北。

[7]【李賢注】繭, 足下傷起形如繭也。《淮南子》曰 "申包胥曾繭重胝" 也。

[8]【李賢注】縣名, 屬安定郡。【今注】涇陽: 縣名。治所在今甘肅平涼市西。

時張奐上言: "東羌雖破, 餘種難盡, 頎性輕果,[1] 慮負敗難常。宜且以恩降, 可無後悔。" 詔書下頎。頎復上言: "臣本知東羌雖衆, 而輭弱易制, 所以比陳愚慮, 思爲永寧之筭。而中郎將張奐, 説虜強難破, 宜用招降。[2] 聖朝明監, 信納瞽言,[3] 故臣謀得行, 奐計不用。事執相反, 遂懷猜恨。信叛羌之訴, 飾潤辭意, 云臣兵累見折衄,[4] 又言羌一氣所生, 不可誅盡,[5] 山谷廣大, 不可空静, 血流汙野, 傷和致災。臣伏念周秦之際, 戎狄爲害, 中興以來,[6] 羌寇最盛, 誅之不盡, 雖降復叛。今先零雜種, 累以反覆, 攻没縣邑, 剽略人物, 發冢露尸, 禍及生死, 上天震怒,假手行誅。[7]昔邢爲無道，衛國伐之，師興而雨。[8]臣動兵涉夏，連獲甘澍，歲時豐稔，人無疵疫。上占天心，[9]不爲災傷；下察人事，衆和師克。[10]自橋門以西，落川以東，故宮縣邑，更相通屬，[11]非爲深險絶域之地，車騎安行，無應折衄。案奂爲漢吏，身當武職，駐軍二年，不能平寇，虚欲修文戢戈，招降獷敵，[12]誕辭空説，僭而無徵。何以言之？昔先零作寇，趙充國徙令居内，[13]煎當亂邊，馬援遷之三輔，[14]始服終叛，至今爲鯁。[15]故遠識之士，以爲深憂。今傍郡户口單少，數爲羌所創毒，而欲令降徒與之雜居，是猶種枳棘於良田，[16]養虺蛇於室内也。[17]故臣奉大漢之威，建長久之策，欲絶其本根，不使能殖。[18]本規三歲之費，用五十四億，今適朞年，[19]所耗未半，而餘寇殘燼，[20]將向殄滅。臣每奉詔書，軍不内御，[21]願卒斯言，一以任臣，臨時量宜，不失權便。”

[1]【今注】輕果：輕率武斷。

[2]【今注】案，王先謙《後漢書集解》謂《文選》陸倕《石闕銘》注引段熲疏“先零東羌討之難破，降爲上策，戰爲下計”，蓋即述奂言，特詳略異耳。

[3]【今注】瞽言：没有見地的言論。

[4]【李賢注】傷敗曰衄，音女六反。

[5]【李賢注】言羌亦稟天之一氣所生，誅之不可盡也。

[6]【今注】中興：謂光武中興。

[7]【李賢注】假，借也。《尚書》曰“皇天降災，假手干我有命”也（干，紹興本、大德本、殿本作“于”，是）。

[8]【李賢注】《左傳》曰"衛大旱，卜有事於山川，不吉。
甯莊子曰：'昔周飢，克殷而年豐。今邢方無道，天欲衛伐邢乎？'
從之，師興而雨"也。【今注】邢：西周分封的諸侯國。姬姓，周
公之子封地。在今河北邢臺市西南隅。　衛國：西周分封的諸侯
國。姬姓。公元前11世紀周公平定武庚叛亂後，以原商都周圍地
區封予周武王弟康叔，建立衛國。都朝歌（今河南淇縣），後遷於
帝丘（今河南濮陽市）。

[9]【李賢注】占，候也。

[10]【李賢注】克，勝也。《左傳》曰"師克在和不在
衆"也。

[11]【今注】更相通屬：言道路相互連接暢通。

[12]【李賢注】獷，惡兒也（兒，殿本作"貌"），音谷猛
反。【今注】案，戢，大德本作"集"。

[13]【李賢注】宣帝時，充國擊西羌，徙之於金城郡也。
【今注】趙充國：字翁孫，西漢隴西上邽（今甘肅天水市）人，後
徙金城令居。善騎射，有謀略，熟知邊情。武帝時，以六郡良家子
補羽林，以假司馬從李廣利擊匈奴，以功拜中郎，遷車騎將軍長
史。昭帝時，以大將軍護軍都尉率兵平定武都氐人起兵，遷中郎
將、水衡都尉。又擊匈奴，擢後將軍。昭帝死，與霍光迎立宣帝，
封營平侯。將兵屯邊，匈奴不敢犯。神爵元年（前61），先零羌
叛，年七十六而率軍破羌。復爲後將軍、衛尉。其子有罪自殺，因
罷官。謚壯。傳見《漢書》卷六九。

[14]【李賢注】遷置天水、隴西、扶風，見《西羌傳》也。
【今注】馬援：字文淵，扶風茂陵（今陝西興平市東北）人。傳見
本書卷二四。

[15]【李賢注】"鯁"與"梗"同。梗，病也。《大雅》云：
"至今爲梗。"

[16]【今注】枳棘：枳木和棘木，皆多刺，因以比喻險惡的

人和事。

[17]【今注】虺蛇：一種毒蛇，用以形容歹毒之人。

[18]【李賢注】殖，生也。《左傳》曰："爲國家者，見惡如農夫之務去草焉，絕其本根，勿使能殖。"

[19]【今注】朞年：一年。

[20]【李賢注】杜預注《左傳》曰："爐，火餘木也。"

[21]【李賢注】御，制御也。《淮南子》曰"國不可從外理，軍不可從中御"也。

　　二年，[1]詔遣謁者馮禪説降漢陽散羌。[2]潁以春農，百姓布野，羌雖暫降，[3]而縣官無廩，[4]必當復爲盜賊，不如乘虛放兵，埶必殄滅。夏，潁自進營，去羌所屯凡亭山四五十里，遣田晏、夏育將五千人據其山上。羌悉衆攻之，厲聲問曰："田晏、夏育在此不？湟中義從羌悉在何面？今日欲決死生。"軍中恐，晏等勸激兵士，殊死大戰，遂破之。羌衆潰，東奔，復聚射虎谷，分兵守諸谷上下門。潁規一舉滅之，不欲復令散走，乃遣千人於西縣結木爲柵，廣二十步，長四十里，遮之。[5]分遣晏、育等將七千人，銜枚夜上西山，[6]結營穿塹，去虜一里許。又遣司馬張愷等將三千人上東山。[7]虜乃覺之，遂攻晏等，分遮汲水道。[8]潁自率步騎進擊水上，羌却走，因與愷等挾東西山，縱兵擊破之，羌復敗散。潁追至谷上下門窮山深谷之中，處處破之，斬其渠帥以下萬九千級，獲牛馬驢騾氊裘廬帳什物，不可勝數。馮禪等所招降四千人，分置安定、漢陽、隴西三郡，於是東羌悉平。[9]

[1]【今注】二年：建寧二年（169）。

[2]【今注】謁者：官名。光祿勳屬官，秩比六百石，掌賓贊事宜。其長官稱爲謁者僕射，秩比千石。　散羌：散落各地、不屬於同一種族的羌人。

[3]【今注】案，降，殿本作“除”。

[4]【今注】無廩：没有糧食。

[5]【李賢注】西縣屬天水郡，故城在今秦州上邽縣西南也。【今注】西縣：縣名。治所在今甘肅禮縣東北。

[6]【今注】銜枚：防止因言語喧嘩，令敵人發覺，口中銜有像筷子一樣的東西，即枚。兩端以繩繫於脖上，防止脱落。

[7]【今注】張愷：段熲副將。

[8]【今注】遮：堵塞。　汲水道：引水的渠道。

[9]【今注】案，《東觀漢記》卷一七《段熲傳》云：“段熲上書曰：‘又掠得羌侯君長金印四十三，銅印三十一，錫印一枚，及長史、司馬、涉頭、長燕、鳥校、棚水塞尉印五枚，紫綬三十八，艾綬二十八，黄綬二枚，皆簿入也。’”

凡百八十戰，斬三萬八千六百餘級，獲牛馬羊騾驢駱駝四十二萬七千五百餘頭，費用四十四億，軍士死者四百餘人。更封新豐縣侯，[1]邑萬户。熲行軍仁愛，士卒疾病者，親自瞻省，手爲裹創。在邊十餘年，未嘗一日蓐寢。[2]與將士同苦，故皆樂爲死戰。

[1]【今注】新豐：縣名。治所在今陝西西安市臨潼區東北。

[2]【李賢注】郭璞曰：“蓐，席也。”言身不自安。

三年春，徵還京師，將秦胡步騎五萬餘人，[1]及汗血千里馬，[2]生口萬餘人。詔遣大鴻臚持節慰勞於鎬。[3]軍至，拜侍中。轉執金吾、河南尹。[4]有盜發馮貴人冢，[5]坐左轉諫議大夫，[6]再遷司隸校尉。

[1]【今注】秦胡步騎：漢人與西北少數民族人混編在一起的步兵和騎兵。

[2]【今注】汗血千里馬：一種醬紅色的駿馬，因毛色純一，故有此名。並非真的汗出如血。

[3]【李賢注】鎬，水名，在今長安縣西（殿本"西"後有"也"字）。【今注】大鴻臚：官名。秦置典客，掌諸歸義蠻夷，有丞。西漢景帝中元六年（前144）更名大行令，武帝太初元年（前104）更名大鴻臚。成帝河平元年（前28）罷典屬國併大鴻臚。王莽時改稱典樂。東漢復稱大鴻臚。　鎬：鎬水。源出秦嶺北麓石砭峪，流經鎬池遺址，向北注入渭河。又作"滴水"。　案，《東觀漢記》卷一七《段熲傳》謂其時"熲乘輕車，介士鼓吹，曲蓋朱旗，馬騎五萬餘匹，殷天蔽日，鉦鐸金鼓，雷振動地，連騎繼跡，彌數十里"。

[4]【今注】執金吾：武官名。秦置中尉，掌徼巡京師。西漢武帝太初元年改中尉爲執金吾，王莽時改名奮武，東漢復稱執金吾。秩中二千石。掌宮外巡邏、擒奸討猾，以戒非常。每月三繞行宮外。並掌兵器等。

[5]【今注】馮貴人：東漢桓帝劉志妃子。

[6]【今注】諫議大夫：惠棟《後漢書補注》引《齊職儀》曰："秦置諫大夫，屬郎中令，無常員，多至數十人，掌論議，漢初不置，至武帝始因秦置之，無常員，皆名儒宿德爲之。光武增'議'字爲諫議大夫，置三十人。"

　　熲曲意宦官，故得保其富貴，遂黨中常侍王甫，[1]

枉誅中常侍鄭颯、董騰等，增封四千户，并前萬四千户。

[1]【今注】王甫：宦官。東漢靈帝時爲中常侍，後下獄死。

明年，代李咸爲太尉，[1]其冬病罷，復爲司隸校尉。數歲，轉潁川太守，[2]徵拜太中大夫。[3]

[1]【今注】李咸：汝南西平（今河南西平縣西）人。東漢靈帝初拜太尉，約身率下，不與州郡交通。以老乞歸，悉還所賜物。

[2]【今注】潁川：郡名。治陽翟縣（今河南禹州市）。案，潁，大德本作“穎”。

[3]【今注】太中大夫：官名。又稱“大中大夫”。秦官，漢因之，掌議論。或奉詔出使，或循行郡國。列侯薨，遣太中大夫弔祠。東漢秩千石，後期權任漸輕。《太平御覽》卷二四三引韋昭《辨釋名》曰：“太中大夫，大夫之中最高大也。”

光和二年，復代橋玄爲太尉。[1]在位月餘，會日食自劾，有司舉奏，詔收印綬，詣廷尉。時司隸校尉陽球奏誅王甫，[2]并及潁，就獄中詰責之，遂飲鴆死，家屬徙邊。後中常侍呂强上疏，[3]追訟潁功，[4]靈帝詔潁妻子還本郡。

[1]【今注】橋玄：字公祖，梁國睢陽（今河南商丘市南）人。傳見本書卷五一。

[2]【今注】陽球：字方正，漁陽泉州（今天津市武清區）人。傳見本書卷七七。

[3]【今注】吕强：字漢盛，河南成皋（今河南滎陽市西）人。傳見本書卷七八。

[4]【今注】追訟：即追頌。

　　初，頴與皇甫威明、張然明，並知名顯達，京師稱爲"涼州三明"云。[1]

[1]【今注】案，王先謙《後漢書集解》云："皇甫恥不入黨人，張奐見紿於權奄而旋悔，段頴曲附宦官，卒至鴆死。涼州三明，妍媸相懸，此亦合傳之徵指也。"

　　贊曰：山西多猛，"三明"儷蹤。[1]戎驂糾結，塵斥河、潼。[2]規、奐審策，亟遏嚚凶。[3]文會志比，更相爲容。段追兩狄，束馬縣鋒。紛紜騰突，谷静山空。

[1]【李賢注】儷，偶也。《前書》班固曰："秦漢以来，山東出相，山西出將。"若白起、王翦、李廣、辛慶忌之流，皆山西人也（殿本無"李廣"二字）。

[2]【李賢注】潼，谷名。谷有水，曰潼水，即潼關。【今注】戎驂：同駕一車的三匹戰馬。

[3]【今注】亟：屢次。